현장 및 예비 영어 교사의
교수 기술 향상을 위한 안내서

영어 교수 기술 연구

김성애 지음

신아사

서문

지난 수 십 년 동안의 국제화 추세 속에 세계적으로 교육 분야에 많은 변화가 있었고, 이러한 변화는 외국어 교실에서 무엇을 어떻게 가르칠 것인가에 대한 많은 논쟁을 불러 일으켜왔다. 그러한 논쟁의 결과는 또한 현직 교사들과 장차 교사가 되고자 하는 교사 지망생들을 어떻게 교육할 것인가에 대하여 세계적으로 많은 연구를 촉발시켰다.

하지만 나라 밖의 이러한 추세 속에서도 우리나라의 영어 교육 분야에서는 불과 얼마 전까지만 해도 이 분야에 대한 연구는 그다지 활발하지 못했다. 최근에 들어서 의사소통 능력 개발을 강조하는 영어 교육 정책과 더불어 의사소통 중심 교수법을 사용하는 영어 수업의 효과 분석에 대한 연구 결과들이 나오게 되면서 비로소 관심의 대상이 되었다. 그리하여 최근 몇 년 동안 영어 교실에서의 교사 행위에 대한 연구와 영어 교사 교육에 대한 연구가 비교적 활발히 진행되었다. 하지만 아쉽게도 이러한 연구 열기가 학교 현장에서의 영어 교육의 질을 개선하는 데에는 아직도 가시적인 영향을 끼치지 못하고 있는 것이 사실이며, 더구나 영어 교육의 질을 결정짓는 근본이라고 할 수 있는 영어 교사 교육 프로그램 그 자체의 질적인 개선에 있어서는 여전히 큰 변화가 없는 실정이다.

교육의 질은 교사의 질을 넘지 못한다는 점을 고려할 때, 장차 교사가 될 사람들이 갖추어야 할 자질을 기르는 데 결정적인 역할을 하는 교사 교육 프로그램의 질적 개선에 대한 이러한 무관심은 대단히 유감스러운 일이 아닐 수 없다. 최근 교사 평가를 비롯하여 교사의 질에 대해서는 많은 논쟁들을 하면서도 막상 그들을 교육하는 교사 교육 프로그램 자체의 개선에 있어서는 근본적인 변화가 없는 게 우리의 현실이다.

이 책의 목적은 저자 자신이 영어 교사 양성 기관에 몸담고 있는 사람으로서 우선 교사들의 교수 능력을 높이는 것이 여러 가지 한계가 많은 현재의 교육 상황에서라도 영어 교육의 질을 조금이라도 높일 수 있는 길이라는 믿음 아래, 저자가 그동안 영어 교사들의 수업 관찰을 통해 발견한 여러 가지 교수 기술상의 문제점들을 함께 살펴봄으로써, 실기 교육이 턱없이 부족한 교사 교육의 현실 속에서 예비 영어 교사들이나 현장의 영어 교사들이 교실에서 보다 효과적인 수업을 할 수 있도록 다소나마 보탬이 되고자 하는 데 있다.

오늘날 우리나라 영어 교육의 현실은 다양한 요인들이 빚어낸 결과이기 때문에 어느 한 부분을 개선한다고 해서 금방 가시적인 효과로 나타나기 어려울지는 모른다. 하지만 어떤 상황에서건 간에 효과적인 학습의 열쇠는 교사가 쥐고 있고, 따라서 교사들부터 우선 제 역할을 할 수 있어야 한다는 것이 저자의 믿음이다. 이 책이 현장 영어 교사들이나 예비 영어 교사들에게 보다 효과적인 수업을 위한 교수 기술을 연마하는 데 도움이 되는 안내서가 될 수 있기를 바라는 마음이다.

금정산 연구실에서

저자

현장 및 예비 영어 교사의 교수 기술 향상을 위한 안내서

영어 교수 기술 연구

목 차

현장 및 예비 영어 교사의 교수 기술 향상을 위한 안내서

영어 교수 기술 연구

제1장 서 론

1. 한국 영어 교실의 문제점
2. 한국 영어 교사 교육의 문제점
3. 한국 영어 학습 환경의 한계
4. 무엇이 필요한가?
5. 이 책의 구성

제 1 장

서 론

1. 한국 영어 교실의 문제점

오늘날 우리나라 영어 교실에서 일반적으로 발견되는 심각한 문제를 든다면 학생들 간의 심한 개인차와 전반적으로 낮은 학습 동기를 들 수 있을 것이다. 이는 효과적인 수업을 하는 데 큰 걸림돌이 되고 있다. 하지만 따지고 보면 이러한 개인차나 낮은 학습 동기의 근본 원인으로 학교 교육에 대한 학부형 및 학생들의 불신도 큰 몫을 차지한다는 점을 감안할 때 교사나 교사교육 담당자들의 깊은 자기반성의 자세도 필요하다고 생각된다. 실제로 저자가 그동안 영어 교사들과 그들의 수업에 대해 수행한 연구들(S.-A. Kim, 2002, 2003, 2005a, 2005b, 2006a, 2006b, 2007a, 2007b 2007c, 2008, 2009)의 결과를 보면 현재 우리 영어 교실에는 심각한 문제점들이 있으며, 옛날과는 달라진 사회적 요구와 학생들의 특성에 제대로 대처하지 못하는 교육 정책과 교사 양성 제도로 인해 교사들로서도 많은 어려움을 겪고 있는 것을 알 수 있다.

하지만 저자는 연구 결과를 통해 교사들이 교실에서 겪는 많은 어려움에도 불구하고 교사 스스로의 노력에 의해 극복될 수 있는, 또한 극복되어야 할 부분들이 적지 않다는 점도 알게 되었다. 따라서 교사 양성 제도를 비롯하여 교육의 효율성을 떨어뜨리는 다양한 요인들을 개선하고자 하는 꾸준한 정책적 노력도 필요하지만, 우선 교사 스스로는 자신의 부족한 부분을 개선하고 보완함으로써 수업의 질을 높일 수 있는 부분도 적지 않다는 것을 인정하고 노력하는 자세가 필요할 것이다.

가르친다는 것은 여러 가지 종류에 대한 지식을 필요로 하는 복잡한 일이다. 능력 있는 교사가 되기 위해서는 자신이 가르치는 데 필요한 지식을 갖추어야 하고, 적절한 교수 기술과 긍정적인 태도, 그리고 자신의 수업에 대한 성찰의 자세가 필요하다(Freeman, 1989). 또한 효과적인 수업을 하기 위해서 교사는 이러한 다양한 종류의 지식과 능력을 갖추는 것만으로는 부족하다. 실제 상황에서 효과적으로 실천할 수 있어야 한다. 알고 있다는 것과 할 수 있다는 것, 그리고 실제로 하는 것은 반드시 일치하는 것은 아니라는 점을 교사는 기억해야 할 것이다.

2. 한국 영어 교사 교육의 문제점

타 과목의 교사들도 마찬가지겠지만 영어 교사 교육의 궁극적인 목적은 영어 교사 지망생들이 외부의 도움 없이 독립적으로 가르칠 수 있도록 도와주는 것이어야 한다(Freeman, 1990). 하지만 당장의 목적은 영어 교사 지망생들에게 장차 학생들을 가르치는 데 필요한 이론적인 지식을 습득하고 이를 바탕으로 한 다양한 교수 기술을 익히게 함으로써 종합적인 이론과 신념 체계를 형성하여 그 결과 자신의 교실에서 효과적인 수업을 할 수 있도록 돕는 데 있을 것이다(Day, 1990).

이러한 목적에도 불구하고 영어 교사로서의 준비 과정에 허용된 비교적 짧은 시간과 현장의 영어 교사가 알아야 할 것을 교사 교육 프로그램에서 모두 가르칠 수는 없는 것 또한 부인할 수 없는 사실이다. 따라서 영어 교사 교육은 영어 교사 지망생들에게 스스로의 연습을 통해서 직접적으로 뿐만 아니라 다른 사람의 통찰력을 통해서 간접적으로도 배우고, 이를 바탕으로 평생 계속해서 배울 수 있도록 도와주는 것이어야 할 것이다(Darling-Hammond & Baratz-Snowden, 2005; Watson & Fullen, 1992). 또한 영어 교사 교육의 주된 목적은 이론과 실제를 연결하는 것이어야 하며, 경험이 부족한 예비 영어 교사들에게 유능한 영어 교사의 기술과 능력을 배울 수 있는 기회를 제공함으로써 경험 많고 유능한 영어 교사의 노하우를 배우게 하는 것이어야 한다(Richards, 1990).

영어 교사 교육의 목적을 고려해볼 때, 오늘날의 영어 교사 교육은 영어 교사 지망생들뿐만 아니라 영어 교사 교육자들의 역할에 있어서도 변화를 요구한다. 영어 교사 교육자의 역할은 더 이상 단순한 훈련자의 역할이 아니며, 영어 교사 지망생들로 하여금 가설을 만들고 테스트하는 과정에서, 그리고 배운 지식을 장차 더 발전하기 위한 발판으로 사용하는 데 있어서 안내자 역할을 할 수 있어야 한다(Darling-Hammond & Baratz-Snowden, 2005; Richards, 1990). 이는 통합된 학습 경험을 구성하여, 교사 지망생들이 배우기를 바라는 기술을 교사 교육자 스스로 시범적으로 보일 수 있어야 하며, 훌륭한 가르침은 어떤 것이며 무엇으로 구성되어 있는지를 보여줄 수 있는 명확한 보기와 표준을 제공하는 것을 의미한다. 다시 말해서 교사 지망생들이 교수 기술을 익혀서 실제 가르치는 데 활용할 수 있기 위해 필요한 다섯 가지 기본 구성요소, 즉 이론(theory), 시범(demonstration), 연습(practice), 피이드백(feedback), 그리고 지도(coaching)를 제공하는 데 있어서 제 역할을 할 수 있어야 함을 의미한다(Joyce & Showers, 1980).

사람은 배운 대로 가르치는 경향이 있기 때문에 교사로서의 경력이 많다는 그 자체만으로 훌륭한 교사가 되는 것은 아니다. 교사 양성 과정에서 제대로 배우지 못한 교사가 학교 현장에서 많은 경험을 쌓았다고 해서 늘 충분한 교사 자질을 갖추게 되지는 않기 때문이다. 자신이 아는 바 그대로 학교 현장에서 반복할 가능성이 높기 때문이다. 유능한 교사는 필요한 지식과 기술과 긍정적인 태도와 자신의 가르침에 대하여 깨어있어야 하며(Freeman, 1989), 끊임없이 자기 계발을 할 줄 아는 사람이다.

교사가 가르치는 데 필요한 다양한 지식이나 기술 중 어느 하나라도 제대로 갖추고 있지 못하면 이는 곧 교수 효과와 직결된다. 따라서 우리 학생들이 필요로 하는 의사소통 능력을 진정 기르기를 원한다면 교육정책 결정자들이나 교사 교육자들은 현직 교사나 장차 교사가 되고자 하는 이들이 의사소통 중심 수업이 어떤 것인지에 대해 제대로 알고 또한 필요한 기술을 갖추도록 보장하는 정책과 그에 따른 훈련을 제공할 수 있어야 한다. 교실에서의 진정한 변화는 이러한 근본적인 부분이 충족되었을 때 비로소 기대할 수 있을 것이다.

학생들을 잘 가르치는 데 있어서 궁극적인 책임을 질 사람들은 결국 교사들이듯이, 교사들의 질을 결정하는 데 있어서 궁극적인 책임을 질 사람들은 바로 교사 교육자들이다. 교사 교육자들의 중요한 역할을 고려해 볼 때 영어 교사 양성과 그로 인한 학교 교육의 질을 좌우하는 자들은 다름 아닌 영어 교사 양성 기관의 교육 과정을 실천하는 교수들이라고 해도 과언이 아니다. 왜냐하면 아무리 교육 과정을 이상적으로 잘 만들어 놓아도 그것을 실제 가르치는 교수들이 교사 지망생들에게 필요한 교육을 제대로 제공하지 못한다면 유능한 교사 배출을 보장하기 어렵기 때문이다. 이런 점을 고려해 볼 때 현재 우리나라 영어 교사 양성 프로그램은 근본적으로 적지 않은 문제를 내포하고 있다고 생각된다(S.-A. Kim, 2008).

하지만 현 우리나라 교사 양성 제도에서 비롯되는 근본적인 문제에도 불구하고 언제까지나 제도가 바뀌기만을 기다리며, 모든 것을 제도 탓으로만 돌리는 것 또한 교사들로서는 올바른 자세가 되지 못한다. 교육이 학생들에게 미치는 중요성과 국가의 장래를 생각할 때 교육 효과 개선을 위한 노력은 한 시라도 게을리 할 수 없다. 우선 나부터 바뀌어야겠다는 자세가 필요하다. 아울러 우리 학생들이 길러야 할 능력을 진정 기르기를 원한다면 현직 교사들과 예비 교사들의 교육에 우리 모두 보다 많은 관심과 함께 변화를 모색해야 한다. 그리하여 교사들의 교실 수업에 실제로 영향을 줄 수 있는, 교사들에게 필요한 실용적인 훈련을 제공할 수 있어야 한다. 교실에서의 진정한 변화는 이와 같은 기본적인 필요 사항이 충족되었을 때라야만 비로소 가능하다.

3. 한국 영어 학습 환경의 한계

우리나라처럼 외국어로서의 영어(EFL: English as a Foreign Language) 학습 환경에서는 여러 가지 면에서 효과적인 언어 발달에 제약이 많다. 우선 언어 발달이 가능하기 위해서 필수적이라 할 수 있는 목표 언어의 입력(language input)이나 언어 사용(language use)의 기회 자체가 자연스런 환경에서 영어를 배우는 제2언어(ESL: English as a Second Language) 상황과는 비교가 되지 않을 정도로 양적인 면이나 질적인 면에서 현저하게 차이가 난다(Nunan, 1987; Pica, et al., 1996; Seedhouse, 1996; Storch, 2002). 많은 학습자들의 경우, 실질적으로 교실이 언어 입력을 받고 또한 언어를 사용할 수 있는 유일한 장소이거나 적어도 가장 중요한 장소인 경우가 많은데, 그나마도 수업 시간이 주당 몇 시간으로 한정되어 있으므로 교사로서는 최선을 다한다고 하더라도 한계가 있기 마련이다. 따라서 학습자의 입장에서는 언어 입력을 받거나 언어 사용을 할 수 있는 기회가 극히 제한되어 있는 형편이다.

우리나라 상황에서 영어를 배우는 것이 쉽지 않은 또 하나의 이유로는 교사 자신에게도 목표 언어인 영어가 외국어인 관계로 언어숙달도 면에서나 목표 문화에 대한 이해도 면에서도 충분하지 못한 경우가 많다는 점을 들 수 있다. 더구나 교사 양성 과정에서 제대로 훈련을 받지 못한 탓에 필요한 교수 기술도 부족한 경우가 많아(S.-A. Kim, 2008), 교실에서 그나마 가능한 언어 사용의 기회조차 극대화하지 못하는 경우가 많은 것이 현실이다. 요약하자면 우리나라는 학습자들이 외국어를 배우기에 대단히 불리한 언어 환경이라고 말할 수 있으며, 사실 이런 환경에서는 제2언어 상황에서와 같은 방법으로 의사소통 능력을 배양하고자 기대하는 것 자체가 무리라고 하겠다.

언어 환경적인 면 외에도 우리나라와 같은 EFL 환경이 ESL 환경에 비해 언어 습득에 불리한 이유는 또 있다. 바로 언어 습득의 주체인 학습자들의 동기 문제이다. 강한 학습 동기가 학습에 긍정적인 영향을 미친다는 것은 이미 잘 알려져 있다(Belmechri & Hummel, 1998; Chen, et al., 2005; Crookes & Schmidt, 1991; Gardner & Lambert, 1972; Garner & MacIntyre, 1991; Noels, et al., 2000; Shaaban & Ghaith, 2000; Strong, 1984; Warden & Lin, 2000; Yashima, 2002). 물론 이러한 연구들을 살펴보면 언어 습득에 있어서의 학습 동기의 역할에 대해서는 학자들의 견해가 항상 일치한 것만은 아니었다. 예를 들면, 학습자가 어떤 목적을 가지고 그 수단으로서 언어를 배우고자 생기는 동기라고 할 수 있는 도구적인 동기(instrumental motivation)보다는 스스로 목표 언어 문화권의 일부가 되기를 원할 때 생기는 동기라고 할 수 있는 통합적인 동기(integrative motivation)가 언어 습득에 더 유리하다는 주장(Gardner & Lambert, 1972; Shaaban & Ghaith, 2000)도 있지만, 한편으로는 통합적인 동기는 언어 습득의 원인이 아니라 결과라는 주장(Strong, 1984)도 있다. 또한 통합적 동기뿐만 아니라 도구적 동기도 얼마든지 학습 효과에 긍정적인 영향을 미칠 수 있으며(Garner &

MacIntyre, 1991), EFL 상황에서는 통합적 동기보다는 도구적 동기가 더 현저하게 나타나며 통합적 동기는 사실상 그다지 중요한 학습 요인이 되지 못한다는 주장들도 있다(Belmechri & Hummel, 1998; Chen, et al., 2005; Noels, et al., 2000; Warden & Lin, 2000).

이상과 같이 언어 습득에 있어서 학습 동기의 종류별 역할에 대한 학자들의 견해 차이에도 불구하고 한 가지 분명한 점은, 동기의 종류가 어떤 것이건 간에 학습 동기가 높으면 학습 효과에 긍정적인 영향을 미친다는 점이며, 따라서 학습 효과를 높이기 위해서는 학습 동기를 유발시킬 수 있는 교수 전략이 필수적이라고 하겠다. 하지만 문제는 우리나라 학습자들의 경우 대부분 영어 학습의 동기가 의사소통 능력을 향상시킴으로써가 아니라 시험에서 좋은 성적을 얻음으로써 자신이 원하는 일을 성취하고자 하는 데 있고, 또한 이를 위해서는 의사소통 중심 수업보다는 오히려 전통적인 수업 방식이 더 효과적이라고 믿는 경향이 있기 때문에(부록 3 참조), 어떠한 새로운 교수법도 (설사 그것이 실제 의사소통 능력을 기르는 데 더 효과적이라고 할지라도) 학습자들의 관심을 끌기가 쉽지 않다는 점이다. 더구나 그 교수법이 교육 목표인 의사소통 능력을 기르는 데 효과적이라는 믿음 자체가 가지 않을 때에는 두말할 필요도 없을 것이다. 불행하게도 저자의 관찰에 의하면 현재 우리나라 영어 교실에서는 제대로 된 의사소통 중심 수업이 드문 것이 사실이다. 이는 교과부 주관 전국 영어 수업 연구대회에서 수상하여 웹상에 올라 있는 수업들과 저자가 직접 관찰한 연구 발표 수업들의 분석 결과에서 얻은 결론이다.

EFL 환경에서 외국어를 학습하는 것이 쉽지 않다는 것은 여러 학자들에 의해서 거듭 피력되어 왔다. Odlin(1994)에 의하면 외국어에 능숙해지는 것은 시간적으로 매우 오래 걸리는 일이며, 특히 한국어와 같이 모국어가 목표 언어인 영어와 어족 상 거리가 먼 언어일 경우에는 목표 언어를 능숙하게 익히는 일이 더욱 어렵다고 한다. van Lier(1996)도 우리나라에서처럼 교실에서 일 주일에 몇 시간씩 수업하는 정도의 언어 경험으로는 언어 습득 자체가 거의 불가능하거나 혹은 가능하더라도 아주 느리게 진행될 수밖에 없다는 주장을 하고 있다. 같은 맥락에서 DeKeyser(2000)도 어린 아이들과 어른들의 언어 습득을 비교한 연구에서 어린 아이들이 어른들보다 상당히 빨리 언어를 습득하는 경향이 있긴 하지만, 이는 어디까지나 자연스런 언어 환경이 집중적으로 제공되는 몰입 과정(emersion program)의 경우를 의미하며, EFL 상황에서와 같이 일주일에 단 몇 시간씩 교실에서 수업을 하는 정도로는 언어 습득이 거의 일어날 수 없다고 주장한 바 있다.

이상과 같은 주장들을 두고 볼 때, 우리나라와 같이 언어 환경적인 면에서 근본적으로 한계를 지닌 EFL 환경에서의 언어 습득은 ESL 환경에서와는 많이 다를 수밖에 없고, 따라서 교육에 있어서도 이러한 차이를 감안하는 것이 당연할 것이다. 하지만 유감스럽게도 오늘날 우리나라 영어 교육은 많은 희생을 감수해 가며 ESL 상황을 그대로 모방하려는 경향이 있는 것 같아 심히 걱정스럽다. 수업 내용을 따라가지 못하는 학생이 상당한 수에 이르는 데에도 불구하고 "영어로만 하는 영어 수업(TETE: teaching English Through English)"을 하도록 유도하는 정책이나, 교수 효과에 대한 검증도 없이 많은 예산을 들여가며 몰입교육(Emersion) 또는 내용 중심 교육(Content-based instruction)을 시도한다거나, 학생들이 제대로 알아듣지도 못하는 어려운 영어를 구사하거나 교수 기술이 형편없이 부족함에도 불구하고 원어민 강사를 수업에 투입하는 등의 예가 바로 그런 우려를 낳게 한다.

이상에서 살펴본 바와 같이 우리나라의 영어 학습 환경은 여러 가지 면에서 효과적인 의사소통 능력을 개발하는 데 많은 한계점을 지니고 있다. 따라서 이를 최대한 극복하고 학습 효과를 높이기 위해서는 그나마 현실적으로 먼저 개선할 수 있는 부분이 바로 교사의 교수 기술일 것이다.

4. 무엇이 필요한가?

효과적인 수업으로 학교 교육의 질을 높이는 데 대한 책임을 질 사람은 교사들 뿐만은 아니다. 교실 영어 수업의 질적인 부분에 영향을 미치는 요인들은 사실 너무도 많다. 그러므로 교실에서의 효과적인 교육을 위해서는 교사, 교사 교육자, 정책 결정자, 행정가, 학부모 등 교육에 직, 간접으로 관여하는 모든 사람들의 협조가 필요하며, 부정적인 요인들의 영향을 최소화하고자 하는 우리 모두의 노력이 필요하다. 기억해야 할 것은 자연스런 환경에서 배우는 것 보다 여러 가지로 한계가 많은 교실 상황에서 의사소통 능력을 기른다는 것은 결코 쉬운 일이 아니라는 점이다. 또한 우리나라 영어 교육의 현실에 대해서는 어느 한 분야의 사람들만 책임져야 할 일도 아니며, 우리 모두가 빚어낸 결과라고 생각해야 한다는 점이다. 오랜 동안 영어 교사들이 학생들을 가르쳐 오면서 이미 익숙해져 있는 교수법, 옛날과는 많이 달라진 학습자들의 특성, 영어 교사 양성 제도, 사회적 요구, 입시 제도, 영어 교수/학습 환경 등, 이 모든 요인들이 영어 교사가 교실에서 학생들에게 무엇을 어떻게 가르칠 것인가를 결정하는 데 영향을 미친다. 따라서 이러한 현실을 감안하지 못하고 효과도 검증되지 않은 특정 교수법을 마치 만병통치약인 것처럼 강요한다면 효과적인 결과가 나오지 못할 것이라는 것은 자명한 일이다.

교육의 질은 교사의 질을 넘지 못한다고 흔히들 말하지만, 학교 교육의 질을 좌우하는 또 하나의 중요한 요인은 교육 정책자들과 행정가들의 뒷받침이라고 할 수 있다. 특히 교육 정책이 우리나라의 경우처럼 주로 위에서 결정되어 하달되는(top-down) 형태일 경우에는 이들의 역할이 한층 더 중요해진다. 왜냐하면 새로운 정책을 시도할 때에는 그것이 아무리 좋은 정책이라고 하더라도 오랜 동안 학생들을 가르치면서 나름대로 전문적인 판단을 내릴 능력이 있다고 자부하고 있는 경험 많은 교사들의 저항(그렇다고 이러한 저항이 잘못됐다는 얘기는 아니다)이 항상 있게 마련이기 때문이다(Sikes, 1992). 하물며 그 새로운 정책이 교사들이 볼 때 납득하기 힘든 것이라면 그 저항은 당연한 것이며 따라서 교육 정책과 교육 실천 사이의 괴리로 이어질 수밖에 없다.

교사의 동의를 얻지 못한 채 강행되는 변화는 오히려 교사의 사기 저하와 불만과 헌신적 노력의 결핍으로 이어질 수 있다. 따라서 만약 교육 정책자나 행정가들이 어떤 새로운 교육 정책이 학교에서 성공적으로 뿌리내리기를 바란다면 우선 그 정책으로 인한 변화가 교사와 학교에 무엇을 의미하는지부터 알아야 한다. 교사는 새로운 변화가 자신들의 경험에 근거한 판단 기준으로 보아 납득이 가야만 진정으로 받아들일 것이기 때문이다. 현장의 교사들이 겪게 될 여러 가지 어려움을 무시한 채 무조건 정책적으로 강요한다면 그 어떤 좋은 의도를 가진 정책도 결코 긍정적인 결과로 이어질 수 없을 것이다. 유감스럽게도 현재 우리 교육 현장에서는 같은 교사가 하는 수업도 외부에 공개되는 수업과 평상 시 하는 수업 사이에 심각한 괴리가 존재한다. 그 이유가 무엇인지에 대하여 교육 정책자나 행정가들은 곰곰이 생각해 봐야 할 것이다.

지금 우리에게 필요한 것은 우리 실정에 맞는 최상의 영어 교육 방법을 함께 고민하고 찾는 일이다. 이 때 다양한 사회적, 환경적 요인들이 고려되어야 함은 물론이다. 그 결과 나온 영어 교육 정책은 그 분야에 관련된 다양한 의견을 가진 전문가들의 합의와 노력의 결과여야 한다. 그러한 합의를 거치지 않은 교육 정책은 우리 영어 교육에 혼돈과 낭비만을 가져올 뿐이다.

5. 이 책의 구성

이 책은 구성은 다음과 같다. 우선 제 2장에서는 뒷장에서 소개하고자 하는 교수 기술에 대한 이론적인 바탕으로 외국어로서의 영어(EFL) 학습 환경의 한계, 의사소통 중심 교수법, 언어 연습과 언어 사용의 차이, 의사소통과 문법 지도의 관계, 언어 지도와 문화 지도, 외국어 학습과 숙제, 그리고 효과적인 교수법은 어떤 것이어야 하는지에 대하여 살펴보았다. 다음으로 제 3장에서는 구체적으로 유능한 영어 교사가 갖추어야 할 능력과 자세에 대하여 기술하였는데, 이에는 영어 교육에 관한 이론적 지식을 비롯하여, 목표 문화에 대한 지식, 영어 교사로서 만족할만한 수준의 영어구사력, 교수/학습 자료의 올바른 선택 및 사용 능력, 학생 장악력 및 학생과의 친화력, 수업 시간의 경제적 운용 능력 및 순발력, 영어 평가 문항 작성 능력, 꾸준한 자기계발 및 자기성찰 노력을 포함한다. 또한 제 4장에서는 현직 교사들이 실제 수업에서 사용한 교수 기술의 예를 들고 각각의 취약점을 분석함으로써 보다 효과적인 수업을 위해서 어떤 점이 개선되어야 하는지에 대해 설명하였고 이들 취약점들을 간추려 요약 기술하였다. 이어서 제 5장에서는 효과적인 영어 수업을 위한 교수 기술 및 전략에 대해 기술하였고, 마지막으로 제 6장에서는 효과적인 영어 학습 자료의 선택과 제작 및 사용에 대한 예시를 열거하였다. 그리고 부록으로는 ESL 학습자와 EFL 학습자의 오류 비교, 영어 교사들이 본 학교 현장의 문제점, 교사가 작성한 평가 문항의 문제점 분석, 그리고 수업 지도의 예시들을 수록하였다.

제 2 장 이론적 배경

1. 언어 입력과 언어 습득
2. 의사소통 중심 교수법
3. 언어 연습과 언어 사용
4. 외국어 학습 자료
5. 의사소통 중심 교수법과 문법 지도
6. 언어 지도와 문화 지도
7. 외국어 학습과 숙제
8. 효과적인 영어 교수법이란?

제 2 장

이론적 배경

1. 언어 입력과 언어 습득

언어 발달에 있어서 언어 입력이 차지하는 중요한 역할을 고려할 때 학습자들이 목표 언어(target language)에 보다 많이 노출되어 많은 언어 입력을 받으면 목표 언어를 더 잘 배울 수 있을 것이라고 믿는 것은 자연스러운 일일 것이다. 하지만 외국어 습득 이론에 의하면 목표 언어에 노출되는 것만으로는 언어 습득에 충분하지가 않다(Bragger, 1985; Swain, 1985)고 한다. 그 보다 언어 습득에서 중요한 것은 상호작용에 의해서 수정된 입력(interactively modified input)이며, 이것이 바로 입력(input)을 흡입(intake)되게 해주며 언어 습득은 바로 이 흡입이 되어야 가능하다고 한다(Gass & Varonis, 1994; Hadley, 1993; Loschky, 1994; Schinke-Llano & Vicars, 1993; Tsui, 1987; Vanpatten & Cadierno, 1993, 1994). 흡입이란 학습자가 서로 관련 있고 적절한 대화를 주고받는 과정에서 의미 협상(negotiate)할 기회가 주어질 때 가능하며, 만약 이런 기회가 주어지지 않으면 습득은 일어나지 않는다고 한다.

외국어로서의 영어를 배우는 학생들은 수업 시간이 극히 제한되어 있고 교실 밖에서는 목표 언어 사용이 거의 없는 환경이기 때문에 교사가 가능하면 학생들의 수준에 맞는 목표 언어를 많이 사용하면서 이해 가능한 언어 입력(comprehensible language input)을 제공하고 또한 교실의 여러 활동을 통해서 언어 사용의 기회를 극대화하는 것이 무엇보다 필요하다. 그래서 만약 교사가 수업 중 이루어지는 것의 많은 부분을 통제하고, 학생들에게 기회를 주지는 않고 자신이 영어를 사용하는 데 대부분의 시간을 쓰면서 학생들을 그저 앉아서 듣기만 하는 존재로 만든다면 이는 학생들로부터 교실에서는 그렇게 흔하지도 않은 황금 같은 의사소통의 기회마저 박탈하는 것이나 다름없다(Belasco, 1983).

요약하자면, 언어 입력을 제공한다고 해서 곧 언어 습득으로 이어지는 것은 아니다. 필요한 것은 제공된 언어 입력이 학습자에 의해서 받아들여지도록 하는 것이다. 이런 점에서 교사는 자신이 목표 언어를 많이 사용함으로써 언어 입력을 제공하려고만 하지 말고 학습자들에게 가능한 많이 의미 있는 언어 사용의 기회를 줌으로써 제공된 언어 입력이 학습자에 의해 흡입될 수 있도록 해야 할 것이다. 또한 교사가 기억해야 할 것은 수업 시간에 학생들로 하여금 말을 하게 하는 것이 곧 언어 사용은 아니라는 점이다. 중요한 것은 그 말의 질이다. Gardner(1987)의 주장대로 단순한 연습(drill)과 실제 의사소통(real communication)은 입을 통해 나오는 결과는 같지만 그에 관련된 인지 과정은 매우 다른 것이다.

2. 의사소통 중심 교수법

학생들의 의사소통 능력을 향상시킨다는 목표 아래 이 나라의 영어 교육 정책이 의사소통 중심 교수법(CLT: Communicative Language Teaching)을 강조해 온지도 20년이 가깝다. 최근에는 “영어로 하는 영어 수업(TETE: Teaching English Through English)”이라는 기치 아래 이 교수법을 따르는 교사들의 공개 수업에서는 교사는 영어로만 수업을 하며, 학생들은 모국어인 한국어를 사용하지 못한다. 과연 이러한 공개 수업과 같은 수업들이 평소 얼마나 많은 교사에 의해서 시행되고 있는지에 대한 정확한 통계는 없으나, 일반 교사들의 의견을 들어보면 매우 드문 것으로 알고 있다. 이는 아마도 이 교수법에 대해 긍정적으로 생각하는 교사들이 그다지 많지 않은 데 기인하는 것 같다. 실제 저자가 수행했던 몇몇 연구에서도 같은 결과가 나왔는데, 이 결과들을 통해 저자는 현재 우리나라와 같은 EFL 환경에서는 ESL 환경에서처럼 의미에만 초점을 맞추고 목표 언어의 형식에 대해서는 등한시하는 그런 종류의 의사소통 중심 교수법은 적절하지도 않을뿐더러 효과도 없다는 결론을 얻었다(S.-A. Kim, 2002, 2003, 2005). 이는 그동안의 국가적 교육 정책에도 불구하고 고등학교는 말할 것도 없고 중학교에서조차 영어로 영어 수업을 하는 교사가 별로 없고 여전히 전통적인 문법-번역 중심의 수업이 주류를 이루고 있는 현실에서도 그대로 증명된다. 한 마디로 말하자면 대부분의 영어 교사들이 교실에서 목표 언어를 다루는 근본적인 교수 방법에는 예나 지금이나 크게 변한 것이 없다. 이러한 결과는 그동안 새로운 영어 교육을 위해 투자한 시간과 노력, 그리고 막대한 예산을 고려할 때 대단히 유감스러운 일이 아닐 수 없다.

우리나라의 학습자 요인, 학교 요인, 그리고 환경적인 요인 등 여러 가지 한계를 고려해 볼 때 우리의 영어 교육 목표와 실제 교육과의 괴리는 어쩌면 애초부터 예상된 것이라고 봐도 과언이 아니다. 영어로 하는 영어 수업의 효율성을 떨어뜨리는 근본적인 요인을 두 가지만 들자면, 앞에서도 언급한 바 있듯이 우선 학습자들이 목표 언어를 사용하고자 하는 동기가 낮을 수밖에 없다는 것이다. ESL 환경에서와는 달리 EFL 학습자들은 교실 안에서만 목표 언어를 배우며, 교실 밖에서는 목표 언어를 사용할 기회도 없고 구태여 사용해야 할 필요성을 느끼지 못하기 때문일 것이다. 또 하나의 요인으로는 교사 스스로 목표 언어에 대한 자신감과 유창성이 부족하며, 또한 교실에서 어떻게 영어로 가르쳐야 하는 지에 대한 교육을 제대로 받지 못한 터라, 영어로 효과적인 수업을 하기가 쉽지 않다는 점이다. 이러한 근본적인 한계에도 영어로 하는 영어 수업이 제대로 시행되기를 기대한다면 이는 현실을 직시하지 못하는 것이라고 해도 과언이 아니다. 영어로 하는 영어 수업뿐만 아니라 그 어떤 정책도 현실적인 한계를 충분히 고려하지 않고는 결코 성공하기가 쉽지 않을 것이다. 외국어 습득 이론에 의하면 언어 습득은 언어 입력 제공만으로는 충분하지 못하며 (Bragger, 1985; Swan, 1985), 제공된 언어 입력이 상호작용을 통해 수정되는(modified) 과정을 거침으로써 학습자에 의해 흡입(intake)이 되어야만 언어 습득이 가능하다고 한다(Gass & Varonis, 1994; Hadley, 1993; Loschky, 1994; Schinke-Llano & Vicars, 1993; Tsui, 1987; Vanpatten & Cadierno, 1993). 이 점에서 볼 때 현재 우리의 영어로 하는 영어 수업들은 상당한 한계를 지니고 있다. 저자가 관찰한 그 어떤 수업에서도 학생들이 상호작용을 하면서 언어 입력을 수정하는 기회를 갖는 경우를 찾아보기가 힘들었기 때문이다.

학자들이 제시하는 다양한 교수법에도 불구하고 실제 어떻게 가르칠 것인가에 대한 구체적인 내용은 교수 상황에 따라 달라져야 할 것이다(Prabhu, 1990). 하지만 교수 상황에 따라 달라져야 하는 구체적인 내용에도 불구하고 Vanpatten과 Cadierno(1993)는 모든 외국어 교실에서 교사들이 지켜야 할 한 가지 원칙이 있다고 주장한다. 그들의 주장에 의하면 학습자들이 목표 언어를 습득하기 바란다면 교사들은 언어 출력(output)에만 초점을 맞추는 전통적인 문법 지도와는 달리 언어 입력(input)이 어떻게 이루어지는가에 초점을 맞추어야 한다는 것이다. 다시 말해서 학습자 내부의 목표 언어 체계를 개발하고자 한다면 (즉, 목표 언어가 습득되기를 바란다면) 학습자의 언어 출력을 강제하기보다는 언어 입력이 학습자에 의하여 인지되고 처리되는 과정 그 자체에 변화를 주어 학습자 내부의 목표 언어 체계가 발달하도록 도와주는 그런 형태의 언어 지도가 되어야 한다는 것이다. 이를 위하여 교사는 학습자들이 배운 문법 구조를 상호작용을 통하여 의미 있게 사용할 기회를 주는 것이 필요하다고 한다.

수업 관찰을 해보면 영어로 하는 영어 수업을 실시하는 교사들 중 적지 않은 교사들이 의사소통 중심 교수법에 대한 오해를 하고 있는 것 같아 이 기회에 다시 한 번 언급하고자 한다.

첫째, 의사소통 중심 수업이라고 해서 영어만 사용해야 하는 것은 아니다. 그럼에도 불구하고 적지 않은 교사들이 학생들의 이해를 희생시켜 가면서까지 영어를 강요하는 것 같다. 예를 들어 어떤 새로운 구문을 소개하면서 영어로 문법 설명을 하는 것은 학생들에게는 전혀 도움이 안 된다. 학생들의 이해를 돕기 위한 설명이 아니라 전문적인 문법 용어까지 섞어가며 하는 설명이 더 어려워 오히려 학생들을 혼란스럽게 만드는 일이 교실에서 벌어지는 것을 수업 참관을 통해 목격한 적이 있다.

둘째, 의사소통 중심 수업이란 문자 언어(written language)를 등한시하고 음성 언어(spoken language)에만 초점을 맞춘다는 뜻이 아니다. 제대로 의사소통 능력을 갖추기 위해서는 언어의 네 가지 기술(듣기, 말하기, 읽기, 쓰기)을 골고루 갖추어야 한다. 더구나 요즘 같은 인터넷 시대에 다양한 정보를 주고받기 위해서는 읽기와 쓰기 기술도 듣고 말하기 기술 못지않게 중요한 기술이다. 더구나 언어의 네 가지 기술의 발달은 서로 보완적이지 배타적인 것이 아니라는 점(Brown, 1994)을 기억한다면 음성 언어 중심 수업에 너무 치중하는 것은 바람직하지 않다.

셋째, 의사소통 중심 수업이라고 해서 언어 형식은 등한시하고 의미에만 초점을 맞춘다는 뜻이 아니다. 형식에 대한 지식이 바탕이 되지 않으면 의미가 제대로 나올 수 없다. 음성 언어건 문자 언어건 간에 언어를 유창하게 구사하는 사람치고 문법 능력이 낮은 사람은 없다. 유창한 언어를 구사한다는 것 자체가 바로 문법 능력을 이미 갖추었음을 의미한다. 따라서 자연스런 환경에서 언어 사용을 통해 자신도 모르게 문법을 터득하는 그런 언어 환경이 아니라면 문법은 열심히 가르쳐야 한다. 다시 말하자면 교실 상황이라는 제한적인 언어 환경에서 언어를 배우는 우리나라와 같은 EFL 환경에서는 자연스런 환경에서 풍부한 언어 입력을 받으면서 상호작용을 동반한 언어 사용을 통해 문법을 자연스럽게 터득하는 것은 기대하기가 곤란하다. 따라서 목표 언어의 문법 체계를 학습자들이 터득하게 하기 위해서는 문법적인 지식을 제공하는 것도 교사의 몫이며, 어떤 방법으로 문법 지도를 할 것인가는 학습자들의 인지 능력과 특성에 따라 달라질 수 있을 것이다. 예를 들면 초등학생들과 같이 어린 학생들에게는 복잡한 문법 설명보다는 학습 활동을 통해서 문법을 묵시적(implicit)으로 터득하게 하는 것이 필요하겠지만 중학교 수준만 되어도 명시적 문법 지도(explicit grammar instruction)가 필요하다는 것이 저자의 생각이다. 왜냐하면 중학교 수준에서는 가르쳐야 할 문법의 양도 많아지고 난이도마저 높아져서 묵시적인 문법 지도(implicit grammar instruction)로는 이해를 제대로 하기 힘들며 진도마저 제대로 나갈 수 없을 것이기 때문이다.

의사소통 중심 교수법에 대한 논의에서 또 하나의 논쟁거리는 학습자의 모국어 사용에 관한 것이다. 외국어 교실에서 모국어 사용을 금지한 채 과연 목표 언어만을 배타적으로 사용해야 하는지 여부에 관해서는 최근까지 찬반 논쟁이 계속되어 왔다. 하지만 최근 학습자의 모국어가 외국어 학습에서 장애물이기 보다는 오히려 자원이 될 수 있으며, 따라서 외국어 교실에서 모국어와 목표 언어의 공존이 오히려 외국어 습득에 이롭다는 주장들이 많다(Auerbach, 1993; Cook, 2001; Jensen & Vinther, 1983; Kharma & Hajjaj, 1989; Polio & Duff, 1994; Turnbull, 2001).

예를 들면 Cook(2001)은, 현실적으로 생각해볼 때 학습자에게 있어서 모국어와 목표 언어의 관련성은 지극히 당연한 것이며, 언어를 가르칠 때 외형상 강제적으로 그 둘을 떼어 놓는다는 것은 학습자 내부에서 일어나는 보이지 않는 과정과 상반되는 것이라고 주장한다. 다시 말하자면 외부에서 억지로 모국어 사용을 금지한다고 해서 학습자 내부에서조차 모국어 사용이 막아지는 것은 아니라는 뜻이다. 서툰 외국어로 의사소통이 제대로 안 될 때 잘하는 모국어에 의존하고 싶어지는 것은 모든 인간의 본능이라는 점을 감안하면 그의 주장은 상당히 설득력이 있어 보인다.

또한 Auerbach(1993)도 모국어 사용이 학습자의 감정적인 장벽을 낮춰줌으로써 오히려 외국어 습득을 원활하게 한다고 주장하고 있으며, 이와 유사하게 Polio와 Duff(1994)도 외국어 교실에서 목표 언어와 목표 문화에 대한 경험이 스스로도 극히 제한되어 있는 비원어민 교사가 교실에서 목표 언어만 사용한다는 것은 합리적이지 않다고 주장한다. 다시 말하면 영어와 영어 문화에 익숙하지 못한 한국인 영어 교사가 영어로만 수업을 하는 것은 무리라는 뜻이 되겠다.

이상의 주장들을 종합해보면, 외국어 유창성을 기르는 데에 있어서 중요한 것은 목표 언어를 배타적으로 쓰느냐 쓰지 않느냐의 문제 또는 모국어를 사용하느냐 사용하지 않느냐의 문제가 아니라, 목표 언어와 모국어를 어떻게 사용하느냐가 중요하다고 하겠다. 저자의 연구결과에 의하면 현재 일부 교사들에 의해서 시도되고 있고 정책적으로도 강조되고 있는 영어로 하는 영어 수업은 제대로 된 의사소통 중심 수업과는 거리가 멀다. 이렇듯 국가적인 노력에도 불구하고 영어로 하는 영어 수업이 제대로 되지 못하는 데는 그럴만한 사유가 충분히 있다. 우리가 기억해야 할 것은, 의사소통 중심 교수법이 결코 최종적인 답은 아니라는 점이다(Thompson, 1996).

어떤 교수법을 사용할 것인가는 교수 환경에 따라 달라져야 한다는 점을 기억해야 한다. 또한 어떤 교수법이나 나름대로 교육에 기여하는 바가 있으며 의사소통 중심 교수법도 결코 만병통치약은 아니라는 점을 교사뿐만 아니라 교육 정책자들도 기억해야 한다(Prabhu, 1990). 의사소통 능력을 기르는 것이 우리의 영어 교육 목표가 되어야 함에는 누구도 반대하지 않을 것이다. 하지만 그 방법론에는 다양한 의견이 있는 것 같다. 의견을 조율하는 노력이 필요하다. 전통적인 문법-번역 중심의 교수법이 전적으로 잘 못 된 것이 아니며, 우리나라와 같은 언어 환경에서 여전히 유용한 교수법이듯이, 의사소통 중심 교수법 또한 전적으로 따라야 할 만병통치약은 아니다. 지금 우리에게 필요한 것은 어느 특정한 교수법만 고집할 것이 아니라, 그 동안 소개되어 온 여러 가지 교수법들 중에서 우리 실정에 맞는 부분들을 선택하여 가장 효과적인 통합적 교수법(integrative approach)을 찾는 일이라고 생각된다.

3. 언어 연습과 언어 사용

학생들에게 목표 언어를 익히게 하기 위해서는 언어 입력이 필수적이며, 이를 위해 교사는 다양한 교실 활동을 동원하게 된다. 하지만 이러한 교실 활동을 통해서 학습자가 생산해 내는 언어는 비록 표면적으로는 같아 보이지만 질적으로는 모두 같은 것이 아니며(Gardner, 1987), 따라서 언어 습득에 있어서도 같은 효과를 가지지 않는다. 학습자가 생산해 내는 언어는 언어 연습(language practice)의 결과인 경우도 있고 언어 사용(language use)의 결과일 수도 있다. 이를 Rivers(1983)는 각각 "skill-getting activities"와 "skill-using activities"로 구분하였다. 전자는 언어의 단위, 카테고리, 기능들을 인지하고 이것들과 관련된 언어 규칙들을 내재화하는 데 있어서 필요한 "지식"을 얻기 위한 언어 연습의 기회이며, 후자는 의사소통을 하고자 하는 동기를 갖고 상호작용을 통해 의사소통의 기회를 가질 수 있는 "자율적인" 언어 사용의 기회를 의미한다. 정확성과 유창성을 동시에 갖춘 외국어 습득을 위해서는 이러한 언어 연습과 언어 사용의 기회가 모두 필요하다고 한다(Bragger, 1985, Celce-Murcia, 1991).

언어 연습과 언어 사용의 분명한 차이는 전자의 경우에는 상대의 반응을 예측할 수 있으나 후자의 경우에는 그렇지 않다는 것이다. 즉, 언어 사용은 정보 차(information gap)를 동반하지만 언어 연습은 그렇지 않다는 점이다. 따라서 질문을 하는 사람이나 답을 하는 사람이나 서로 뻔히 아는 것에 대해 묻고 답하는 것은 언어 사용에 해당되지 않으며 언어 연습일 뿐이다. 이런 차이에도 불구하고 저자는 적지 않은 영어 교사들이 이 두 가지를 구분하지 못하고, 마치 언어 연습이 언어 사용인 것처럼 교실에서 언어 연습에만 대부분의 시간을 할애하는 경우를 의사소통 중심 발표 수업들을 관찰하면서 종종 목격하였다. 이러한 경우 학생들은 상호작용을 통하여 의미 협상(meaning negotiation)을 하는 자발적인 언어 사용의 기회는 부여받지 못하고, 대신 교사의 의도대로 연습만 하게 된다. 학생들이 의사소통 능력을 기르기 위해서는 상호작용을 통하여 의미 있는 언어 사용의 기회를 가능한 많이 가질 수 있도록 교사로서 최선을 다한다고 해도 모자라는 형편인데도 불구하고, 현재 적지 않은 교사들이 그나마 부족한 언어 사용의 기회를 활용하는 데 있어서조차 매우 미숙하다. 수업 관찰을 해보면 교사가 원하는 표현을 학생들에게 말하도록 사실상 강요하고 있으면서도 이것이 곧 언어 사용의 기회를 주는 것이라고 오해하고 있는 교사들도 적지 않게 목격할 수 있다. 이는 언어 연습에 시간을 대부분 할애함으로써 오히려 불완전하나마 자신이 현재 알고 있는 언어 지식을 실험해 볼 수 있는 언어 사용의 기회를 학습자들로부터 빼앗는 것이나 다름없다.

언어 연습의 전형적인 예로서, 우리는 교사가 질문하면 학생은 답하고 교사가 다시 그에 대한 피이드백을 주는 소위 IRF(Initiation-Response-Feedback; 선제 질문-응답-피이드백) 구조의 담화를 자주 목격하게 된다. 예를 들면, 교사가 "How's the weather today?"하고 물으면 학생들은 "It's sunny."라고 대답하고 이에 대해 다시 교사는 "Right. It's sunny today."라고 답하는 것이 그런 종류이다. 교실 밖 실제 상황에서의 언어 사용에서는 이러한 형태의 질문과 답은 특별한 의도가 있는 경우를 제외하고는 찾아보기 힘들다. 즉, 교사나 학생 모두 이미 알고 있는 내용에 대해 서로 질문하고 답하는, 소위 말하는 정보 차(information gap)가 없는 질문과 답 자체가 실생활에서는 거의 없다. 그러한 질문들은 의사소통을 하기 위한 것이기 보다는 교사가 가르친 내용을 학생들이 제대로 이해했는지 확인하기 위한 질문일 뿐이다(White & Lightbown, 1984).

물론 영어 교실에서 이러한 IRF 형태의 담화가 전혀 불필요하다는 뜻은 아니다. 그러한 형태의 담화도 교실에서 상호작용이 이루어지고 있다는 또 다른 증거가 되는 것은 사실이며(Cook, 2001), 또한 학생들이 스스로 언어 사용을 할 수 있기 전에 연습으로서 필요한 단계이기도 하다. 하지만 그 것은 학생들이 교실 밖에서 접하게 되는 그런 종류의 언어 사용은 되지 못한다. 따라서 그러한 연습이 비록 필요하기는 하지만 학습 활동의 전부가 되어서는 곤란하다는 점이다. 학생들이 진정 의사소통 능력을 기르기를 바란다면 교사는 교실 밖에서 실제 사용하는 그런 종류의 언어 경험도 교실에서 학생들이 할 수 있도록 기회를 가능한 많이 주어야 할 것이다. 물론 교실 안에서의 언어 사용은 자연스런 환경에서의 언어 사용과는 꼭 같을 수는 없다. 넓게 보면 교실 안에서 이루어지는 언어 사용도 실제 의사소통이라기보다는 영어 학습을 위한 일종의 연습(drill or practice)이라고 할 수 있을 것이다. 따라서 어떤 학자들은 이를 교실 밖의 실제 상황에서의 의사소통과 구분하여 유사의사소통(quasi-communication)이라고 일컫기도 한다. 하지만 이는 정보 차 없이 질문하고 답하는 그런 종류의 언어 연습과는 다르다.

분명한 것은 연습에도 종류가 있다는 사실이다. 따라서 학습자가 의사소통 능력을 기르기를 바란다면 학습자들에게 의미 있는 언어 사용의 기회를 주는 그런 종류의 의사소통 연습(communicative drill)이 반드시 필요하다. Schulz(1991)의 주장처럼, 언어 교실에서 중요한 것은 얼마나 많은 양의 연습을 했는가가 중요한 게 아니라, 어떤 종류의 연습을 했느냐가 중요하기 때문이다. 교사들이 기억해야 할 것은, 겉으로는 언어 연습과 언어 사용의 결과가 같아 보이지만 그 둘은 학습자 내부에서 상당히 다른 인지 과정을 요구한다는 점이며(Gardner, 1987), 언어 연습만으로 언어 습득이 일어나는 것이 아니라는 것이다.

의사소통 능력 발달은 무엇보다 언어를 사용함으로써 이루어진다. 언어 입력만 제공해서 되는 것도 아니고, 기계적인 연습(mechanical drill)만 해서 되는 것도 아니다. 서로 의미 있는 상호작용(meaningful interaction) 즉, 언어 사용을 하는 것이 필요하다. 그렇게 함으로써 주변에서 제공된 언어 입력이 학습자에 의해 흡입(intake)이 되어 실제 언어 발달에 영향을 미치게 된다는 것이다(Doughty & Verela, 1998; Gass & Varonis, 1994; Hadley, 1993; Long, 1983; Long & Robinson, 1998; Loschky, 1994; Pica, 1987; Schinke-Llano & Vicars, 1993; Tsui, 1987;

Vanpatten & Cadierno, 1993). 다시 말해서 외국어 습득은 학습자가 상호작용을 통해서 의미 있는 의사소통의 기회를 충분히 가질 때 비로소 가능하다는 것이다. 그리하여 Belasco(1983)의 지적대로, 만약 교사가 수업 시간에 너무 통제를 많이 하고 교사 스스로 말하거나 설명하면서 대부분의 수업 시간을 소모한다면, 그래서 학생들을 가만히 앉아서 듣고 보기만 하는 사람으로 전락시킨다면, 또한 교사가 원하는 표현을 학생들로 하여금 기계적으로 따라하게 하거나 재생하는 연습에만 몰두시킨다면, 이는 학생들이 의사소통 능력을 기르는 데 결코 큰 도움이 되지 못한다.

저자의 연구에 의하면 이러한 언어 연습과 언어 사용의 차이에도 불구하고 아직도 적지 않은 영어 교사들이 이 둘의 차이에 대해 잘 알지 못하고 또한 의사소통 능력이라는 것이 언어 연습에 의해서만 이루어질 수는 없다는 사실을 제대로 알지 못하고 있는 것 같다. 그 결과 그들의 수업은 여전히 언어 연습으로 가득 차 있고, 학생들은 교사가 원하는 대로 말하기를 강요당하고 있으며, 정보 차가 포함된 의미 있는 언어 사용의 기회는 거의 갖지 못하고 있는 게 사실이다.

교사들은 자신이 제공하는 학습 자료가 언어 연습의 기회를 제공하기는 하지만 언어 사용을 보장하지는 못한다는 것을 기억해야 할 것이다(Larsen-Freeman, 1986). 그리고 학생들을 언어 사용의 기회에 노출시키기 위해서 교사는 적절한 학습 활동을 사용할 필요가 있다. 결국, 교실에서 언어가 살아있게 하기 위한 책임은 학생들뿐만 아니라 교사에게 있다고 해도 과언이 아니다(Birckbichler, 1987). 왜냐하면 언어를 구사하는 주체는 학생들이지만 그들이 비록 교실에서나마 실감나는 언어 사용을 할 수 있도록 유도하고 도와주어야 하는 사람은 바로 교사이기 때문이다.

4. 외국어 학습 자료

외국어 교실에서의 언어 연습과 언어 사용은 대부분 학습 자료와 활동을 수반한다. 의사소통 중심 교수법에서 흔히 강조되는 것 중의 하나가 바로 교수/학습 자료의 실제성(혹은 진정성: authenticity)이다. 하지만 자료의 실제성의 중요성에 대한 학자들의 의견은 일치되고 있지 않다. 어떤 학자들(Anderson, 1999; Oh, 2001; Swaffer, 1985; Yano, Long & Ross, 1994; Young, 1993, 1999)은 있는 그대로의 실제 자료(natural, authentic material)를 사용할 것을 주장하는 반면, 다른 학자들은 실제 자료가 아닌 단순화된 자료(simplified, unauthentic material)를 사용할 것을 권하고 있다. 전자는 외국어 학습자들에게 언어를 가르치기 위해 만들어진 자료가 아니며 따라서 외국어 학습자에게는 그 내용이 어렵거나 생소할 수 있다. 한편 후자는 외국어 학습자들에게 언어를 가르치기 위한 목적으로 만들어졌기 때문에 학습자에게는 당연히 전자보다 쉽게 느껴질 것이다.

자료의 실제성을 강조하는 학자들 중에서 Swaffer(1985)는 주장하기를, 실제성이 부족한 자료들은 비원어민들을 위해 만들어졌으며 주로 특정한 내용을 가르치기 보다는 언어를 가르치기 위해 만들어졌기 때문에 언어적으로 문화적으로 삭제된 부분이 많다고 한다. 이와 유사하게 Yano, Long과 Ross(1994)도 자료의 수정 효과에 대한 연구에서 원래의 텍스트를 언어적으로 쉽게 만드는 것은 비원어민들의 이해력을 높이기는 하지만 한편으론 다른 식으로 배울 수 있는 학습 능력을 줄인다고 주장하면서, 오히려 언어적으로 무조건 단순하게 만드는 것보다는 세부적인 보충 수정(elaborative modification)을 할 것을 권장하고 있다. 세부적인 보충 수정이란 학습자들에게 의미적으로 보다 상세한 것을 제공함으로써 학습자가 텍스트의 내용에 대해 추론하는 것을 보다 용이하게 해준다고 주장한다. 이러한 견해는 Anderson(1999)의 주장과도 유사한데, 그는 그러한 단순화 된 학습 자료는 지나치게 수정을 많이 함으로써 오히려 흥미를 떨어뜨리고 실제로는 읽기가 더 어려울 수 있으며, 또한 언어 그 자체의 아름다움이 상실되기도 한다고 주장한다.

실제성을 강조하는 학자들이 많음에도 불구하고 외국어 교실에서 실제 자료만을 사용하는 데에는 사실상 어려움이 따른다. 왜냐하면 학습자들은 애당초 그 자료를 사용할 사람들로 간주되지 않았으며, 따라서 자료 자체가 언어적, 문화적 측면에서 학습자의 수준에 비추어 볼 때 매우 부적절할 수 있기 때문이다(e.g., Day, 2004; Elley & Mangubhai, 1983; Evans, 1988; Kramsch, 1985).

실제 자료나 실제성이 모자라는 자료 모두 문제점이 드러난 이상 어느 한 쪽만을 고집하는 것은 이제 별 의미가 없어 보인다. 우리에게 필요한 것은 이 두 가지 자료 사이에 가장 적절한 합의점을 찾는 것이다. 중요한 것은 실제성 그 자체가 아니라, 학습자들에게 그 자료가 얼마나 적절한가 하는 적절성이며(Day, 2004), 또한 자료를 의미 있게 사용하는 것이다(Anderson, 1999). 결국, 우리가 기억할 것은 텍스트 실제성(text authenticity)보다는 학습자 실제성(learner authenticity)이 보다 중요한 개념이라는 점이다(Lee, 1995). 말하자면 그 자료가 학습자들에게 얼마나 의미 있는 자료인가에 보다 많은 관심을 가져야 한다.

최근 우리나라 영어 교실에서 흔히 볼 수 있는 커다란 변화 중의 하나가 바로 테크놀로지의 사용이다. 다양하고 질 좋은 학습 자료를 손쉽게 제시할 수 있다는 점은 테크놀로지 사용의 큰 장점이라고 할 수 있다. 하지만 우려스러운 것은 이러한 테크놀로지를 일부 교사들이 자신도 모르게 남용하고 있다는 점이다. 테크놀로지는 어디까지나 수업을 보다 효과적으로 하기 위해서 보충적으로 사용해야 할 것이지 결코 만변통치약이 아니며, 교사를 대신할 수도, 대신하게 해서도 안 된다(Salaberry, 2001). 그럼에도 불구하고 그 효과에 대해서는 별다른 고려도 하지 않은 채 테크놀로지의 효과에 대해 과신을 하며 남용하는 교사들이 없지 않은 것 같다. Rivers(1990)의 다음 주장대로 교사가 자신이 사용하는 테크놀로지의 장단점과 그 사용 효과에 대해서 잘 알지 않고서는 제대로 된 수업 효과를 거둘 수 없을 것이다:

> "without the cooperation of well-informed teachers, precipitous introduction of new technology can lead to equally precipitous abandonment of what may be prematurely judged to be an ineffective enterprise" (Rivers, 1990, p. 78).

따라서 교사는 수업 중 언제 어떻게 테크놀로지를 사용하는 것이 학습 효과를 극대화 시킬 수 있는지에 대하여 결정하여야 한다. 여기서도 교사의 지식이 핵심이다. 학습 자료는 그것을 사용하는 교사의 지식만큼 효과가 있는 것이다. 제대로 알지 못하면서 사용하는 것은 기대한 효과를 얻기는커녕 오히려 학습 시간을 허비하는 결과를 초래할 수도 있다.

5. 의사소통 중심 교수법과 문법 지도

지난 수 십 년 동안 세계적으로 의사소통 중심 교수법의 강세에도 불구하고 그 동안 의사소통 중심 교수법이 반드시 보다 나은 학습자를 배출한다는 증거는 없으며(Richards, 1985), 보다 효율적인 교육을 위해서는 의사소통 중심 교수법의 범주 안에서도 문법 교육은 반드시 포함되어야 한다고 주장해 온 학자들이 많다(Celce-Murcia,

1991; Doughty, 1991; Fotos, 1994, 1998; Ellis, 2002; Long, 1991; Richards, 1985). 사실상 문법은 꽤 오랜 시간에 걸쳐 언어 교수의 중심에 서 있었다. 외국어 능력 개발에 관심을 가진 사람 그 누구도 목표 언어의 문법 체계를 배울 필요가 없다고 주장한 사람은 없었으며(Nunan, 1991), 또한 의사소통 능력에 대한 모델을 제시할 때에도 문법은 늘 의사소통 능력의 한 구성 요소로서 반드시 포함되어 왔다(Canale & Swain, 1980; Cummins, 1980).

우리나라의 경우 그동안의 의사소통 중심 교수법 강조에도 불구하고 초등학교 영어 수업을 제외하고는 여전히 영어 교실에서 문법 교육이 주류를 이루고 있다고 해도 과언이 아니다. 교사들로서는 오랜 동안 익숙해져 온 방법인데다 또한 수월한 방법이기도 하고, 무엇보다 입시 위주의 교육이기 때문일 것이다. 하지만 세계적으로 볼 때 외국어 교육에 있어서의 문법의 중심적 역할에 대한 도전은 이미 1970년대 중반에 나타나기 시작하였으며 그 이후 문법 지도에 대한 활발한 논의에서 학자들의 엇갈린 주장들이 등장하였다(Celce-Murcia, 1991; Magnan, 1988; Yip, 1994).

외국어 교육의 역사를 비추어 볼 때, 문법 지도에 대해서는 두 가지 주요 질문이 끊임없이 제기되어 왔다. 그 중 하나는 문법을 가르쳐야 할 것인가 아닌가 하는 것이고, 나머지 하나는 만약 가르쳐야 한다면 어떻게 가르쳐야 할 것인가 하는 것이다(Ellis, 2002). 초기에는 첫 번째 질문에 대해 몇몇 학자들은 부정적인 답을 제시하였다. 예를 들면 Krashen(1982)은 외국어 습득에 있어서 충분조건(sufficient condition)은 이해 가능한 입력(comprehensible input)과 학습자의 낮은 감정적 저해요인(low affective filter)이라고 주장하였다. 그에 의하면 형태가 아닌 의미 중심의 교수만이 이러한 조건들을 충족시킬 수 있다고 한다. 이와 유사하게 Prabhu(1987)도 언어 형태에 학습자의 관심을 집중시키는 것은 도움이 되지 않으므로, 교사는 과제중심의 교수요목(task-based syllabus)을 따라 의미에 초점을 맞출 수 있는 교실 환경을 만들어 내는 데 관심을 가져야 한다고 주장하였다.

문법 지도에 대한 이상과 같은 부정적인 주장들에도 불구하고 한편으로는 긍정적인 주장들도 많으며, 최근에는 이 긍정적인 주장들이 힘을 얻고 있는 추세이다. 많은 학자들이 언어 특성의 형식에 대한 지도는 그러한 특성을 습득하는 데 관련이 있으며 따라서 문법에 대한 명시적 지도(explicit instruction))는 외국어 습득에 필요할 뿐만 아니라 도움도 된다고 주장하고 있다(Batstone, 1994; Braidi, 1995; Bygate, 1994; Celce-Murcia, 1991; Doughty, 1991; Ellis, 1995, 2002; Ellis, Basturkman, & Loewen, 2001; Fotos, 1994; Fotos & Ellis, 1991; Higgs & Clifford, 1982; Lightbown & Spada, 1990; Long, 1991; Mitchell, 1994; Mitchell & Redmond, 1993; Muranoi, 2000; Nunan, 1991, 1998; Richard, 2002; Savignon, 1991; Swan, 1985; Terrell, 1991; Tompson, 1996; VanPatten & Cadierno, 1993). 몇 가지 연구만 소개하자면, Higgs와 Clifford(1982)는 의사소통 활동을 너무 일찍 강조하는 것은 오히려 낮은 의사소통 능력을 고착화시키는(fossilization) 원인이 된다고 주장하면서 의사소통 기술보다는 인지적인 문법 능력을 기르는 것을 우선시하였다. Fotos(1994) 또한 문법의 중요성을 강조하였는데, 문법 의식고양 과제(grammar consciousness-raising tasks)를 통해 문법 지도와 의사소통을 위한 언어 사용이 통합될 수 있다고 제안하였다. 그에 의하면 문법 의식고양 과제의 내용은 목표 언어 구조 그 자체이며, 그 목적은 목표 언어 구조를 바로 사용하는 능력을 기르는 것이 아니라, 목표 언어 구조의 문법 특성들에 학습자의 관심을 유도하여 그 특성들에 대한 의식을 고양시킴으로써 장차 의사소통 입력에서 그러한 특성들을 인지할 수 있도록 돕는 것이라고 한다. 그는 또한 덧붙이기를, 문법 그 자체가 중요한 과제 자료(task material)이기 때문에 이러한 문법 의식고양 과제는 EFL학생들에게 특히 더 적절한 방법이라고 한다. 문법 지도의 효과에 대해 보다 최근에 Ellis(2002)는 문법 지도가 외국어 습득에 있어서 비록 즉각적인 효과(instant effect)를 가져다주지는 않을지라도 지연된 효과(delayed effect)는 가져다준다고 주장하였다.

외국어 습득에서의 문법 지도의 중요성에 대해 Celce-Murcia(1991)도 문법을 가르치지 않는 교수법은 문법에 어긋나는 비문을 생성하게 하고 이를 고착화시킴으로써 언어 습득이 더 이상 진전되지 못한다고 주장한다. 그녀에 의하면 문법 지도는 외국어 습득에 있어서 유창성과 정확성 둘 모두를 기르는 데 도움이 된다고 한다. 그러나 문법 지도를 한다고 해서 언제나 같은 효과를 가져 오는 것은 아니다. Celce-Murcia에 의하면 문법은 그 자체를 학습의 목표로 삼을 것이 아니라 의사소통을 위해서 학습할 때에만 의미가 있다고 주장한다. 다시 말하자면 문법은 의사소통과 분리되어 가르쳐서는 의미가 없다는 뜻이다. 또한 Savignon(1991)도 의사소통 능력을 기르는 데 있어서 문법 학습의 중요성을 강조하였는데, 그에 의하면 언어 능력 발달을 위해서 의사소통 활동에 참여하는 것은 아주 중요한 일이지만 이러한 참여는 반드시 언어 형식(language form)에 주의를 기울이는 것을 필요로 한다는 것이다. 왜냐하면 언어 구조 혹은 문법은 언어가 어떻게 작동하는지에 대한 일련의 공유된 가정이기 때문에 이것 없이는 의사소통 자체가 불가능하기 때문이라고 한다.

의사소통 능력 개발이라는 영어 교육 목표 아래 그 동안 수많은 연구와 국가로부터의 엄청난 재정적 지원에도 불구하고 유감스럽게도 지난 수 십 년 동안 우리나라 영어 교실에서 교사들이 하고 있는 영어 수업에는 그다지 큰 변화가 일어나지 못한 것이 사실이다. 특히 대학수학능력시험(CSAT)을 앞두고 있는 고등학교 영어 교실에서는 의사소통 능력 개발에는 거의 관심을 가질 수 없는 게 사실이며, 여전히 전통적인 문법-번역 중심의 교수법(grammar-translation approach)이 선호되고 있는 것이 사실이다(S.-A. Kim, 2006). 우리의 영어 교육 목표가 학생들의 의사소통 능력을 기르는 것인 만큼 의사소통 능력의 한 구성요소인 문법을 가르치는 것 자체는 물론 필요한 일일 것이다. 하지만 문제는 교사들이 의사소통 능력을 기르기 위한 수단으로서의 문법이 아니라, 문법 그 자체를 영어 수업의 목표로 가르치고 있다는 점이다.

학자들의 주장에 의하면 교실 상황에서 인어 입력을 제공하는 가장 좋은 방법은 형태초점 지도(form-focused instruction) 혹은 문법 지도(grammar instruction)와 의사소통(communication)을 통합하는 것이라고 한다. 왜냐하면 그렇게 하는 것이 목표 언어의 구조뿐만 아니라 전반적인 이해를 높여주기 때문이라고 한다(Ellis, 1995; Fotos, 1994). 여기서 말하는 형태초점 지도는 전통적인 영어 교실에서 보듯 다양한 문법 사항을 한꺼번에 반복 없이 제시하는 것이 아니라, 한 가지 문법 사항에 대해 다양한 방법으로 반복적으로 경험하게 하는 것을 말하는데, 이것이 바로 많은 의사소통 중심 수업에서 볼 수 있는 문법 지도의 특징이다(Ellis, Basturkman, & Loewen, 2001).

저자가 실시한 설문조사 결과에 의하면 영어 교사들은 오늘날 우리의 영어 교육 목표인 의사소통 능력 개발의 필요성에 대해 충분히 공감하고 있으며, 또한 의사소통 능력을 제대로 기르기 위해서라도 문법을 가르쳐야 한다는 데 대해서는 별 다른 이의가 없다. 따라서 이 두 가지를 한꺼번에 다룰 수 있는 의사소통과 문법의 통합 지도의 필요성을 교사들도 인식하고 있다고 볼 수 있다(S.-A. Kim, 2003). 그럼에도 불구하고 이 점에 있어서 교사들의 노력이 부족한 데에는 문법과 의사소통을 통합해서 가르치는 데 대한 교사의 지식과 훈련이 부족한 탓이 크다고 생각한다. 저자의 연구에서도 많은 교사들이 의사소통 중심 교수법에 대한 정확한 이해가 부족할 뿐만 아니라 문법과 의사소통의 통합 지도에 대해서도 잘 알고 있지 못한 것이 드러났다. 따라서 국가적 차원에서 이 부분에 대해 지식과 훈련의 기회를 제공해 주고자 하는 노력이 필요하다.

교실 상황에서 구체적으로 문법을 어떻게 다루어야 할 것인가에 대해 Nunan(1998)은 학습자가 한 번에 하나씩의 문법 사항을 배우게 하는 선형식 접근법(linear approach)에 대한 대안으로서 유기체적 접근법(organic approach)을 제안하였다. 그에 의하면 학습자는 언어를 단계별로 벽돌을 쌓듯이(in the step-by-step, building block fashion) 습득하는 게 아니라, 정원에서 꽃이 자라는 것과 같이 습득한다고 주장하였다. 즉, 한 번에 한 가지 문법 사항을 완전하게 학습해 나가는 것이 아니라, 여러 가지 문법 사항들을 동시에 (그리고 불완전하게) 습득한다는 것이다. 꽃에 비유하자면 이러한 언어의 꽃들은 한꺼번에 피는 것도 아니며 같은 기간 동안 피어있는 것도 아니다. 같은 가지에서도 일부는 먼저 피고 지며, 일부는 이제 막 피려고 하는 꽃 봉우리도 있다. 어떤 가지에서는 심지어 한동안 시들다가 다시 꽃이 피기도 한다. 말하자면 이와 같이 꽃들이 모두 동시에 피었다 지는 게 아니듯이 우리의 문법 능력 또한 그렇게 발달한다는 것이다.

이러한 유기체적인 접근법은 교실 안의 교사들이 특정 수업 시간에 가르쳐야 할 목표 문법 항목에만 언어 사용을 제한하지 않고 이전 수업에서 가르쳤던 문법 항목들도 포함시킬 수 있으며 또한 포함시켜야 한다고 조언하고 있다. 이는 이전 수업에서 교사가 이미 가르쳤지만 미처 터득하지 못한 학생들에게 다시 공부할 수 있는 기회를 주는 것이기도 하다. 다시 말해서 이미 가르친 내용을 같은 수업 시간 내에서 뿐만 아니라 여러 수업 시간에 걸쳐서 기회 있을 때마다 다시 경험하게 해주는 반복 작업(recycling)이 필요하다는 뜻이다.

문법 지도의 특성이나 범위, 형태 등에 대한 논쟁은 여전히 계속되고 있지만 오늘날의 학자들은 전통적인 문법-번역 중심의 교수법이나 최근의 의사소통 중심 교수법 어느 한 쪽만으로는 목표 언어의 정확성과 유창성을 동시에 가진 학습자를 기를 수 없다는 데에는 대개 동의를 하고 있다. 다시 말하자면 오늘날 대세를 이루고 있는 의사소통 중심 교수법에서도 문법의 중요성을 인식하고 있는 것이다. 하지만 그렇다고 해서 언어 형태에 대한 명시적인 지도는 결코 외국어 지도에서 목적이 될 수는 없으며 목적에 이르기 위한 수단이 되어야 하며(Celce-Murcia, 1991), 문법을 다룰 때에도 서로 관련 없는 분리된 문장들 속에서가 아니라 상황 속에서 이루어져야 할 것이다(Nunan, 1998). 상황을 벗어난 언어 사용은 불가능하기 때문이다.

세계적으로 외국어 교육 분야에서 문법 지도에 대한 관심이 고조되면서 최근 한국에서도 외국어 지도 시 문법 지도가 포함되어야 한다는 취지의 논문들이 많이 나타났다(Hwang, 2000, 2001, 2004; Kang, 2004; B. Kim, 2002; M.-Y. Kim., 2002; S.-A. Kim, 2006; W.-Y. Kim, 2004; H. Lee, 1999, 2002; 2003; H.-J. Lee, 2000, 2005; J.-H. Lee, 1999; J.-W. Lee, 1999; K.-S. Lee, 2002; Min, 2002; Shin, 1996). 이러한 논문들은 그동안 의미에 지나치게 치중하며 상대적으로 언어 형식에 대한 관심이 부족한 의사소통 중심 교수법만을 고수하는 이들에게 시사하는 바가 크다고 하겠다.

문법과 의사소통의 통합에 대한 학자들의 이러한 주장에도 불구하고 현재 우리나라 영어 교실에서는 자의적이건 타의적이건 어느 한 가지 교수법에만 치우치는 영어 지도가 적지 않다는 것은 매우 유감스러운 일이다. 한 편에서는 (특히 고등학교 수업에서는) 그 동안 지탄을 받아 온 전통적인 문법-번역 중심 지도에서 크게 달라진 것이 거의 없으며, 학생들은 여전히 언어 사용의 기회는 거의 갖지 못하는 게 사실이고, 다른 한 편에서는 효과적인 수업을 하지도 못하면서 의사소통 중심 수업을 한다는 구실 아래 문법 지도를 등한시 하는 경향이 없지 않은 것이 우리의 영어 교육 현실이다(S.-A. Kim, 2006). 교수법은 교수/학습 상황을 고려해야 한다. 한국적인 상황에서는 문법 지도와 의사소통을 통합하여 지도하는 것이 최선의 방법이라고 생각된다.

6. 언어 지도와 문화 지도

언어 학습과 지도에 있어서 문화의 중요성을 강조한 연구는 매우 많다(Bentahila & Davies, 1989; Cadd, 1994; Crawford-Lange & Lange, 1984; D'Argruma & Hardy, 1997; Evans & González, 1993; Flewelling, 1994; Garcia, 1989, Halverson, 1985; Herron & Hanley, 1992; Heusinkveld, 1985; Jourdain, 1998; Kashima & Kashima, 1998; Kramsch, 1983; Levno & Pfister, 1980; Martinez-Gibson, 1998; Pesola, 1991; Prodromou, 1992; Sadow, 1987; Wilkes, 1983). 예를 들면 Bentahila와 Davies(1989)는 어떤 언어도 문화와 분리될 수 없으며, 만약 누군가 목표 언어를 자신의 문화의 관점에서 사용한다면 상대방에게 자신이 전혀 의도하지 않았던 인상을 줄 수 있다고 한다, 즉 무례하다든가, 친절하지 않다든가, 자기중심적이라든가, 또는 이상한 사람으로 비춰질 수 있다고 한다. 이와 유사하게 Abrate(1993)도 한 언어에서의 유창성은 확고한 문화적 바탕 없이는 결코 얻어질 수 없는 것이라고 주장하였다. 그는 또한 효과적인 의사소통을 위해 중요할 뿐만 아니라, 외국 문화의 이해는 학생들로 하여금 자기 자신의 행동을 인식하게 하고 내 방식만이 유일한 방식이라든가 옳은 방식이 아니라는 걸 받아들이게 한다고 한다. 보다 최근에 Martinez-Gibson(1998)도 한 문화권에서는 용납할만한 일이 다른 문화권에서는 용납되지 않는 경우도 있기 때문에 다른 문화에 대해 아는 것은 매우 중요하다고 주장하였다. Levno와 Pfister(1980)가 지적하듯이, 목표 문화에 대해 배우지 못한 학생들은 목표 언어를 제대로 배웠다고 할 수 없다. 왜냐하면 언어에 배어있는 문화적인 의미를 모르면 언어를 정확하게 사용할 수 없는 경우가 많기 때문이다.

외국어 교실에서 문화 지도의 중요성을 감안할 때 학생들의 문화이해도를 높이는 것은 교사의 책임이라고 할 수 있을 것이다. 하지만 유감스럽게도 많은 영어 교사들이 수업 시간에 문화를 지도하는 것에 대해 부담을 가지고 있다. 교사들이 이렇게 문화 지도에 어려움을 느끼는 이유 중의 하나는 우선 문화라는 것이 그 범위가 너무도 광범위하기 때문이다. 그 광범위한 문화 중에서 어디서부터 무엇을 가르쳐야 할 지 참으로 막연한 생각이 드는 것은 어쩌면 지극히 당연한 일일 것이다. 또 다른 이유는 교사 자신이 목표 문화에 대한 경험이 없고 어떻게 가르쳐야 할지에 대해 적절한 훈련을 받은 적도 없어서 교실에서 문화에 대해 어떻게 접근해야 할 지 모르기 때문이다. 다시 말해서, 스스로 목표 문화에 대한 지식과 경험이 부족한 교사들이 자신감을 갖고 문화 지도를 한다는 것 자체가 쉽지 않다는 것이다. 그 결과, 많은 교사들이 아예 문화 지도를 회피하든가 아니면 기껏해야 자신이 아는 범위 내에서 단편적인 사실적 지식만 전달하는 수준에 그치고 있는 것이 현실이다. 이는 세계화로 인해 점점 복잡해지고 상호의존적으로 변해가는 세상에서 살아가야 할 우리 학생들에게는 문화학습의 기회를 놓치는 안타까운 일이 아닐 수 없다. 시대적 요구에 따라 외국어를 배우는 학생들은 누구나 외국어 교실에서 그러한 요구를 충족시켜줄 것이라고 기대할 것이다.

그러면 문화를 안다는 것은 무슨 의미이며, 어떤 문화권에서 제대로 기능을 발휘할 수 있다는 것은 어떻게 할 수 있다는 것을 의미하는가? 문화가 인지(recognition)에서 중요한 역할을 하며 이는 또한 사물에 대한 이해(comprehension)와 해석(interpretation)에도 중요한 영향을 미친다는 점을 고려할 때(Alptekin, 1993), 이는 목표 문화를 가르쳐야 하는 외국어 교사로서는 누구든지 당연히 물어야 할 질문에 해당한다.

역사적으로 볼 때, 1960년대를 기점으로 문화의 개념에는 큰 변화가 있었다. 이러한 변화로 인해서 구분되는 문화의 두 가지 개념은 종종 "capital C culture"와 "small C culture"로 불린다(예: Flewelling, 1994; Halverson, 1985; Hendon, 1980; McGinnis & Ke, 1992). 즉, 1960년 이전에는 문화 학습이 의사소통과 관련된 게 아니고 문학과 관련이 되어 있었다. 언어 학습의 주요 목표는 위대한 문학 작품을 공부하기 위해서 언어 기술을 빨리 익히는 데 있었다. 따라서 학생들은 그들이 공부하는 인이에 대한 문화를 대부뷰 독서를 통해 배웠다. 이러한 문화를 종종 "capital C culture"라고 하는데(Flewelling, 1994; Halverson, 1985; Hendon, 1980; McGinnis & Ke, 1992), 이는 목표 언어와 관련되는 사림들의 예술, 문학, 철학, 과학기술, 등에 관한 것이었다. 하지만 1960년대 이후에는 언어 학습의 주요 목표가 의사소통에 있었고 이를 위해 사람들은 자신들과 의사소통하는 다른 문화권의 사람들에 대한 이해를 좀 더 잘 할 필요가 생겼다. 그리하여 문화 지도의 내용도 "capital C culture"에서 "small C culture"로 그 초점이 옮겨지게 되었다.

"Small C culture"의 정의에 대해서 Flewelling(1994)은 한 문화권 사람들의 관습과 예절, 가치관, 그리고 믿음 등을 일컫는다고 하였고, Bentahila와 Davies (1989)는 의사소통을 위해서 사람들이 필요로 하는 종류의 지식을 의미한다고 하였다. Halverson(1985)에 의하면 언어 교실에서 "capital C culture"가 아니라 "small C culture"를 가르쳐야 할 두 가지 이유는 다음과 같다. 첫째는 언어를 배우는 단계에 있는 학생들이 자신의 문화와 비교되는 일상의 생활스타일로서의 외국 문화에 보다 관심을 갖기 때문이며, 둘째는 "capital C culture"의 많은 부분이 이 단계에 있는 학생들에게는 아직 생소하기 때문이라고 한다. 이렇듯 언어 교수에 있어서 "capital C culture"로부터 "small C culture"에로의 변화는 학생들이 보다 현실적이고 기능적인 언어 이해를 가능하게 하고자 하는 시도에서 비롯되었다고 할 수 있겠다.

오늘날의 외국어 교육에서 문화 지도의 목적은 학생들로 하여금 다른 문화권의 사람들이 같은 현실에 대해서 우리와는 다르게 반응할 수 있다는 점을 배우게 하는 것이다. 하지만 불행하게도 대부분의 외국어 학습자들은 단일 언어 또는 단일 문화권에 살기 때문에 문화적으로 매우 속박된 상태이다. 사람이 문화적으로 속박되어 있으면 세상을 보는 눈이 자신의 문화적인 가치로 한정되어 버린다. 그런 사람들은 다른 문화권의 사람들과 원활히 의사소통하는 데 어려움을 느끼게 된다. 따라서 학생들에게 문화적인 통찰력을 길러주는 것은 교사의 역할이며, 문화적 통찰력을 길러주기 위한 문화 지도는 단순히 단편적인 사실적 정보를 제공하는 데 그칠 것이 아니라, 다른 문화에 대한 긍정적인 태도와 그 문화권 사람들의 생활 및 사고방식에 대해 올바른 이해를 길러주는 것이어야 한다(Finocchiaro & Brumfit, 1983; Hendon, 1980; Heusinkveld, 1985). 그리하여 학생들이 목표 언어의 문화뿐만 아니라 자신의 문화도 보다 잘 이해할 수 있도록 도와줄 수 있어야 하며, 서로 다른 문화권에 있는 사람들이 다른 점도 있지만 공통된 점도 있다는 점을 인식할 수 있게 해주어야 한다(Crawford-Lange & Lange, 1984; Flewelling, 1994).

비록 문화 지도의 중요성에 대해서는 외국어 교육자들이 모두들 공감하고 있지만 최근의 외국어 교육 방법에서 일어난 일련의 혁신적인 변화에 비하면 문화 지도 방법에 대한 변화는 그동안 별로 없었던 게 사실이다. 물론 이것이 새로운 언어 교수법에 따른 새로운 문화 지도 즉, 문화를 의사소통적 교수법에 따라 가르치는 데 대한 시도가 전혀 없었다는 뜻은 아니다. 하지만 문화 지도에 있어서 여전히 계속되고 있는 근본적인 문제는 많은 문화 지도 과정들이 아직도 문화적인 사실들(facts)에 대한 지식만을 강조하며, 학생들에게 보다 심오한 문화적 가치를 이해하는 감수성은 길러주지 못하고 있다는 점이다.

그러면 우리 실정에 맞는 문화 지도법은 어떤 것일까? 그 동안 문화 지도에 대한 여러 가지 접근법들이 제시되었지만(Crawford-Lange & Lange, 1984; Finocchiaro & Brumfit, 1983) 중요한 것은 어떤 접근법이 특정 집단의 학생들에게 가장 적절한지는 그 교수/학습 상황 속의 여러 가지 요인들을 고려하여 결정되어야 할 것이다.

7. 외국어 학습과 숙제

외국어 유창성을 기르는 것은 긴 시간이 필요한 일이다. 더구나 한국과 같은 언어 환경과 교실 환경에서 영어 유창성을 기르는 일은 영어와 어족 상 보다 가까운 언어, 예를 들면 독일어나 스페인어를 모국어로 사용하는 사람이 자기 나라에서 영어를 배우는 것 보다 훨씬 많은 시간과 노력을 필요로 하는 일이다. 따라서 한국 상황에서는 초등학교 때부터 영어 교육을 시작하더라도 고등학교 마칠 때까지 영어 유창성이 제대로 길러지지 않으며, 대학에서까지 영어 교육에 매달려야 하는 것이 결코 놀라운 일이 아니다. 간단히 말해서 외국어 학습은 장기간의 시간을 필요로 하며, 학생 입장으로서는 어떤 과정(그 것이 아무리 고급 과정이라고 하더라도)을 마치고 나면 여전히 더 배울 것이 남아 있는 끝이 없는 과정이라고 할 수 있다(Odlin, 1994). 이런 의미에서 학교 교육은 학생들로 하여금 궁극적으로는 스스로 이 긴 과정을 헤쳐 나갈 수 있도록 기초를 다져주고 스스로 학습할 수 있는 자세, 즉 자율성(autonomy)을 길러 주는 것이라고 할 수 있을 것이다.

어떤 과목을 가르치든 관계없이 교사라면 모두 공통된 지도 목적이 궁극적으로 교실 밖에서 스스로 학습할 줄 아는 자율적인 학습자를 기르는 것일 것이다. 외국어 학습자로서 자율적이라 함은 교실에서 배운 내용을 교실 밖 실제 상황에서 사용할 수 있어야 함을 의미하며, 또한 앞으로의 인생에서 마주치게 될 끊임없는 도전에 직면하기 위해 스스로 계속 배울 수 있다는 것을 의미한다.

외국어 교육에서 학습자 자율성은 그동안 문헌에서 여러 가지 방법으로 묘사되어 왔으며(Benson, 1996; Boud, 1988; Macaro, 1997; Nunan, 1996; Palfreyman, 2003; Rivers, 2001; Tudor, 1997; Wenden, 1991), 그 결과 학습자 자율성(learner autonomy), 학습자 독립성(learner independence), 자기 지도(self direction), 자율적 학습(autonomous learning), 독립적 학습(independent learning) 등과 같은 여러 가지 용어들이 비슷한 개념을 일컫기 위해서 사용되어 왔다.

한국과 같은 EFL 교실의 한계 중의 하나는 수업 시간이 충분한 언어 입력을 제공하고 필요한 상호작용을 하기에 턱 없이 부족하다는 점이다. 더구나 제한된 수업 시간마저도 대부분 교사가 학습을 이끌고 통제하느라 사용하는 경우가 많아 학습자들은 좀처럼 높은 수준의 영어 유창성 발달에 필수적인 언어 사용의 기회를 갖지 못하는 게 사실이다. 그러한 근원적인 한계 때문에 교실 수업이 목표 언어를 배우고 연습하는 유일한 장소가 되어서는 안 된다. 그러한 한계를 극복하기 위해서는 Macaro(1997)의 주장처럼 교실과 교사로부터 독립된 형태의 학습자 자율성을 강조할 필요가 있다. 다시 말해서 외국어로서의 영어 학습(EFL) 상황에서는 교실에서 아무리 많이 배운다 하더라도 항상 그 이상 배울 것이 또 있기 마련이기 때문에 어느 정도의 학습자 자율성은 필수적이다(Scharle & Szabó, 2000).

학습자의 자율성을 길러주는 중요한 수단으로 숙제를 들 수 있다(Harmer, 2001). 숙제는 교실 밖에서 이루어지는 일로서 어떤 과목을 배우든지 간에 숙제가 학생들의 학습 과정에서 중요한 역할을 한다는 것은 널리 알려져 있다. Battle-Bailey(2003)에 의하면 숙제는 스스로 공부할 수 있는 능력을 가진 학생들에 있어서 학업 성취를 향상시킬 수 있는 주요 역할을 한다고 한다. 하지만 숙제의 이러한 중요한 역할에도 불구하고 학생들 자신은 종종 학습에서 숙제가 담당하는 중요 역할을 제대로 인식하지 못하는 경우가 많다. Painter(2003)에 의하면 숙제는 교실의 연장을 의미하는 것으로, 학생들로 하여금 교실에서 배운 것을 내재화(internalize)할 수 있게 해주며, 따라서 숙제는 주당 수업 시간이 몇 시간인지에 관계없이 학생들로 하여금 한 주 내내 계속 공부할 수 있게 해준다는 의미에서 수업 간의 간격을 메워주는 다리 역할을 한다고 한다. 이러한 견해는 Wallinger(2000)에 의해서도 피력되었는데, 그는 수업 간의 시간적 간격이 있을 경우 숙제를 활용하는 것이 매우 중요하다고 주장한다.

숙제는 목표 언어 입력이 극히 제한된 외국어 학습 환경에서는 더욱 중요하다. 특히 목표 언어를 주로 교실에서만 공부하는 우리나라와 같은 EFL 환경인 경우 ESL 환경에서 보다 숙제의 중요성은 더욱 커진다. 왜냐하면 전자의 경우에는 대개 언어 발달에 필요한 언어 입력이 턱없이 제한되어 있기 때문이며(Lee, 2003), 따라서 그러한 한계를 보완하기 위해서는 수업 시간의 연장이 절대적으로 필요하기 때문이다. 더구나 교실의 학생 수가 너무 많아 개별 학생들의 언어 사용의 기회가 충분하지 못한 EFL 교실에서는 학습자들에게 보다 많은 목표 언어와의 경험을 할 수 있게 해 주는 수단으로서의 숙제의 중요성은 그만큼 더 커질 수밖에 없다.

숙제가 제공하는 또 하나의 이점은 학습자의 자율성을 개발시켜준다는 점이다. Harmer(2001)에 의하면, 교실 밖에서 학습자가 해야 할 숙제를 처음 냈을 때 학습자는 더 이상 교사의 도움 없이 학습을 해야 하므로 대단한 자율성을 필요로 한다고 한다. 자율적인 학습자는 학습 목표를 자각하고 자신의 학습에 대한 책임감을 알기 때문에 자신의 학습에 대해 스스로 책임을 진다는 것이다(Little, 2002; Painter, 2003; Smith, 2003; Thanasoulas, 2000). 이렇듯 학습자의 자율성을 향상시켜 줄 수 있는 숙제를 교사로서는 자신의 교수 효과를 높이기 위한 수단으로 이용하지 않을 이유가 없을 것이다.

학자들이 주장하는 숙제의 이점들을 요약하자면, 숙제는 수업 시간의 연장이며, 학생들의 학습 과정의 주춧돌로서 수업 간의 간격을 메워줄 수 있고, 또한 학습자의 독립성을 키워준다고 하겠다(Battle-Bailey, 2000; Harmer, 2001; Keith, 1982; North & Pillay, 2002; Painter, 2003; Wallinger, 2000). 따라서 숙제는 학습자들뿐만 아니라 교사에 의해서도 이용되어야 할 중요한 수단이다. 하지만 숙제가 가진 잠재적인 이점에도 불구하고 숙제는 종종 학습자의 자율성을 기르는 데 도움이 되기는커녕 오히려 방해가 되는 것으로 간주되는 경우도 없지 않다(Harmer, 2001). 이것은 아마도 세밀한 준비 없이 아무렇게나 내는 숙제는 잘못될 수도 있으며, 학생들로 하여금 귀중한 학습 시간을 오히려 낭비하게 만듦으로써 그들에게 해가 될 수 있기 때문일 것이다. 따라서 학생들이 숙제가 제공하는 이점을 충분히 누리기 위해서는 교사는 세심한 준비와 함께 제대로 된 숙제를 내는 것이 중요할 것이다.

일반적으로는 숙제가 학습에 필요한 시간을 연장시켜줌으로써 학습에 긍정적인 영향을 미친다고 믿고 있지만(North & Pillay, 2002), 연구 결과에 의하면 항상 그런 것만은 아닌 것 같다(Cooper, 1989, 1994;

Pascal, Weinstein & Walberg, 1984; Paulu, 1998; Thomas, 1992, Wallinger, 2000). 숙제의 효과가 확실하지 않은 만큼 숙제를 내는 것에 반대하는 주장도 있고, 숙제를 많이 낸다고 해서 시험에서 성적이 더 잘 나오는 것도 아니며, 교사의 평가에서도 더 낫게 나오지 않았다는 연구 결과도 있다. 또한 숙제의 효과는 지극히 개인적인 문제라는 주장도 있다. Cooper(1989, 1994)에 의하면 학습자의 나이, 능력, 동기, 교과목의 부담 등에 따라 숙제의 효과가 달라지기 때문에 결국 숙제는 잠재적으로 이점과 불리한 점을 동시에 갖고 있다는 것이다.

반대로 숙제의 이점에 대해 주장한 학자들도 많다. 예를 들어 Keith(1982)는 고등학생들을 대상으로 한 연구에서 숙제에 시간을 많이 투자할수록 학교 성적이 올라갔다고 보고하였고, Foyle과 Bailey(1988)는 숙제가 학년에 따라 과목에 따라 같은 영향을 미치지는 않는다는 점을 인정하면서도 적어도 숙제가 학생들의 학습과 성취에 해는 되지 않는다고 주장하였다. 보다 최근에 Painter(2003)는 학생들로 하여금 교실에서 배운 언어를 기억하게 해주고, 학습한 것을 강화시켜줄 뿐만 아니라, 학습자들로 하여금 궁극적으로 필요한 독립성을 기르게 해주는 공부 습관을 길러준다고 주장한다.

이상과 같은 상반된 주장들에 대하여 학자들(Cool & Keith, 1991; Wallinger, 2000)은 주장하기를, 이러한 상반된 결과는 너무도 많은 변수가 작용하기 때문에 숙제의 효과를 측정하는 데 있어서의 어려움 때문이라고 한다. 그래서 Chen과 Ehrenberg(1993)는 숙제의 효과를 보다 정확하게 측정하기 위해서는 학습자의 성취도가 어떻게 측정되는지에 대해 먼저 구분할 필요가 있다고 제안한다. 사실 숙제에 대한 연구는 주로 설문조사나 자기보고서를 분석을 통하여 이루어지는 경우가 많기 때문에 그 연구 결과를 모두 다 신뢰할 수는 없을지 모른다(North & Pillay, 2002). 하지만 그런 근원적인 한계에도 불구하고 숙제에 대한 지금까지의 연구 결과로 보면 긍정적 효과와 부정적 효과가 모두 가능함에도 불구하고 숙제는 제대로만 낸다면 학습자들의 학습 과정에 충분히 긍정적인 영향을 미칠 수 있는 것으로 결론지을 수 있다.

제대로 된 숙제를 내는 것은 물론 교사의 몫이다. 제대로 된 숙제란 교수/학습 상황을 고려하고, 학습자의 언어 능력, 동기, 학습 환경, 생활 경험 등을 고려하는 의미 있는 숙제여야 함을 의미한다(Kazmierzak, 1994; Paulu, 1998; Wallinger, 2000). 그렇지 않고서는 학생들로 하여금 숙제의 가치를 깨닫고 진지하게 숙제를 하도록 만들 수 없을 가능성이 있기 때문이다. 학생들로 하여금 숙제가 자신들의 학습 과정에 도움이 된다고 믿게 하기 위해서는 교사는 숙제를 잘 내야하고 충분히 설명을 해야 하며, 또한 학생들이 숙제를 완성했을 때에는 그에 대한 빠른 피이드백을 해주어야 한다. 또한 교사로서 기억해야 할 점은 지나치게 많은 숙제를 내어서 학생들을 지치게 만든다거나 흥미를 잃게 만들어서도 안 된다는 점이며, 형식에 있어서도 한 종류가 아닌 다양한 형식의 숙제를 낼 수 있어야 한다는 점이다. EFL 상황에서 숙제를 내는 데 대한 일반적인 조언을 하자면 다음과 같다(S.-A. Kim, 2005):

1) 숙제는 내는 목적이 있어야 하며, 학생들은 그 목적을 정확히 이해할 수 있어야 한다.
2) 숙제는 수업 시간의 학습과 연관성이 있어야 한다.
3) 숙제를 학생들이 배워야 할 기술, 그들의 흥미 및 필요에 맞추어야 한다.
4) 숙제는 학생들로 하여금 사고하게 하고 배운 것을 통합하게 해야 한다.
5) 숙제는 양이 적절해야 하며 학생들에게 지나친 부담을 줘서는 안 된다.

6) 숙제 형식은 다양해야 하며, 같은 형식을 계속 반복하는 것은 피한다.
7) 학습을 개별화 할 수 있도록 숙제를 내어야 한다.
8) 숙제를 고쳐주고 빠른 피이드백을 줄 수 있는 방안을 모색한다.
9) 숙제를 열심히 한 학생과 그렇지 않은 학생을 구분하여 점수화한다.

이상과 같은 일반적인 조언 외에도 교사는 숙제를 낼 때 자신이 가르치는 학생들의 처한 상황 속의 다양한 요인들을 고려하여야 할 것이다.

8. 효과적인 영어 교수법이란?

우리가 인이를 가르치는 이유는 자연스런 환경에서는 아주 오래, 그래서 어떻게 보면 상당히 비효율적으로 진행된다고 할 수 있는 언어 습득 과정을 짧은 시간에 보다 용이하고 효율적으로 진행되게 하기 위한 것이다(Widdowson, 1990). 하지만 가르친다고 해서 모두 같은 효과를 거둘 수 있는 것은 아니며, 어떤 교수법을 사용하느냐에 따라 교수 효과는 매우 달라질 수 있다. 그러면 대학 입시를 비롯하여 다양한 한계를 지닌 우리나라 교실 상황에서는 어떤 교수법을 사용하는 것이 좋으냐에 대한 의문이 생길 것이다. 본 연구자가 그동안의 수업 관찰이나 설문조사를 통해 연구한 바에 의하면, ESL 상황에서나 가능한 의사소통 중심 교수법을 무리하게 따르려는 수업이나, 의사소통 능력 개발을 위한 새로운 교육 정책이 무색하도록 옛날의 문법-번역 중심의 교수법을 그대로 고수하는 수업이나, 어느 쪽도 만족스런 효과를 거두지 못하고 있기는 마찬가지이다. 시대적 요구에 따라 학생들의 의사소통 능력 개발을 해야 하는 의무도 있고 학생들의 특성도 과거와는 많이 달라진 만큼, 교사들의 가르치는 방식도 옛날과는 달라져야 하며, 그것도 우리 실정에 맞게 달라져야 한다.

어떠한 새로운 교육 정책도 이미 존재하는 한계점을 고려하지 않고서는 성공할 수 없다(Dubin & Olshtain, 1986). 이는 교수법 적용에 있어서도 마찬가지이다. 최근 정책적으로 강조하고 있는 의사소통 중심 교수법은 ESL 환경에서 개발된 방법이며, 언어 환경적 요인, 학습자 요인, 그리고 교수 요인 등을 고려해 볼 때 여러 가지 제약이 많은 우리와 같은 EFL 환경과는 맞지 않는 측면이 많다(Celce-Murcia, Dörnyei, & Thurrell, 1997; Ellis, 1996; Fotos, 1998; Li, 1998; Savignon, 1991; Lu, 2004). 따라서 ESL 환경에서나 가능한 남의 방식을 마치 만변통치약인 것처럼 따르려고 하는 태도는 결코 바람직하지 못하며(Lu, 2004), 오히려 우리에게 더 절실히 필요한 것은 특정 교수법이 아니라, 우리가 처한 상황에서 가장 효과적인 결과를 얻을 수 있는 방안을 연구하는 일이다. 왜냐하면 "There is no best method."(Prabhu, 1990, p. 162)란 주장이 있듯이, 특정 상황에서 아무리 좋은 효과를 거둔 방법이라 할지라도 상황이 달라지면 같은 효과를 기대하기 힘든 경우가 많기 때문이며, 이런 점에서 최근의 수업들에서 볼 수 있는 "영어로만 하는 영어 수업"과 같은 의사소통 중심 교수법은 현재의 우리나라 상황을 제대로 고려하지 못한 접근법이라고 할 수 있으며 따라서 상황이 크게 바뀌지 않는 한 그 효과 면에서도 그다지 기대할 것이 많지 않다는 것이 그 동안의 연구를 바탕으로 한 저자의 결론이다.

현재의 영어 교육 정책은 현실을 제대로 감안하지 않은 정책이라는 불평들을 많이 듣게 된다. 그리고 저자가 수업을 관찰해 보더라도 그런 불평은 충분히 이유가 있는 것 같다. 교사들이 느끼기에 현실적으로 가능하지 않은 것을 교사들에게 강요하는 정책이라면 그것이 아무리 이상적으로 보일지라도 결코 성공할 수 없다. 정책을 만드는 사람들이 교실에 직접 들어가서 한 번 가르쳐 보라는 말까지 나올 정도로 우리의 교육 정책은 현실과는 부합하지 않는 측면이 많다. 우리나라의 학교 영어 교육을 개선하기 위해서는 교사 교육자나 정책 결정자들이 교실의 교사들이 처한 현실적인 문제와 어려움을 보다 잘 이해하는 것이 급선무이며, 예비 교사와 현직 교사들의 교육 프로그램이 이러한 문제와 어려움을 극복하는 데 도움이 되도록 개선되어야 한다.

교사를 잘 교육하는 것은 시간과 노력과 뒷받침이 필요한 일이다 (Darling-Hammond & Baratz-Snowden, 2005; Stoll, 1992). 그리고 그 성공은 학교 시스템과 훈련 네트워크를 포함한 우호적 정책 환경에 달려있다. 따라서 교육 정책 결정자나 교육 행정가들은 이 부분에 대한 책임감을 느끼고 보다 적극인 역할을 수행할 수 있어야 한다. 하지만 안타까운 것은 현재 우리나라는 이 부분에 있어서 아직은 매우 취약한 것 같다. 강요는 할 줄 알지만 의견을 모으고 뒷받침을 하는 일에는 매우 소극적인 것 같다. 저자가 실시한 설문 조사에서 나타난 교사들의 불만을 고려해 볼 때 현 교육 정책이 학교 현장의 실정과 맞지 않는 부분이 적지 않은 것 같다.

의사소통 중심 수업이라는 시대적 흐름과 이를 현장에 뿌리 내리고자 하는 교육 정책자들의 그동안의 노력과 막대한 예산 투입에도 불구하고 막상 교실의 교사들은 여전히 의사소통 중심 수업을 실행하는 것을 매우 어려워하고 있는 게 사실이다. 영어로 하는 영어 수업을 조만간 실시하겠다고 정책적으로는 밀어붙이고 있으나 교사들은 대부분 영어로만 수업하는 것에 대해서는 동의하지 않고 있다. 자신들도 힘들겠지만 무엇보다도 학생들이 따라 오지 못할 것이라는 이유도 크다. 실제로 저자가 최근 중학교에서 '영어로 하는 영어 수업' 형태로 진행되고 있는 수업들을 관찰해 본 바에 의하면 우리의 교육 목표인 의사소통 능력 향상과는 거리가 먼 수업이 대부분이다. 정책과 현실

사이의 심각한 괴리를 느끼지 않을 수 없다.

누구나 그러하듯이 교사들도 당연히 자신이 사용해 오던 교수 방법을 편하게 느끼며 따라서 새로운 방법으로 바꾸기를 망설이는 경향이 있다(Hayes, 1995). 따라서 교사들이 그동안 고수해 온 방식에 진정한 변화가 일어나기를 바란다면 그들로 하여금 새로운 방법의 가치를 깨달을 수 있게 해야 하는데, 이는 강한 이론적, 실천적 근거를 필요로 한다. 이런 점에서 영어 수업 시간에 영어로만 수업을 하게 독려 하는 최근의 교육 정책은 현재 실정이 그대로 계속되는 한 그다지 성공을 기대하기란 힘들 것 같다. 정책 결정자들은 교육 정책을 바꾸는 것이 반드시 현장의 교육에 그대로 반영되지는 않는다는 것을 인식하여야 한다. 교육 정책이 교실에서 제대로 실행되기를 바란다면 교사들에게 현실적으로 받아들여질 수 있는 정책이 만들어져야 한다. 이를 위해서는 정책 결정자들은 새로운 정책이 제대로 뿌리내리기를 바라기 전에 다양한 목소리에 먼저 귀를 기울일 필요가 있다.

교육 정책 결정자들은 어떤 정책을 시도하기 전에 그것이 외국에서 들여온 것이라면 그 것을 실행하는 데 보다 신중해야 할 것이다. 왜냐하면 나라마다 다른 교육 환경을 가지고 있기 때문에 한 나라에서 효과적이었다고 해서 다른 나라에서도 반드시 효과적일 것이라는 보장은 없기 때문이다. 남의 것을 여과 없이 그대로 받아들이는 것은 예기치 못한 결과를 초래할 수도 있다. 정책 결정자들은 아무리 겉으로 이상적인 것처럼 보이는 정책일지라도 충분한 토의 없이, 그리고 교사들의 동의 없이 강행한다면 이는 저항에 부딪치게 될 것이며, 당연히 의도한 목표 달성은 어려워 질 것이다.

정책 결정자들이나 행정가들이 기억해야 할 것은 어떤 정책이 아무리 훌륭해 보이더라도 막상 그것을 실행해야 할 교사들이 그 가치를 못 느낀다든가 실행하기 어렵다고 보는 한 학교에서 성공적으로 뿌리

내리기는 어렵다는 것이다. 교사들이 겪어야 할 어려움을 충분히 고려하지 않은 채 위에서 내리기만 하는 정책은 성공하기 힘들다. 따라서 시간과 비용을 낭비하지 않기 위해서라도 정책 결정자들이나 행정가들은 성공적인 교육은 결국 교실에서 학생을 가르치는 교사의 손에 달려 있다는 것을 명심하고 교사들에게 강요를 할 것이 아니라 도울 생각을 해야 한다. 정책 결정자들이나 행정가들은 교사 지망생들이 적절하게 훈련받도록 해야 하고, 현장 교사들에게도 교수 기술을 개발할 수 있는 충분한 기회를 제공해야 한다. 많은 학교들이 의사소통 중심 수업을 할 수 있을 정도의 교실 환경이 못 되는 것도 사실이다. 무엇보다도 교실 공간이 부족하며, 책걸상도 고정이 되어 있어서 필요할 경우 학생들이 교실을 돌아다니면서 해야 하는 여러 가지 학습 활동을 하기에 대단히 불편하다. 이런 기본적인 필요 사항이 충족되지 않은 채 교사들에게 여러 가지 활동을 사용해야 하는 의사소통 중심 수업을 제대로 할 것을 기대하기는 힘들 것이다.

우리 실정에 맞는 효과적인 교수법이란 구체적으로 어떤 교수법을 의미하는가? 이에 대해서는 어떤 특정 교수법을 추종하는 경우일지라도 막상 여러 가지로 여건이 다른 교실에서 가르칠 때에는 여러 가지 방법이 동원되어야 하는 경우가 많기 때문에 특정 교수법만 고집하는 것은 오히려 효과적인 수업이 되지 못할 수도 있다(Karma & Hajjaj, 1989)는 점을 염두에 둘 필요가 있다. 또한 특정 교수법을 따르는 교육과정에서조차도 일단 교실에 들어가면 그 교수법은 사라지게 되며, 여러 가지 교수법들이 상당히 중복되는 부분이 많아 서로 구분하기가 어렵기 때문에 어느 특정 교수법이 가장 효과적이라고 말하는 것은 적절하지 않다고 한다(Long, 1991). 따라서 더구나 여러 가지 제약이 많은 우리나라 상황에서의 적절한 교수법이란, 특정 교수법을 무리하게 따르려고 하기보다는 다양한 교수법들 중에서 우리 실정에 적합하다고 판단되는 부분을 필요에 따라 선별적으로 동원하여(Dubin & Olshtain, 1986) 교수 효과를 극대화시킬 수 있는, 이른바 통합적인 교수법(integrative approach)이라고 할 수 있을 것이다. 좀 더 구체적으로 말하자면 특정 집단의 학생들에게 효과적인 교수법이란 여러 가지 요인을 감안하여 그들을 가르치는 교사 자신이 선택하는 수밖에 없다. 이렇게 볼 때 결국 효과적인 영어 교수법의 열쇠는 교사가 쥐고 있다고 하겠다.

지금까지 많은 연구들이 외국어 교실에서 교사 역할의 중요성에 대해서 언급해 왔다(Birckbichler, 1987; Bragger, 1985; Crawford, 2002; Gardner, 1987; Green, 2003; Horwitz, 1985; Nunan, 1989; Paulu, 1998; Shuy, 1981). 예를 들면 Shuy(1981)는 교사의 지식이 성공적인 학습의 열쇠이며, 학습 자료나 교재는 그 것을 사용하는 교사의 능력을 넘지 못한다고 주장하였다. 또한 Birckbichler(1987)도 비록 교과서가 배워야 할 언어와 학습 활동을 제시해주기는 하지만 그 언어를 살아있게 만드는 것은 학생과 교사만이 할 수 있는 일이라고 하였다. Crawford(2002)도 선택한 학습 자료가 효과가 있기 위해서는 교사가 그 학습 자료를 효과 있게 만들기 위해 필요한 지식과 교수 기술이 있어야 한다고 주장하였다. 마찬가지로 Green(2003)도 학습 자료의 효과를 높이는 데 있어서 교수 기술의 중요성을 강조하였다. 교수 기술이란 교사가 가르치는 내용을 학생들에게 보다 잘 이해시키기 위하여 교실에서 행하는 것이라고 할 수 있다.

이상의 모든 주장들이 효과적인 학습을 위해서는 효과적인 교수가 필요하다는 것인데, Freeman(1989)에 의하면 이를 위해서는 긍정적인 태도와 자신의 지도에 대해 지각하는 것을 포함해 필요한 지식과 적절한 교수 기술을 갖추어야 한다는 것이다. 하지만 현재 우리나라 영어 교실의 수업들을 관찰해보면 교사가 이러한 지식과 교수 기술을 갖지 못함으로 인해 학습 효과가 떨어지는 것을 종종 볼 수 있다. 최상의 교수법이란 존재하지 않는다(Prabhu, 1990). 한 상황에서 효과적인 방법도 다른 상황에선 통하지 않는 경우가 있다. 따라서 특정한 교수법을 사용할 것인가 말 것인가 혹은 어떤 방법으로 사용할 것인가를 결정하는 일은 전적으로 교사의 판단에 달려 있다.

제 3 장 영어 교사가 갖추어야 할 능력 및 자세

1. 영어 교육 이론에 관한 지식
2. 목표 문화에 관한 지식
3. 영어 구사력
4. 적절한 말의 속도와 강약, 및 몸짓
5. 교수/학습 자료의 올바른 선택 및 사용 능력
6. 학생 장악력 및 학생과의 친화력
7. 수업 시간의 경제적 운용 능력 및 순발력
8. 영어 능력 평가 문항 작성 능력
9. 꾸준한 자기 계발 및 자기 성찰 노력
10. 교육에 대한 열정과 동료 교사들과의 협동심

제 3 장

영어 교사가 갖추어야 할 능력 및 자세

학생들에게 개인차가 있듯이 교사들에게도 개인차가 적지 않다. 교사가 사용하는 교수 기술에 따라 학습 효과가 많이 달라질 수 있다는 것은 익히 알려진 사실이다. 저자의 한 연구(S.-A. Kim, 2005b)에 의하면 학교마다 학생들이 선호하는 학습 매체와 학습 형태가 많이 달랐는데, 그 중에서 가장 눈에 띄는 점은 어떤 학교에서는 파워포인트, 차트, 실물화상기, 녹음기, 칠판 중에서 놀랍게도 칠판이 가장 선호하는 학습 매체였으며, 아무도 파워포인트를 선택하지 않았다는 점이다. 일반적으로 생각할 때 파워포인트가 색채도 화려하고 질적으로도 훨씬 나은 자료 제시를 할 수 있다는 면에서 가장 선호하는 매체일 줄 알았는데, 실험에 참여한 학교 집단에 따라 이를 가장 선호하는 학습 매체로 선택한 경우도 있었지만 가장 싫어하는 학습 매체로 선택한 경우도 있었다는 사실은 예상 밖이었다. 더구나 선호하는 학습 활동으로 재미있어할 것으로 기대되는 역할극이나 노래, 게임보다도 전통적인 교실에서 사용하는 일제 학습을 선택한 집단도 있었는데 이 또한 예상 밖의 반응이었다. 왜 이런 차이가 있을까. 아마도 학생들의 즐거움과 학습 효과를 높이는 것은 바로 교사가 학습 자료나 매체, 학습 활동을 어떻게 사용하느냐에 달렸기 때문일 것이다. 교사가 기억해야 할 것은 아무리 겉으로 화려해보이고 교사 자신이 선호하는 매체라고 할지라도 학생들의 입장에서 볼 때 재미있지 않고 또한 제대로 배우지 못한다고 느낀다면 그 수업은 결코 효과적일 수가 없다는 것이다.

과거 교실 풍경과는 달리 요즘 교실에서는 학생들이 교사의 말에 귀를 기울이지 않는 경우가 많아 교사들로서는 여간 힘들지 않은 경우가 많다. 가르치는 일보다 오히려 학습 태도를 포함한 학생들의 생활지도가 더 힘들다는 말도 많이 한다. 사교육기관에서 선행 학습을 많이 한 요즈음 학생들은 학교 수업을 중요하지 않게 여기는 경향이 있다. 교실에 앉아서 앞에서 수업하는 교사가 얼마나 실력이 있는가를 평가나 하는 태도를 보이는 학생들도 있다. 그런 학생들에게 교사로서의 약점을 보인다면 존경 받기도 어려울 뿐 아니라 수업 효과도 떨어진다. 철저한 수업 준비로 학생들에게 성실하고 유능한 교사로 인정받는 것이 중요하다. 그리하여 학생들이 귀 기울이는 수업을 할 수 있어야 한다. 학생들이 들으려고 하지 않는데 효과적인 수업이 될 수는 없기 때문이다. 저자의 경험으로 볼 때 유능한 영어 교사는 적어도 다음과 같은 능력 및 자세를 갖추어야 한다고 생각한다.

1. 영어 교육에 관한 이론적 지식

교사는 교육에 대한 이론을 세우는 사람이 아니라 학자들이 세운 이론에 따라 실천하는 사람이라고 할 수 있다. 따라서 교사가 가르치는 방법을 보면 어떤 교수법을 따르고 있는지 알 수 있고 또한 알 수 있어야 한다. 하지만 유감스럽게도 저자는 최근 의사소통 중심 교수법을 따른다고 하는 발표 수업들에서 이론과 실천이 맞지 않는 경우를 종종 목격하였다. 교사는 나름대로 열심히 의사소통 활동(communication activities)을 통해서 학생들에게 영어 사용의 기회를 주고 있다고 생각하는 수업에서 저자는 학생들이 언어 사용의 기회는 거의 얻지 못하고 언어 연습만 하고 있는 것을 종종 목격하였는데, 이는 아마도 교사 자신이 의사소통 활동은 정보 차(information gap)를 동반해야 한다는 아주 기본적인 사실을 모르는 데에서 비롯된 것 같다.

이론적인 지식 부족은 비단 교사들뿐만 아니라 다양한 형태로 영어 교육에 종사하는 적지 않은 사람들, 심지어는 일부 교수나 정책 결정론자들 같은 소위 말하는 교육 전문가들에게도 해당된다는 생각이 들 때가 많다. 이로 인해 사실은 현재 우리나라 영어 교육에 적지 않은 혼돈도 초래되었다고 저자는 생각하고 있다. 현재 우리나라와 같은 상황에서 영어 몰입(emersion)교육이나 내용 중심 교육(Content-based instruction)을 실시할 것을 주장하는 사람들은 애당초 그런 교육 방법들이 어떤 사회적, 언어적 환경에서 나왔는지, 어떤 조건이 갖추어져야 효과를 볼 수 있는지 등에 대해 문헌을 통해서 다양한 학자들의 견해를 접할 것을 권하고 싶다. 진정한 전문가라면 효과적인 교육은 교육 환경을 염두에 두지 않고서는 성취하기 힘들다는 것을 알아야 할 것이다. 유감스럽게도 현재 우리나라 영어 교육 분야에서는 일부 교육 전문가들의 설익은 이론에 따라 교사들의 지식이 잘못 형성되기도 한다는 점을 부인할 수 없다. 잘못 배웠으니 잘못 알고 잘못 실천하는 것은 어쩌면 당연한 결과인지도 모르겠다.

거듭 주장하건대, 이론적인 바탕이 튼튼하지 않은 실천은 위험하다. 교사는 자신이 사용하는 교수 방법이 어떤 이론에 바탕을 두고 있는지, 한국적인 상황에서 과연 효과가 있을 것인지, 그러한 교수 방법을 사용함으로써 무엇을 성취할 수 있는지 등을 보다 정확히 알고 사용하는 노력이 필요할 것이다.

2. 목표 문화에 대한 지식

문화 지도의 중요성을 감안할 때 외국어 교실에서 목표 문화에 대한 학생들의 이해를 높이는 것은 교사의 책임이라고 할 수 있을 것이다. 하지만 많은 교사들에게 있어서 목표 문화를 가르친다는 것은 그리 쉬운 일은 아니다. 교사들이 문화 지도를 하는 데 있어서 어려움을 겪게 되는 큰 이유로는 아마도 문화의 범위가 너무도 넓어서 한정된 수업 시간에 그것을 다루는 것 자체가 쉽지 않다는 점과 교사들 스스로가 목표 문화에 대한 지식과 경험이 부족하기 때문에 문화 지도를 어떻게 해야 할지 알지 못하기 때문일 것이다. 그 결과 많은 교사들이 아예 문화 지도를 하지 않거나 기껏해야 자신이 알고 있는 제한적이고 단편적인 지식만을 제공하는 것이 현재 학교에서 실시되고 있는 문화 지도의 실상이라고 해도 과언이 아니다. 이는 복잡한 국제 사회에서 의사소통을 원활히 하기 위해 목표 문화에 대해서도 배워야 하는 학생들의 입장에서 보면 결코 바람직하지 못한 일이다. 더구나 문법적으로는 완벽한 표현이라도 문화적인 상황에 맞지 않아 실수를 하는 경우도 없지 않은 걸 고려하면 문화 지도의 중요성은 더욱 커진다. 문법적으로 실수를 하는 것보다 문화적으로 실례를 범하는 것이 실제 의사소통 상황에서는 더욱 치명적일 수 있다는 점을 기억하고 이에 대비하는 교육도 필요하다.

현실적으로 교사들이 목표 문화 지도를 체계적으로 하기에는 전문가들의 도움 부족 등 여러 가지 한계가 많다. 하지만 이 부분에 대한 준비가 덜 되었다고 불평하고 포기만 할 것이 아니다. 교사의 의지와 노력만 있다면 현 상태에서도 얼마든지 보다 나은 문화 지도가 가능하다. 교사들이 문화 지도에 대한 통찰력을 기를 수 있는 자료는 시중에 얼마든지 있다. 다만 그 것을 잘 분석하여 자신의 수업에 맞게 만드는 작업이 필요할 뿐이다.

3. 영어 구사력

학생들의 영어 의사소통 능력을 기르고자 하는 교사는 우선 자신부터 만족할만한 수준의 영어 구사력을 지니고 있어야 한다. 우리나라와 같이 교실에서의 경험이 학생들이 겪는 영어와의 경험의 대부분을 차지하는 경우에는 교사의 영어가 바로 학생들에게 제공하는 언어 입력의 자원이며 또한 영어 사용의 모델이 되기 때문이다. 여기서 만족할만한 수준의 영어 구사력이라고 하는 것은 교실 영어를 포함하여 학생들의 수준에 맞는 영어를 구사할 수 있는 능력을 포함하는데, 여기에 정확한 발음 또한 무시할 수 없는 요소이다. 경험적으로 볼 때 학생들은 교사의 영어 능력을 발음으로 평가하는 경향이 없지 않다. 실제 환경에서는 발음이 의미 자체를 바꾸거나 상대방이 못 알아들을 정도가 아닌 경우 의사소통 하는 데 별 문제가 되지 않음에도 불구하고, 교실에서는 학생들이 교사의 발음에 관심이 많은 것 같다. 이는 학생들 자신이 교사의 영어 능력을 평가할 수 있는 영어 수준이 되지 못하기 때문에 우선 눈에 띄는 발음으로 평가를 하는 경향 때문인 것 같다.

교사의 영어 구사력에서 또 한 가지 중요한 것은 학생들의 수준에 맞는 영어를 구사할 수 있어야 한다는 점이다. 영어를 모국어로 사용하는 원어민을 교실에 투입하여도 학생들이 알아듣지 못하는 수준의 어려운 영어를 사용한다면 이는 학생들에게는 소음(noise)이나 다를 바 없으며, 언어 습득에는 도움이 되지 못한다. 따라서 교사가 혼자서 유창하게 구사하는 영어보다는 조금 못하더라도 학생들의 수준에 맞는 영어로 학생들을 이해시키면서 구사하는 영어가 오히려 낫다. 그런데 유감스럽게도 최근의 영어 발표 수업들을 관찰해 보면 학생들이 제대로 이해하고 있는지는 신경도 쓰지 않고 교사 혼자서 구사하는 영어도 적지 않다. 교사의 영어가 유창하다고 해도 수업 효과가 있을 리 없다. 최근 원어민을 학교마다 고용하는 추세이고, 영어로 하는 영어 수업을 독려하고 있고, 문외한들은 교사가 영어로만 수업을 한다는 사실 자체에 대하여 대단하다고 칭찬들을 한다. 하지만 염려스러운 것은 그런 수업들에서 학생들이 받게 되는 언어 입력의 질은 어떠한 지에 대한 평가가 거의 없다는 점이다. 영어로 수업 하는 것만이 능사가 아니다. 학생들이 알아들을 수 있는 영어라야만 한다.

4. 적절한 말의 속도와 강약 및 몸짓

다양한 교수 기술로 학습 효과를 높일 수 있는 능력을 갖추는 것도 중요하지만 실제 이러한 교수 기술들을 동원하여 학생들을 가르칠 때에는 교사의 말의 속도와 강약, 몸짓(gesture) 등도 학습 효과에 적지 않은 영향을 미친다는 점을 기억해야 한다.

말의 속도와 강약은 학생들의 이해도 증진뿐만 아니라 지겨움을 방지하는 데 중요한 역할을 한다. 말의 속도가 너무 빠르다든가, 중간중간 적절히 쉬어가면서 학생들의 반응을 살피지 않고 청산유수같이 계속 말을 한다든가, 똑 같은 속도로 말을 한다든가, 강약 없이 똑같은 음조로 말을 한다든가 등은 학생들의 이해를 떨어뜨리고 지속적인 집중을 이끄는 데 해가 된다.

자연스런 몸짓과 학생들 개개인에게 보내는 시선, 말하는 내용에 어울리는 적절한 표정 등도 학습 효과를 높이는 데 중요한 역할을 한다. 나를 쳐다보지도 않고 무표정하고 막대 같은 사람의 말을 듣는 것보다 상대방을 쳐다보면서 말하는 내용에 어울리는 표정과 몸짓을 함께 사용하는 것이 상대의 관심을 얻는 데 도움이 될 것이며 따라서 학습 내용의 이해와 기억에도 도움이 될 것이다.

5. 교수/학습 자료의 올바른 선택 및 사용 능력

오늘날에는 시장에 워낙 많은 자료들이 나와 있으므로 교사는 스스로 교수 자료를 만들기 위해 고민하지 않고 이미 시중에 나와 있는 자료들을 선택해서 사용하는 경우가 많다. 하지만 같은 교수 자료도 어떻게, 누구에게 사용하느냐에 따라 그 효과가 많이 다르기 때문에 무턱대고 선택만 한다고 다 되는 일은 아니다. 여러 가지 학습자 요인이나 교수 요인들을 감안하여 가르치는 학생들에게 맞게 수정을 해야만 된다. "효과적인 교수/학습 자료"라는 표현이 자주 쓰이고는 있지만 엄밀히 말하면 학습 자료 그 자체는 효과적이라거나 비효과적이라고 말할 수는 없다. 학습 자료를 학생들에게 이롭게 만드는 것은 학습 자료 그 자체가 아니라 그 학습 자료를 사용하는 교사의 적절한 교수 기술이라고 할 수 있다. "효과적인 교수/학습 자료"라는 표현은 그래서 그 것들을 사용해 보고난 뒤 그 결과에 대해서만 할 수 있는 표현이다(S.-A. Kim, 2005). 그러므로 특정 교수 자료/활동을 선택하였을 때 교사는 자신이 가르치는 학생들에게 그 것을 어떻게 사용할 것인가를 고민해야 한다. Lee(1995)에 의하면 교사는 교수 자료/활동을 사용하기 전에 그것이 학습자들에게 진정성(learner authenticity)이 있어야 한다고 하였다. 다시 말하면 학습자들의 학습 과정에 도움이 되고 그리하여 학습자들에 의해 받아들여질 수 있는 자료/활동이라야 한다는 뜻이다. 또한 그 것을 사용한 후에는 교사 스스로 과연 그것이 학생들에게 효과가 있었는지 평가를 해보아야 한다(Ellis, 1997). 결국, 필요한 것은 교수 자료가 아니라 학습 자료인 것이다.

교수/학습 자료가 그것을 만든 사람이 언어와 학습에 대해 갖는 견해를 반영하듯이(Crawford, 2002), 교사가 선택하는 교수/학습 자료 및 활동은 그에 대한 교사 자신의 신념과 기대를 반영한다. 따라서 교사가 교수/학습 자료를 주의 깊고 현명하게 선택하는 것은 그것들로부터 긍정적인 효과를 얻기 위해서는 필수적인 일이다(Lee, 1995). 의사소통 능력 개발이 목적인 교실에서는 교사들이 대개 교수/학습 자료와 활동을 준비하는 일에 더욱 많은 노력을 기울이게 된다. 왜냐하면 그것들이 학생들로 하여금 목표 언어를 보다 많이 사용하도록 만들 수 있을 것으로 믿기 때문이다. 하지만 이러한 노력에도 불구하고 교수/학습 자료나 활동이 항상 의사소통 능력 개발에 도움이 되는 것은 아니다.

앞에서도 언급하였지만, 어떤 특정한 학습 자료의 효과에 대해서 말할 때는 우리는 그 것을 사용해 본 결과에 대해서 말할 수 있을 뿐이다(S.-A. Kim, 2005). 그럼에도 불구하고 적지 않은 '의사소통 중심' 교실에서 볼 수 있는 교사들의 행위는 마치 특정 학습 자료를 교실에서 사용하는 것 그 자체가 학습 효과를 높이는 것으로 착각하고 있는 것처럼 보일 때가 있다. 의사소통 중심 활동의 원리에 비추어 볼 때 결코 의사소통 중심 활동이라고 볼 수 없는데도 말이다.

학습 자료 및 활동의 중요성은 많은 외국어 교육 분야의 학자들에 의해서 강조되어 왔다. 학습 자료는 대개 다양한 학습 활동을 수반하며, 이러한 학습 활동은 학생들로 하여금 목표 언어를 사용하도록 유도함으로써 수업을 활기차게 만들고, 교사의 도움으로 학생들이 의사소통 능력을 기르고 자신감을 갖게 한다고 알려져 왔다(Harper & Lively, 1987). 하지만 기억해야 할 점은 모든 학습 활동이 같은 효과를 가지는 것은 아니라는 점이다. 학습 활동에 대해 언급하면서 Rivers(1983)는 언어 연습 활동(skill-getting activities or language practice)과 언어 사용 활동(skill-using activities or language use)을 구분하였다. 그녀에 의하면 언어 연습 활동은 학습자들로 하여금 목표 언어에 대한 지식을 얻도록 도와주는 반면 언어 사용 활동은 학생들에게 언어 사용의 기회를 주고 의사소통하고자 하는 동기를 부여한다는 것이다. 따라서 목표 언어의 유창성과 정확성을 모두 기르기 위해서는 언어 연습 활동과 언어 사용 활동 모두 필요하다는 것이다(Bragger, 1985; Celce-Murcia, 1991).

최근 영어 수업들을 관찰하면서 저자가 느낀 것은 교사들이 지나치게 멀티미디어 시설에 의존한다는 것이다. 물론 과거처럼 교사가 학습 자료를 일일이 만드는 것보다 멀티미디어 시설을 활용하면 시간도 많이 절약될 뿐만 아니라 자료의 질도 훨씬 우수할 수 있다. 하지만 이런 긍정적인 면 외에 멀티미디어 시설은 부정적인 면 또한 없지 않다. 간단하게 교사가 할 수 있는 일조차도 과도하게 멀티미디어 시설에 의존함으로써 교사와 학생 간의 직접적인 상호작용보다는 기계가 중간에 자꾸 끼어드는 경향을 보인다. 또한 멀티미디어 시설을 사용하는 경우, 학생들이 필요로 하는 시간을 충분히 주지 못하고 너무 순식간에 다음 화면들로 넘어감으로써 학생들로 하여금 필기 시간조차 주지 않는 경우가 많다. 의사소통은 결국 사람과 사람 간의 상호작용이라는 것을 염두에 둔다면 지나치게 기계에 의존하는 일은 삼가야 하며 사람이 위주가 되어야 할 것이다.

한마디로 교수/학습 자료나 그에 따른 활동이 올바로 선택되고 효과적으로 사용되었다는 것은 학생 개인의 능력 차이에도 불구하고 수업 시간에 참여한 모든 학생들에게 도움이 되었다는 것을 의미한다.

6. 학생 장악력 및 학생과의 친화력

교단에 선 교사는 일단 가르치는 사람으로서의 학생 장악력이 있어야 한다. 좋은 의미에서 학생들을 장악하지 못하고서는 교사의 의도대로 수업하기가 힘들다. 그런데 요즘 학교 수업에서는 학생들이 잠을 자도 내버려 두며 교사의 설명을 듣지 않고 딴 짓을 하여도 수업 방해만 안 되면 내버려 두는 경우가 적지 않은 것 같다. 참으로 심각한 문제이다. 이는 옛날과는 많이 달라진 학생들의 특성 탓도 있지만, 근본적으로는 교사에게 더 문제가 있다고 생각한다. 그만큼 학생 장악력이 부족한 탓이다.

학생 장악력은 근본적으로 교사에 대한 학생들의 신뢰와도 많이 관련이 있다. 교사가 자신들을 위해 항상 연구하고 성실히 가르치는 실력 있는 교사라면, 그래서 그 수업 시간에 많이 배울 게 있고 재미있다고 생각하면, 학생들은 대부분 자기 손해 볼 짓은 하지 않는다. 그렇지 못하고 학생들로 하여금 학원보다 못 가르친다든가, 혼자 해도 된다든가 하는 생각이 들게 하는 수업이라면 학생들을 집중하게 만들기 힘들다. 교사의 실력과 성실함이 없으면 학생들을 장악하기 힘들다.

학생들을 장악하기 위해서는 위에서 언급한 바와 같이 실력 있고 성실한 교사로 비춰지는 것도 중요하지만 때로는 학생들에게 엄한 모습도 보일 수 있어야 한다. 그러기 위해서는 수업 시간에 일어나는 학생들의 행위에 대하여 엄격한 기준을 갖고 있어야 한다. 수업 시간에 엎드려 자는 등 학습 태도가 불량한데도 그대로 내버려 두는 것은 교사로서의 책무를 다하는 일이 아니다. 이는 당사자뿐만 아니라 다른 학생들에게도 좋지 않은 영향을 미친다. 수업 시간에 좋지 않은 학습 태도를 보이면 어떤 벌을 받는다든지 하는 데 대해 학생들과의 첫 만남에서 이 부분에 대한 약속을 미리 정하는 게 좋다. 그러기 위해서는 물론 교사 자신도 성실하게 수업 준비를 하고 열심히 수업에 임하는 모습을 보여야 한다. 교사 스스로 학생들 눈에 성실하게 보이지 않으면 학생들을 나무랄 자격이 없다.

하지만 엄격하다고 해서 무조건 무서운 선생님으로만 비치는 것은 곤란하다. 학생들이 친근감을 가질 수 있도록 하는 것도 학생 장악력

못지않게 중요하다. 학생들이 교사에 대한 친근감을 갖게 하기 위해서는 학생들이 선호하는 것, 고민하는 것, 관심을 가지는 것 등, 학생들의 심리와 문화에 대해서 교사로서 이해하고자 하는 노력이 필요하다. 또한 학생의 개인적인 사정에 대한 이해와 더불어 개개인의 장단점을 파악하여 적절히 활용하는 것도 필요하다. 잘하는 경우뿐만 아니라 노력을 보이는 학생에 대해서는 칭찬을 많이 해 주는 것이 좋으며, 의도적인 것은 아니겠지만 혹시라도 자신도 모르게 교사가 학생의 아픈 상처를 건드리는 언행을 하는 일이 없도록 조심해야 한다. 한 명의 교사가 여러 학급을 가르치는 현실을 고려할 때 학생들을 제대로 이해하기 위한 정보를 얻기 위해서는 물론 학급 담임 교사의 협조도 필요할 것이다. 교사들은 각 반에서 특히 고려를 해야 할 학생은 없는지, 등에 대한 정보를 주고받는 노력이 필요하다.

학생들에게 친근한 교사가 되기 위해서는 학생의 잘못을 교육적으로 다룰 줄 아는 능력도 필요하다. 벌도 감정적인 벌이 아니라 교육적인 벌이어야 한다. 간혹 교사들은 수업 시간에 산만한 학생들에게 교실 밖 복도로 내 쫓는 벌을 내리는 경우가 있는데, 이는 결코 바람직하지 못하다. 왜냐하면 벌을 받는 학생은 잘못을 인정하고 반성하더라도 더 이상 수업을 들을 수 없기 때문이다. 차라리 교과서를 가지고 교실 뒤에 나가 있게 하는 것이 보다 교육적이다. 적어도 수업은 계속 들을 수 있기 때문이다.

문제가 있는 학생을 한 순간에 내 편으로 만들기란 정말 힘들다. 학생의 마음을 살 수 있도록 꾸준히 보살피는 것이 필요하며, 학생들로 하여금 교사가 열의를 가지고 수업에 임하며, 교사의 가르침만 잘 따르면 실력 향상에 문제없다는 것을 학생들이 피부로 느낄 수 있도록 해야 한다.

7. 수업 시간의 경제적 운용 능력 및 순발력

수업 시간을 경제적으로 운용하는 능력이나 상황에 맞게 대처할 수 있는 순발력 또한 교사로서 반드시 필요한 능력들이다. 예를 들어 게임을 학습 활동으로 사용할 때 언제 게임 제시를 할 것인지, 예상 외로 빨리 게임을 끝내고 앉아 놀고 있는 아이들이 있다면 어떻게 할 것인지, 예상치 못하게 갑자기 정전이 되었을 때는 어떻게 할 것인지, 등등. 교사의 손에 학습 효과가 좌우되는 경우가 너무도 많다.

우리나라 학생들은 영어를 교실에서 배우는 게 거의 전부인 경우가 많다. 따라서 교사가 수업 시간을 어떻게 운용하느냐에 따라 그들의 영어 학습 효과가 크게 달라질 수 있다. 유감스럽게도 저자는 의사소통 중심 교육을 표방하는 수업 시간에 교사 스스로가 영어로 말하는 데 대부분의 시간을 쓰며 학생 개개인에게는 거의 기회를 주지 않는 경우를 적지 않게 보았다. 수업 시작 시 학생들에게 영어 노래를 3절까지 부르게 하고 자신은 수업 준비를 하는 경우도 보았다. 노래를 부르는 학생들의 표정이 전혀 재미있거나 즐거운 표정이 아닌 것을 볼 수 있었으며, 무려 7분의 수업 시간을 그런 식으로 보내는 것은 대단한 낭비라는 생각이 들었다.

수업 시간의 낭비는 여러 가지로 발생할 수 있다. 가령 녹음기를 사용할 경우 교사는 수업 시간에 들려 줄 부분을 미리 찾아서 수업 시간에 버턴만 누르면 되도록 준비를 해 놓지 않고 교실에 들어가서 비로소 녹음기의 해당 부분을 찾느라 테잎을 앞으로 돌렸다 뒤로 돌렸다 하면서 시간을 낭비하는 경우를 종종 보았다. 그 사이 학생들은 아무 것도 하지 않고 교사의 행동을 지켜보면서 수업 시간을 그냥 흘려보내고 있었다. 그 시간이 길어질수록 학생들이 짜증스러워지는 것은 말할 필요도 없고 교사에 대한 신뢰마저 무너진다는 것을 기억해야 할 것이다.

저자의 경험에 의하면 수업 시간의 낭비는 의사소통 중심 수업을 하는 교실에서 예상 외로 많이 발견된다. 의사소통 활동을 하는 시간에 적지 않은 학생들이 수업의 참여자가 아닌 구경꾼이 되는 경우가 많다. 예를 들면 몇몇 학생들이 앞에 나와서 역할 활동을 하는 동안 다른 학생들은 그냥 앉아 구경하는 시간이 되어 버리는 경우가 있다. 앉아 있는 학생들이 열심히 듣지 않을 수 없도록 하는 교수 전략이 필요한데 이것이 결여된 수업이 종종 있다. 수업 시간은 일부 학생들이 아닌, 모든 학생들의 학습을 위해 사용되어야 하며, 수업 시간에 노는 학생이 있어서는 곤란하다. 수업 시간의 낭비는 수업 시간을 효율적으로 사용하기 위한 교사의 치밀한 계획과 노력이 부족한 탓이다. 준비를 미리 해 가는 경우에도 때로는 예상치 못한 일들이 벌어진다. 하물며 준비 자체가 부실할 경우에는 말할 것도 없다. 수업 시간의 낭비를 막기 위해서는 철저한 사전 준비와 함께 그때그때 상황에 즉흥적으로 대처할 줄 아는 순발력 또한 필요하다.

8. 영어 능력 평가 문항 작성 능력

학생들이 개발하기를 바라는 능력을 타당하고 실용적으로 판단할 수 있는 도구 없이는 가르침 자체가 완성되었다고 할 수 없을 것이다. 평가는 전문가의 판단이다(McMillan, 2002). 교육에서 중요한 역할을 하는 평가가 학생들의 학습 습관뿐만 아니라 학습 동기에도 지대한 영향을 미치는 것은 부인할 수 없다. 평가의 이러한 중요성을 감안할 때 학생뿐만 아니라 교사들 스스로도 평가를 최대한으로 활용하는 노력이 필요할 것이다(Hutchinson & Waters, 1987).

평가가 학습이나 교수에 미치는 영향을 역류 효과(backwash)라고들

지칭한다. 하지만 이러한 역류 효과는 긍정적일 수도 있고 부정적일 수도 있다(Heaton, 1990). 따라서 이러한 역류 효과를 긍정적으로 만들기 위해서는 학생들의 능력을 제대로 측정하는 타당한 평가가 이루어져야 한다. 특히 한국과 같이 평가가 거의 모든 교수/학습을 좌우할 만큼 역류 효과가 지나치게 강한 교수/학습 환경에서는 교사의 중요한 역할 중 하나가 바로 측정하고자 하는 능력, 즉 의사소통 능력을 제대로 측정하는 일일 것이다. 하지만 불행하게도 학생 수가 많고 또한 교사 스스로 목표 언어 유창성에 자신이 없는 경우에는 학생들의 의사소통 능력을 효과적인 방법으로 측정하기가 상당히 어려운 것은 사실이다.

평가의 중요한 역할이나 평가가 가져다 줄 수 있는 이점들을 고려하여 지난 20년 동안 우리나라에서 발표된 평가 관련 연구들도 상당히 많다(평가 관련 연구의 개관을 위해서는 Y.-S. Lee, 2006 참조). 하지만 의사소통 중심 교수법에 대한 강조와 그에 부응하여 의사소통 능력 평가에 대한 관심으로 인하여 그 연구들의 대부분은 수행평가에 관한 것이며, 실제 학교에서 교사들이 사용하는 객관식 평가 문항의 작성에 관한 연구는 매우 드물다. 이러한 연구 부족은 평가 문항 작성에 대한 도움과 정보의 부재로 이어지고, 따라서 교사들 스스로의 힘으로 작성한 평가 문항들은 때로는 적지 않은 문제를 나타내기도 한다(S.-A. Kim, 2009). 따라서 최근에 Jeon, 외(2005)가 지적했듯이, 교사들의 평가 문항 작성을 좀 더 전문화하기 위해서는 이를 위한 전문적인 훈련과 도움이 필요하다.

언어 교수와 언어 평가는 서로 밀접하게 연관되어 있다(Rudner & Scgafer, 2002). 따라서 우리의 영어 교육 목적이 의사소통 능력 개발에 있다면 학생들의 그러한 능력을 제대로 평가하는 것이 대단히 중요하다. 하지만 유감스럽게도 많은 언어 프로그램에서 가르치는 것과 평가하는 것이 일치하지 않는 경우가 적지 않다(Brown & Hudson, 1998; Shohamy, 1983). 이러한 불일치는 바로 현재 우리나라의 영어 교육 목표인 의사소통 능력 개발이 효과적으로 이루어지지 못하는 주요 원인이 되기도 한다. 따라서 평가가 교수를 반영하게 하는 것이 이러한 불일치를 줄이는 길일 것이다. 하지만 문제는 여러 가지 어쩔 수 없는 근원적인 한계 때문에 우리나라와 같은 EFL 상황에서는 의사소통 능력을 기르는 것이나 평가하는 것이나 둘 모두 결코 쉬운 일이 아니라는 점이다(Swan, 1985).

주지하다시피 평가는 학생들의 현재 학습뿐만 아니라 그들의 미래에 까지 영향을 줄 수 있다. 이러한 이유로 인해 학생들은 평가를 위해 공부하고 그래서 평가는 어쩔 수 없이 학생들의 학습 습관을 형성하게 된다. 따라서 교육 정책 전문가들이 어떤 정책을 내어 놓건 학생들의 당장 눈앞의 목표는 평가에서 좋은 결과를 얻는 것이며 따라서 평가에서 요구하는 것에 민감하지 않을 수 없는 것이 현실이다. 이러한 현실을 감안할 때 전문가들의 의무 중 하나는 학교에서 실시되는 평가가 긍정적인 역류 효과를 가져 올 수 있도록 만드는 것이어야 할 것이다.

비록 우리가 기르고자 하는 의사소통 능력의 정의에 대해서는 학자들의 견해가 일치하지는 않으며, 따라서 그 구성 요소들도 다르게 기술하고 있지만, 모든 정의들의 공통점은 의사소통 능력(communicative competence)은 목표 언어의 문법 체계를 터득하는 것을 의미하는 언어 능력(linguistic competence) 이상의 것이라는 점이다(Polizer & McGroarty, 1983). 이는 수험생의 의사소통 능력을 측정하고자 하는 평가는 단어, 문법 능력을 측정하는 데 초점을 둔 언어 능력(linguistic competence) 평가 이상의 것이 되어야 한다는 것이다. 하지만 실제 대부분의 학교에서 실시되고 있는 평가 문제들을 살펴보면 서로 분리된 단어, 문법 능력을 평가 하는 데 초점을 두고 있는 경우가 적지 않으며, 단어, 문법만 알면 풀 수 있는 문제가 대부분인 경우도 있다. 물론 이러한 언어 능력 없이 의사소통 능력은 불가능하다. 왜냐하면 의사소통을 하기 위해서는 단어도 알고 문법도 알아야 하기 때문이다(Fischer, 1981). 하지만 문제는 이러한 단어, 문법들이 의사소통 능력을 효과적으로 하기 위한 학생들의 능력을 측정하기 보다는 단어, 문법 그 자체에 대한 학생들의 능력을 측정한다는 데 있다(Brown & Yule, 1983). 즉, 의사소통 능력을 기르기 위한 수단으로서의 단어, 문법 지식이 아니라, 단어, 문법 그 자체가 목표가 되어 버린 결과, 평가에서 좋은 점수를 받았다고 해서 그 학생의 의사소통 능력이 반드시 좋다고는 말할 수가 없게 되어 버린다.

의사소통 능력을 기르기 위해서는 평가가 직접 평가(direct test)이어야 한다는 주장(Underhill, 1987)에도 불구하고, 학교의 교사들은 객관식 선다형 문항의 형태로 여전히 간접 평가를 사용하고 있다. 특히, 많은 EFL 상황에서 그렇듯이 학생 수가 많고 매일매일 극심한 업무에 시달리는 교사들에게는 시간적인 효율성이 아주 중요하므로(Pino, 1989) 그들이 이러한 객관식 평가를 선호하는 것은 결코 이상한 일이 아니다.

평가가 아무리 타당하고 신뢰할 수 있어도 실용성이 없으면 소용이 없다(Weir, 1990). 이런 점에서 객관식 평가는 교사들의 관심을 끌만한 충분한 이점을 가지고 있다(Bailey, 1998; Burton, et al., 1991; Heaton, 1990; McDonald, 2006; Weir, 1990). 그 이점에 대해서 Weir(1990)는 객관식 평가는 쉽게 수치화할 수 있고, 광범위한 문항을 만들 수 있으며, 채점이 용이하고 객관적이라고 말한다. 이와 유사하게 Burton, 외(1991)도 잘 만들어진 객관식 문제는 교육 목표를 어느 정도 달성했는지를 알 수 있게 해준다고 주장한다.

객관식 평가의 잠재적인 장점에도 불구하고 선다형 평가 문항을 잘 작성하는 것은 매우 어려운 일이며, 상당한 시간과 노력을 요하는 일이다(Hughes, 1989). 따라서 신중하게 제대로 작성하지 않으면 학생들을 혼란스럽게 만들고 좌절시키는 심각한 약점을 가질 수도 있는 것이 바로 선다형 시험 문항이다. 물론 이런 문항들로 이루어진 평가 결과 얻어진 점수는 학생들의 능력을 제대로 평가했다고 보기 어려울 것이다. 평가는 그 자체로서 좋다거나 나쁜 것이 아니다(Brown & Hudson, 1998). 따라서 교사가 어떤 평가 도구를 선택하든지 간에 그것이 가르치고 배우는 일에 도움이 되게 하는 것이 교사의 의무이다. 이런 의무를 제대로 수행하기 위해서는 물론 교사가 제대로 된 평가 문항을 작성할 수 있는 데 필요한 지식과 기술을 갖추어야 할 것이다. 하지만 유감스럽게도 저자의 연구 결과에 의하면 현재 학교에서 실시되고 있는 교사가 작성한 개관식 평가의 문항에는 적지 않은 문제가 발견되는 것이 사실이며(부록 3 참조), 이를 개선하기 위한 교사 교육 전문가들의 노력이 절실히 요구 된다.

아래에 소개 된 것은 평가 문항 작성에 대한 여러 연구들(e.g. Burton, et. al, 1991; Frary, 2002; Genesee, & Upshur, 1996; Heaton, 1990; Kehoe, 2002; McDonald, 2006)에서 발췌한 널리 알려진 문항 작성 규칙이다.

1) 문항에 사용된 언어는 이해하기 쉽게 명확해야 한다.
2) 옳은 답의 선택은 일반 상식에 근거해서는 안 되며, 언어 기술이나 내용 지식에 근거해야한다.
3) 옳은 답을 고르기 위해서는 내용을 충분히 이해할 수 있어야 한다.
4) 문항에 사용된 언어는 이치에 맞아야 하며, 문법적 오류가 없어야 한다.
5) 문항의 난이도는 평가 대상 집단에 적절한 것이어야 한다.
6) 옳은 답을 고르기 위해서 수험생은 제시된 것을 읽어야 한다.

7) 발문(stem)에는 수험생이 풀어야 할 문제 제기가 있어야 한다.
8) 발문(stem)과 보기들(options)은 서로 연관이 있어야 한다.
9) 문항에는 불필요한 부분이나 반복된 부분이 없어야 한다.
10) 모든 보기들이 어느 정도는 매력이 있어야 한다.
11) 보기들에는 불필요한 정보가 포함되어서는 안 된다.
12) 보기들이 서로 중복되어서는 안 된다.
13) 보기들은 서로 길이나 난이도 면에서 비슷해야 한다.
14) 답을 고르는 데 외부적인 힌트가 있어서는 안 된다.

비록 이러한 규칙들이 완벽한 평가 문항을 만드는 데 필요한 모든 것을 포함했다고 할 수는 없겠지만 선다형 평가의 질을 가늠하는 중요한 잣대임에는 틀림이 없을 것이다.

9. 꾸준한 자기 계발 및 자기 성찰 노력

유능한 교사는 교사가 되고 나서도 늘 자기 계발을 위해 힘쓴다. 과연 내가 가르치는 것이 학생들의 이해에 충분한 도움이 되었는지, 더 좋은 방법은 없는지에 대해 늘 반성하고 고민하는 태도를 가진다. 시대의 변화에 따르지 못하는 교사, 내가 가르치는 방법에 대해 자기 성찰이 없는 교사는 발전이 없다. 학생들에게도 크게 도움이 되지 않는다. 대학을 졸업하고 교사로 임용이 되었다고 해서 모든 게 끝난 것이 아니다. 오히려 그 때부터 진짜 시작이라는 태도가 필요하다. 가르치는 일은 어쩌면 평생 배우는 일이라고 해도 과언이 아닐 것이다. 자기 계발을 하지 않고 자기 성찰을 게을리 하는 교사가 학생들에게 존경받을 리 없다. 수업에 불성실한 교사는 학생이 먼저 안다는 것을 교사는 명심하여야 할 것이다.

10. 교육에 대한 열정과 동료 교사들과의 협동심

이상의 많은 부분들이 결국은 학생들을 잘 가르치고자 하는 교사의 열정이 있으면 이루어 질 수 있는 부분들이다. 하지만 우리 교사들 중에는 능력을 충분히 가지고 있음에도 불구하고 경력이 쌓일수록 게을러지는 경향을 보이는 교사도 분명 없지 않다. 효과적인 수업을 꾸준히 제공하는 일은 초심을 잃지 않고 교육에 대한 열정을 계속 간직하는 교사들에 의해서만 가능하다.

마지막으로 한 가지 더 언급하고 싶은 것은, 교육은 오랜 시간을 두고 꾸준히 일관되게 진행되어야 한다는 것이다. 이는 분명 교사들 간의 협동을 필요로 하는 일이다. 하지만 유감스럽게도 현재 우리의 영어 교육에서는 그러한 꾸준함이 결여된 것을 적지 않게 볼 수 있다. 이는 학교 간뿐만 아니라, 같은 학교 내에서도 개인 교사들 간에 교육에 대한 신념과 믿음이 달라서 종종 일어나는 현상이라고 할 수 있다. 예를 들어 1학년을 가르치는 갑이라는 교사는 의사소통 중심 교수법을 따르는 반면 2학년을 가르치는 을이라는 교사는 그 효과를 믿지 않기 때문에 따르지 않고 옛날 방식대로 가르친다면 이는 학생들에게 일관성 있는 교육을 제공하지 못하는 결과를 낳게 된다. 학습 효과가 떨어지는 것은 당연하다. 따라서 적어도 같은 학교 내의 교사들은 서로 의견을 자주 나누고 협동하면서 일관성 있게 가르쳐야 할 것이며, 또한 학교 간에도 교육의 연계성이 있도록 정책적인 노력이 따라야 할 것이다.

제 4 장 영어 교사들이 사용한 교수 기술의 분석

1. 학생들과 인사하기
2. 좋아하는 스포츠에 대해 묻고 답하기
3. 빨리 읽기
4. 문장 외우기
5. 갤러리 방문하기
6. 역할극
7. 게임
8. 단어 지도
9. 복습 지도
10. 숙제 내기
11. 평가 문항 작성
12. 취약점 요약

제 4 장

영어 교사들이 사용한 교수 기술의 분석

아래에 소개된 교수 기술들은 저자가 영어 수업을 관찰하면서 발견하게 된 것들이다. 독자 여러분도 느낄 수 있듯이 교사가 사용한 교수 기술들이 학생들을 지루하게 하여 오히려 학업에 흥미를 잃게 만드는 경우가 종종 있다. 하지만 엄밀히 얘기하면 이는 교사보다는 교사를 양성하는 교사 교육자들의 책임이 오히려 크다고 하겠다. 배운 적이 없으니 할 수 없는 것은 당연할 것이며, 배웠다 하더라도 충분한 연습과 경험이 없으면 효과적으로 실천하기 쉽지 않은 일이기 때문이다.

아래 예시들이 매우 한정적이긴 하지만 교사들이 사용하는 교수 기술의 일반적인 취약점을 인식하게 하여, 장차 보다 효과적인 수업이 될 수 있도록 하는 데 도움이 되기를 바란다.

1. 학생들과 인사하기(Greeting)

수업 시작과 종료 시 교사와 학생 간에 주고받는 인사는 사실 상 전체 수업 중에서 얼마 되지 않은 진정한 언어 사용 또는 의사소통의 기회라고 해도 과언이 아니다. 이러한 기회를 제대로 활용하지 못하고 놓친다는 것은 매우 안타까운 일이다.

1) 수업 시작 때 인사

T: How are you feeling today?
Ss: Fine, thank you. And you?
T: Fine, too. Thanks.
T: What's the weather like today?
Ss: It's sunny/hot.
T: Good! It's very nice, isn't it?

위의 대화는 한 발표 수업에서 수업을 시작할 때 교사와 학생들이 주고받은 인사인데, 유감스럽게도 이런 종류의 인사는 실제 상황에서는 일어나지 않는다. 주지하다시피, 비록 교사가 날씨에 대한 질문을 하였지만 교사와 학생들 사이에는 아무런 정보 차(information gap)가 없다. 양측 모두 오늘의 날씨에 대해서는 이미 알고 있으며, 실제 상황에서는 질문하고 답을 할 대상이 되지 않는다. 이것이 바로 전형적인 IRF(Initiation-Response-Feedback) 형태의 담화를 동원한 언어 연습(language practice 혹은 skill-getting activity)의 예이다. 이러한 언어 연습은 실제 의사소통에서 볼 수 있는 정보 차를 동반하는 언어 사용(language use 혹은 skill-using activity)과는 구별된다. 이 두 가지를 구별하지 못하는 교사들은 수업 시작 때 학생들과 인사를 주고받음으로써 학생들에게 언어 사용의 기회를 주었다고 착각할 것이다. 실제로 이런 교사들이 적지 않으며, 전국 영어 수업 경연대회에서 상을 받은 교사들의 수업에서도 이런 점을 발견할 수 있으니 교사들이 이런 기본적인 것에 대해서조차 교육을 제대로 받지 못한 것이 아닌가 생각되어 저자 자신도 교사 양성 기관에 몸담고 있는 사람으로서 씁쓸한 생각이 든다.

날씨에 관한 질문은 저자가 수업을 관찰할 때마다 대부분의 교사들이 던지는 질문이었는데, 학생들로서는 대단히 지루한 질문이었음에 틀림없다. 적지 않은 영어 교사들이 수업 시간마다 날씨에 대한 같은 질문을 던지는 경우를 보게 되는 데, 그 전날 배운 내용이 날씨에 관한 것도 아닌데 이런 질문을 던지는 것을 저자로서는 이해할 수가 없다. 왜냐하면 실제 상황에서 날씨라는 주제는 서로 잘 모르는 사람끼리 만났을 때 어색한 침묵을 깨기 위해(ice-breaking) 사용하거나 아니면 그날의 날씨가 화제에 오를 만큼 평소와 다른 무언가가 있을 때 사용하는 것이지, 늘 만나는 교사와 학생 사이에 나눌 인사는 아니기 때문이다. 실생활에서는 뻔히 아는 것에 대해 서로 묻고 질문을 하는 어색한 일은 아주 특별한 경우를 제외하고는 없는 일이다. 날씨뿐만 아니라 시각, 요일, 날짜 등에 대해 묻는 것도 모두 마찬가지이다. 오늘이 무슨 요일인지 알고 싶어서 묻는 질문이 아니라, 알면서도 묻는 질문, 교사가 정상적으로 잘 가는 시계를 착용하고 있으면서도 “What time is it now?”와 같은 질문을 하는 것은 학생들과 의사소통하기 위한 것이 아니라 배운 것을 기억하고 있는지 알아보기 위한 언어 연습에 불과할 뿐이다.

위와 같이 의사소통을 위해서가 아니라 질문을 위한 질문, 따라서 재미가 있을 리가 없는 질문으로 수업을 시작하면 시작부터 수업의 매력이 떨어지고, 학생들의 동기 유발도 어렵다. 학생들의 지겨움을 유발하지 않기 위해서라도 교사는 수업 시작 시에 던질 질문조차도 심사숙고해야 한다. 지겹고 관심 없는 상투적인 종류의 질문은 피하고 학생들의 실제 생활의 경험과 연결되는 질문을 던지는 것이 필요하다. 그러기 위해서 교사는 학생들의 관심과 흥미, 중요한 시사문제 등에 대해서도 익히 알고 있는 것이 중요하다. 이것이 학생들의 동기를 유발하는데 도움이 되며, 결과적으로 수업 효과를 높이는 데에도 도움이 된다. 지겨워서 듣지 않는 수업이라면 그 효과를 기대하기 힘든 것이 아닌가. 수업 시작부터 지겨운 인사로 인해 수업에 대한 이미지를 해치는 일은 삼가야 한다.

말을 한다고 모두 의사소통은 아니다. 위의 대화를 의사소통의 기회로 바꾸기 위해서는 교사는 본인이 갖고 있지 못한 정보를 학생들로부터 얻기 위한 질문을 던져야 한다. 그리고 한 학생뿐만 아니라 가능한 많은 학생들을 대화에 끌어들이는 노력이 필요하다. 그래서 위의 예는 다음과 같은 대화로 바꾸면 좀 더 효과적이 될 것이다. 물론 대화의 길이는 그때그때 교사의 판단에 따라 짧게 할 수도 있고 좀 길게 할 수도 있다. 다음은 좀 더 실제 의사소통을 위한 언어 사용의 예이다.

T: "Hi, how's everyone this morning?"
Ss.: "Fine, thank you."　S1: "so-so."
T: (to S1) "You said, so-so. What's the matter?"
S1: "I am tired."
T: "Oh, you are. Did you sleep well last night?"
S1: "No."
T: "You didn't, that's too bad."
(To Ss.) "How many hours do you guys usually sleep a day?"
Ss.: "8 hours, 10 hours, 7 hours, etc."
T: "I think 8 hours are enough. I usually sleep 6 hours. So, I always feel tired."
T: "Well, it's rainy again outside. Did you bring your umbrella with you? Do you guys like rainy days? How many? (Only a few students raise their hands.) How about snowy days?
(Many students raise their hands.)
"Wow, a lot. I like snowy days, too."

2) 수업 끝낼 때 인사

다음 예도 역시 어느 발표 수업에서 보았던 예이다. 수업이 끝나자 반장이 일어나서 선생님께 경례 구령을 하고 학생들이 인사를 하고 교사도 그에 대한 답례로 인사를 한 경우이다.

S1: "Attention! Bow!"
Ss: "Good-bye, Miss X!"
T: "Good-bye! See you next, class!"

하지만 이러한 언어 사용은 언어와 문화가 분리된 채 사용된 전형적인 예이다. 즉, 영어를 한국식으로 사용한 경우이다. 저자가 90년대 초 한 영어 수업을 참관한 뒤의 참관 평가에서 같은 문제를 언급한 적이 있었는데, 그동안 교사 연수 기회가 있을 때마다 저자 나름대로는 열심히 얘기를 했건만 15년 이상이나 지난 지금에 와서도 같은 문제가 계속 관찰된다는 사실이 놀랍다.

위와 같은 인사는 영어권 문화에서는 교실뿐만 아니라 어떤 일상생활에서도 없으며, 이는 한국적인 교실 인사법에 영어만 사용한 결과이다. 대단히 부자연스러운 언어 사용임에도 불구하고 교사는 이를 인지하지 못한 채 학생들에게 영어로 인사할 기회를 주었다고 오해하는 것 같았다. 안타까운 점은 그동안 수없이 많았던 교사 연수에도 불구하고 이런 근본적인 문제조차 인지하지 못하는 교사가 아직도 많다는 점이다. 이는 교사들이 정확히 어떤 점이 부족한지를 제대로 파악하지 못하는 교사 교육자들의 책임이기도 하다.

2. 좋아하는 스포츠에 대해서 묻고 답하기

다음 예는 의사소통 중심 수업에서 교과서에 나오는 목표 구문을 교사가 학생들에게 어떻게 학습시키는지를 보여주는 예이다.

목표구문

A: What's your favorite sport?
B: Soccer is my favorite sport.

위의 목표 구문을 가르치기 위해 교사는 학생들에게 다음과 같은 연습을 시켰다.

T: What's your favorite sport?
Ss: Soccer is my favorite sport.
(교사는 학생들을 두 그룹으로 나누어 다음과 같이 연습시켰다.)
Group 1: What's your favorite sport?
Group 2: Soccer is my favorite sport.
Group 2: What's your favorite sport?
Group 1: Soccer is my favorite sport.
(다음으로 몇몇 짝들을 지명하여 같은 문장을 계속 연습시켰다.)
S1: What's your favorite sport?
S2: Soccer is my favorite sport.
S3: What's your favorite sport?
S4: Soccer is my favorite sport.

이러한 예를 보면서 저자가 느낀 점은, 교사들이 의사소통 중심 수업이 어떤 것인지를 제대로 알지도 못한 채 의사소통 중심 수업을 하도록 내몰리고 있는 게 아닌가 하는 것이었다. 위의 예에서 알 수 있듯이, 교실의 모든 학생들 또는 개별 학생들이 말을 할 기회는 많았지만, 사실은 기계적인 연습만 하였을 뿐 전혀 의사소통을 할 기회는 갖지 못하였다. 이러한 예는 오래 전부터 있었던 행동주의 심리학에 바탕을 둔 청화식 교수법(Audio-lingual method)의 전형적인 예이다. 즉, 학생들은 자의에 의해서 말을 하는 게 아니라, 교사의 통제 하에 교사가 원하는 표현을 기계적으로 연습(mechanical drill)했을 뿐이다. 물론 외국어 교실에서 이러한 기계적인 연습이 전혀 필요 없다는 뜻은 결코 아니다. 교실 상황에서 언어를 배울 때 처음에는 학생들에게 목표 구문을 이해시키고 어느 정도 익숙해지게 하기 위해서 반복해서 따라 읽히기나(repetition) 대체 연습(substitution) 등, 때로는 기계적인 연습도 물론 필요하다.

하지만 교사가 기억해야 할 것은, 위의 예와 같이 기계적인 연습이 전부가 되어서는 곤란하다는 것이다. 일단 학생들이 연습을 통해 새로운 단어와 구문에 어느 정도 익숙해지면 그 다음에는 반드시 방금 배운 것을 바탕으로 스스로 하고 싶은 말을 할 수 있도록 기회를 주어야 한다. 이것이 바로 의사소통 활동이며, 언어 연습이 아닌 언어 사용에 해당한다. 교사는 이 과정에서 학생들이 완벽한 문장만 만들도록 기대해서도 안 되며, 교사의 질문에 대한 답만 하거나 교사가 만든 문장을 연습만 하도록 강요해서는 안 된다. 위 예의 경우에는 모든 학생에게 "내가 가장 좋아하는 운동은 축구다"라는 말을 강요함으로써 학생들이 의미 있는 언어 사용을 할 수 있는 기회를 박탈한 것이나 다름없다. 이 경우 운동을 싫어하는 학생은 "I don't like sports."라고 말할 수 있어야 하고, 축구가 아니라 야구를 좋아하는 경우에는 "I like baseball."이라고 말할 수 있도록 허용해야 한다. 학생들에게 말을 하도록 강요하는 것이 곧 의사소통의 기회를 주는 것이라고 착각하면 곤란하다.

예시 1

T: How are you, everyone? S: I'm fine.
T: What's the weather like? S: It's sunny.
T: OK. Now, let's start our lesson.

→ 보다 의사소통적이고 의미 있는 언어 사용으로 수정한 예

T: "Hi! How are you guys this morning?"
Ss: "Fine, thank you. And you?"
T: "I'm fine, thank you. By the way, some of you look tired this morning."
T: (To S1) "S1, Are you tired?"
S1: "Yes."
T: "Why?"
S1: "I don't know."
T: "You don't know why you are tired."
(To S2) "How about you, S2? Are you tired, too?"
S2: "No, I'm not."
T: "Oh, you are not tired. Good! OK, everybody, ask each other."
(Ss. in pairs ask each other.)
"Well, I know some of you are tired this morning. But you know, we have to study. Let's start today's lesson. Are you ready?"

예시 2

T: Hello, everyone.
S: Hello, ________.
T: How's the weather outside?
S: It's sunny.

T: That's right. Can you tell me more?
S: It's sunny and cold.
T: Excellent!

→ 보다 의사소통적이고 의미 있는 언어 사용으로 수정한 예

T: "Hi, everyone. Oh, it's really hot today. Are all the windows open? Good! Probably today is the hottest day this spring."
T: (To Ss) "Do you like hot weather?"
Ss: "Yes./No."
T: (To S1) "S1, do you like hot weather?"
S1: "No."
T: "Oh, you don't like hot weather."
T: (To S2) "How about you, S2? Do you like hot weather?"
S2: "No."
T: "Oh, you don't."
(To Ss) "All right, everybody, ask each other."
(Ss. in pairs ask each other).
T: (After a while) "OK. Who likes hot weather?"
(No student raises his/her hand.)
"Well, nobody likes hot weather. I don't like it, either."
"Anyway, time to start today's lesson."

3. 빨리 읽기

<활동 개요>

1) 교사는 학생들을 모둠으로 나누어 모둠 별로 영어 문장을 빨리 읽도록 경쟁을 시킨다.

2) 각 모둠별로 구성원들은 한 명이 한 문장씩 차례로 소리 내어 읽고, 교사는 스톱워치로 시간을 잰다.
3) 각 모둠의 구성원들은 자신에게 할당된 문장을 가능한 빨리 읽음으로써 자신들의 모둠이 문장 읽기를 먼저 끝내기 위해 노력한다.
4) 스톱워치로 각 모둠이 읽는 데 든 시간을 측정하여 가장 짧은 시간에 문장 읽기를 끝내는 모둠이 승리하게 된다.

위의 활동의 경우 어떤 일이 일어나겠는가를 상상해보자. 모든 학생들이 자신에게 할당된 문장 하나만 소리 내어 빨리 읽으면 자신의 역할을 다하는 셈이다. 그러다보니 학생들이 문장을 읽을 때 의미 군에 따라 제대로 끊어 읽기를 하지도 않고, 자연스런 리듬 같은 것에도 아랑곳하지 않으며, 빨리 읽는 데에만 몰두한다. 과연 이러한 학습 활동을 통해서 얻고자 하는 것이 무엇인지를 알 수 없었다. 아마 빨리 읽기(fast reading) 훈련을 시키고자 한 의도였던 것 같은데, 이는 의도한 바와 전혀 다른 결과를 낳기 쉽다. 이해가 따르지 않는 빨리 읽기는 의미가 없으며, 빨리 읽는다고 해서 이해가 더 잘되는 것도 아니다.

글을 느리게 읽는 것은 낮은 이해력의 원인이 아니라 독자가 글을 읽는 과정에서 겪고 있는 어려움을 나타내주는 것이라고 한다(Adams, 1980). 다시 말하자면 원인이라기보다는 결과라는 뜻이다. 따라서 근본적인 문제 해결이 아닌, 겉으로 나타나는 부분에 대한 이런 종류의 훈련은 별 도움이 되지 않는다. 교사는 학생들이 무조건 글을 빨리 읽도록 강요할 것이 아니라, 학생들이 글을 읽을 때 겪는 어려움이 무엇인지에 대해 관심을 갖는 것이 더 급선무이다. 교실에서 스톱워치를 사용하면서 읽기 지도를 하는 것 자체가 매우 어색하다. 또한 기억해야 할 점은 소리 내어 글을 읽는 것은 자연스런 독서가 아니라는 점이다. 글을 소리 내어 읽게 하는 것은 초보자들에게 발음이나 억양, 리듬에 대해서 가르치기 위해서인 경우에 주로 사용하는 방법이다.

그렇지 않은 경우는 묵독(silent reading)이 더 자연스런 독서 행위로 간주된다. 더구나 위의 방법은 학생들의 개인차를 무시한 교수 방법이며, 글 읽기가 느린 학생들에게는 상처가 될 수도 있는 바람직하지 않은 교수 방법이다. 자신의 읽기가 느림으로 인해 모둠에 피해를 주었다고 생각하는 학생이 있을 수 있으며, 그 학생에 대한 다른 학생들의 원망도 있을 수 있다는 것을 교사는 미리 감안해야 한다.

4. 문장 외우기

☘ 담당 교사가 Wall Dictation이라는 이름을 사용한 이 게임의 핵심은 학생들로 하여금 벽에 붙어있는 문장을 가급적 빨리 정확하게 외우게 하는 것이었다.

각 모둠을 위해 벽에 붙어 있는 목표 문장들

1. Soccer is my favorite sport.
2. It is fun and exciting.
3. I like running and kicking.
4. I play forward.
5. My uncle coaches the team.
6. We practice every Tuesday and Thursday.
7. On Saturdays, we play games.

<활동 개요>

1) 각 모둠 별로 가까운 위치의 교실 벽에 목표 문장들을 붙여둔다.
2) 각 모둠별로 구성원들은 차례로 벽으로 달려가서 자신에게 할당된 문장을 외운 뒤 자리로 돌아와서 모둠 구성원들에게 그 문장을 불러주고 받아 적게 한다.
3) 모둠의 모든 구성원들이 마치고 나서 그들이 받아 적은 문장이 구두점을 포함해서 완벽하면 그 모둠이 승리하게 된다.

학습 지도안에서 교사는 이 활동의 목적이 학생들로 하여금 목표 문장들을 외워서 자신이 속한 모둠 구성원들이 받아 적을 수 있도록 불러주는 것이라고 밝혔었다. 하지만 이러한 활동이 사실은 의사소통을 강조하는 수업과는 전혀 맞지 않는 수업이라는 점이다. 학생들이 한 것은 문장을 암기한 것 일뿐, 상호작용을 통한 의미 있는 언어 사용은 거의 없다. 여기서 또 한 번 느끼는 것은 교사들이 언어 교실에서 의사소통 능력을 기르기 위해 필요한 상호작용에 대해 제대로 이해를 못하고 있다는 점이다. 위의 활동에서도 학생들 간의 상호작용은 분명히 있었다. 하지만 그 것이 외국어 교육에서 강조하는 그런 상호작용은 아니다. 즉, 이해 가능한 언어 입력(comprehensible language input)을 만들기 위한 상호작용이 아니다.

위의 예는 게임이라고 해서 항상 의사소통 활동을 수반하는 것이 아니라는 것을 여실히 보여준다. 모양새만 다를 뿐, 위에서 소개한 방법은 오늘날 외국어 교실에서 의사소통 능력 배양을 강조하는 사람들이 그토록 비난하는 바로 그 전통적인 암기 중심의 교수 방법인 것이다. 의사소통 능력 배양이 목표라면 문장을 암기하는 것 자체가 목표가 되어서는 안 되며, 문장 암기는 언어 연습과 언어 사용의 결과여야 한다는 점을 교사는 기억해야 할 것이다.

위의 두 가지 보기 모두 개인차가 모둠 간의 경쟁에 큰 역할을 하며, 잘하는 학생이나 못 하는 학생 모두 이런 게임에서는 스트레스를 받을 수 있다는 사실이다. 예를 들어 한 모둠의 어떤 학생이 자기 문장을 암기하는 데 다른 학생들보다 시간이 걸린다고 치자. 그러면 다른 학생들은 그 학생이 문장을 외워 와서 불러줄 때까지 그냥 기다려야 하며, 그 학생이 늦을수록 짜증스러워질 것이다. 이러한 활동은 잘하는 학생들에게는 시간 낭비가 될 수 있고, 못하는 학생들에게는 모둠의 다른 학생들에게 피해를 준다는 생각에 더욱 자신감을 잃게 만들고 영어 수업 시간이 두려워지게 만들 수 있다. 수업 시간에 교사가 동원하는 경쟁이라는 것은 수업 효과를 높이기 위한 것이어야 하며, 학생들이 당장 어쩔 수 없는 자신의 현재 능력에 의해 좌우되는 그런 경쟁은 피하는 것이 좋다. 왜냐하면 그런 경쟁은 아무리 열심히 한다고 해도 시작부터 이기는 자와 지는 자가 정해져 있기 때문이다. 위의 게임은 학생들로 하여금 현재 가진 능력을 가지고 경쟁하라고 강요하는 것이나 다를 바 없다. 잘하는 학생이나 못하는 학생 모두 그런 게임을 진정 즐길 수 없는 이유이다.

5. 갤러리 방문하기

<학습 활동>

화랑 돌아보기(Gallery Tour)라는 타이틀로 진행된 이 활동은 교과서 내용에 나오는 호주라는 나라에 대하여 아래와 같이 네 가지 주제(호주의 날씨, 호주의 지리, 호주의 동물, 호주와 한국과의 관계) 중 하나씩 다루는 네 개의 화랑을 교실에 만든다. 각 화랑에는 영어 능력이 우수한 한 명씩의 화랑 주인이 있고 주제 하나씩에 대해 방문객들에게 화랑에 걸려있는 그림과 글을 통하여 보여주면서 구두로 소개를 하도록 되어 있다.

화랑 주인들을 제외한 나머지 학생들은 네 그룹으로 나누어서 화랑들을 하나씩 차례로 방문한다. 화랑에는 주제에 해당하는 그림들이 걸려 있고 화랑 주인은 그림을 설명한다. 방문객들은 화랑 주인이 소개하는 정보를 듣고 좀 더 궁금한 사항이 있으면 질문할 수 있다. 네 개의 화랑들을 모두 돌고 난 뒤에 학생들은 제자리로 돌아와서 다음 학습으로 넘어간다.

Gallery A: Weather
Gallery B: Geography

Gallery C: Australian animals
Gallery D: Relationships between Korea and Australia

위의 예는 일반적으로 학생들이 궁금해 하는 다른 나라에 대한 것을 다룸으로써 학생들의 흥미를 북돋우며 듣기를 연습하게 할 수 있는 좋은 학습 활동이다. 하지만 교사가 좀 더 철저한 준비를 하지 않는 바람에 학생들이 의미 있는 상호작용을 위한 좋은 기회를 놓쳤다는 생각이 든다. 애당초 목적은 각 갤러리를 방문한 학생들이 질문을 던짐으로써 갤러리 주인과의 상호작용이 있어야 하는데 실제 활동에서는 방문객들이 모두 갤러리 주인의 설명만 듣고 침묵을 지킴으로 인해서 상호작용은 전혀 이루어 지지 못했다. 갤러리 방문이 끝나고 난 뒤 학생들은 제자리로 돌아와서 다음 학습으로 넘어갔다.

이러한 예는 교사의 철저한 사전 준비가 없으면 학습 활동이 제대로 효과를 얻기 어렵다는 점을 단적으로 보여준다. 학습 활동은 학생들로 하여금 배운 목표 언어를 사용하게 하는 데 목적이 있는데 과연 그랬는지 자세히 들여다보자. 우선 네 명의 갤러리 주인들은 방문객들에게 설명을 하기 위해 영어를 사용한 것이 분명하다. 하지만 방문객들은 어떤가. 열심히 들었다는 보장을 할 수 있겠는가. 그렇지 않다. 교사가 항상 염두에 두어야 할 것은 학생들 중에는 스스로 열심히 하는 학생들도 있지만 그렇지 못한 학생들도 있다는 점이다. 갤러리 주인의 설명을 전혀 듣지 않아도 무방하다. 반드시 들어야 할 이유가 없기 때문이다.

위의 학습 활동이 좀 더 효과가 있기 위해서 교사는 방문 학생들로 하여금 갤러리 방문 중 질문을 하게끔 만들어야 하며, 활동이 끝나고 나서도 어떤 형태로든 사후 활동(post-activity)으로 갤러리 주인의 설명을 열심히 들었다는 것을 확인해야 한다. 교사는 학생들에게 주어진 학습 활동에 열심히 참여하지 않으면 그와 관련된 사후 활동에서 어려움을 겪게 된다는 것을 주지시킬 필요가 있다. 다시 말해서 모든 학생들을 학습 활동에 참여하게 만드는 작업이 중요하다. 불행하게도 많은 교사들이 이 점에 있어서 그다지 관심을 기울이지 않는 듯, 많은 수업들에서 일부 학생들만을 상대로 수업하는 것을 관찰할 수 있었다.

여기서 또 한 가지 언급하고 싶은 것은 문화 지도라는 것이 외국에 대해서 소개하는 것으로 끝나서는 곤란하다는 것이다. 사실에 대한 정보와 더불어 그 나라 사람들의 태도나, 신념, 사고방식 등을 함께 소개해야 한다(Hendon, 1980; Heusinkveld, 1985). 단순히 그림만 보여주는 것이 문화 지도의 전부가 되어서는 곤란하다. 학생들의 모국어 문화와 비교를 함으로써 우리와 그들의 다른 점이나 같은 점을 인식하고, 상대를 이해하고 포용할 줄 아는 능력을 기르는 기회로 삼아야 한다.

6. 역할극

의사소통 중심 수업에서의 전형적인 학습 활동은 역할 놀이라고 할 수 있다(Larsen-Freeman, 1986). 역할 놀이란 학생들이 짝으로 혹은 집단별로 역할을 담당하게 하는 것이다. 그러나 이 활동을 사용할 때는 그 활동의 단점을 항상 염두에 두어야 한다. 즉, 잘못 사용되면 역할 놀이는 학생들로 하여금 지나치게 "편하게" 만들 수도 있다. 즉, 학생들은 친구들이 앞에 나와서 하는 영어를 꼭 들어야만 하는 부담이 없이 구경만 하는 구경꾼으로 전락할 수도 있다. 역할을 수행하는 학생들 외의 다른 학생들은 주의를 기울이며 다른 사람이 수행하는 것을 보고 듣는 것이 아니라 그냥 앉아서 딴 생각을 하면서 시간을 낭비하고 있을 수도 있다. 그러므로 이런 경우를 방지하기 위해서 교사는 앉아 있는 학생들도 그 역할 놀이에 참여를 시키든지 아니면 적어도 다른 학생의 역할 수행에 관심을 기울이게 하기 위한 교수 전략이 반드시 필요하다.

효과적인 수업을 위하여 학습 활동에 학생들의 참여를 유발하는 것이 매우 중요함은 두말할 나위도 없을 것이다. 교사들도 모두 이에 대해서는 익히 알고 있을 것이라 확신한다. 하지만 저자가 여러 수업들을 관찰한 결과, 적지 않은 교사들이 이 부분에서 예상 외로 매우 취약하다는 것을 알 수 있었다. 한 예로 어떤 초등학교 수업에서 학급의 모든 학생들로 하여금 같은 역할극을 2명씩 앞에 나와서 수행하게 하고 나머지 학생들로 하여금 13회나 같은 것을 반복하여 보게 함으로써 학생들로 하여금 흥미 상실은 물론 수업 시간을 낭비하는 경우도 보았다.

학습 참여란 본인이 몸으로 직접 참여하지 않을 경우에도 해당된다는 사실을 교사는 다양한 학습 활동을 사용할 때 반드시 기억해야 할 것이다. 교사들은 역할극을 이용할 때, 특히 어린 학생들의 경우 같은 활동에 오랫동안 집중하는 것이 어렵다는 점을 염두에 두어야 한다. 앞에 나와서 역할을 수행하는 학생들뿐만 아니라 앉아서 보는 학생들로 하여금 시선 집중을 하지 않을 수 없게 만드는 교수 전략을 사용할 필요가 있다. 그리하여 앞에 나와서 역할 수행을 하는 학생들뿐만 아니라 교실 안의 모든 학생들에게 시간 낭비 없이 보다 의미 있는 수업이 될 수 있게 하는 것이 필요하다. 예를 들면 역할극이 끝난 뒤 역할극의 내용에 대해서 개별 학생들의 이해를 체크하는 사후 활동(post-activity)을 한다는 것을 학생들에게 미리 알리면 학생들은 좀 더 집중하는 태도를 보일 것이다. 그런 과정 없이 그냥 남이 하는 것 구경만 하게 만든다면 이는 학습 시간의 낭비로 이어질 수 있다.

7. 게임

의사소통 중심 수업들이 기존의 전통적인 수업과 다른 점들 중의 하나가 바로 다양한 학습 활동을 동원한다는 점일 것이다. 그 중 게임은 학생들의 흥미를 돋우는 학습 활동으로서 학생들이 선호하는 활동 중 하나이다. 하지만 다른 학습 활동도 마찬가지겠지만 특히 게임은 자칫 잘못하면 개별 학생들의 학습에 도움이 안 될 경우가 있다.

아래 보기처럼 게임이 모둠 간에 하는 것일 경우 자칫 각 모둠에서 한 두 명의 잘하는 학생들만 참여하고 나머지 학생들은 이방인 신세가 되는 경우가 흔히 있다. 이는 모둠 활동이 아니다. 모둠 활동이란 각 모둠의 구성원들이 우수한 학생이든 느린 학생이든 나름대로 기여를 하며 함께 문제를 해결하거나 과업을 완성하는 형태여야 한다.

[Jeopardy Game]

T: "What is 'jeopardy game'? Can anyone explain?"

(One student raises her hand and explains while the rest of the class listen, few of whom probably understand it due to the long answer given in such a fast speed.)

S1: "Let me explain this game to make sure. In this game, if you give the right answer, you can gain some points. But if you give the wrong answer, you will lose these points instead. That's why this game is called 'jeopardy' which means 'take a chance'."

T: Wow! Excellent!! Probably better than I. (Ss laugh.)

(A native speaker who has been sitting quiet for over half of the class time finally gets employed to read the cue card, which is believed to be a loss of a great opportunity for the students' part to interact with a native speaker and use real English.)

NS: "If a person was experiencing a new culture in a new country, and he was trying to copy the lifestyle of the new culture, then you would say, "When you're in Rome, do ."

(A student raises his hand and gives the answer)

S1: "When you're in Rome, do as the Romans do."

(Thanks to the right answer from the student, the group that he belongs to gets the point.)

위 예에서 잘못된 부분을 지적한다면 우선 잘하는 학생에게 기회를 주는 것은 좋지만 Jeopardy Game의 정의에 대해서 말하는 S1학생의 영어는 중학교 2학년 수준의 영어가 아니다. 저자의 판단으로는 말하는 속도나 표현 등으로 봐서 발표 수업에 대비해서 암기를 해 온 것쯤으로 생각되는데, 발표 수업이라 어쩔 수 없었다고 치자. 하지만 진짜 문제는 그 게 아니다. 우선 교사가 Jeopardy Game이라는 것에 대해 중학교 2학년 수준의 학생들에게 뜻을 설명하게 하는 것 자체가 무리이다. 간혹 외국 생활을 한 경험이 있는 학생의 경우에는 영어가 상당히 유창한 경우도 있겠지만, 그렇다고 해서 수업에 참관한 저자마저도 너무 빠르다고 느낀 그 학생의 빠른 영어는 한 마디로 다른 학생들에게는 소음(noise)이나 마찬가지이다. 대부분의 학생들이 이해 못했을 것이 너무 명백하다.

또 한 가지 지적하고 싶은 것은 교사에 의해서 수업 중에 제공되는 언어 입력은 학생들에게 이해 가능해야 한다는 것이다. 만약 학생들이 발표한 내용이 이해 가능한 언어 입력이 아닐 경우에는 반드시 교사가 이해 가능한 입력으로 바꾸어서 다시 제공해야 한다. 위 보기의 경우, 교사는 Jeopardy Game의 뜻에 대해 전체 학생들에게 반드시 다시 설명해 주어야 한다. 이 경우 중학생 수준에서는 구태여 영어로 설명할 필요는 없으며, 한국어로 설명하여도 상관이 없다. 왜냐하면 학생들이 게임의 원리를 잘 이해하고 게임 자체를 하면서 영어를 사용하게 하는 것이 이 학습 활동의 목적이지 Jeopardy Game의 뜻 자체를 영어로 이해하는 것이 목적은 아니기 때문이다. 실제로 Jeopardy Game의 뜻에 대해서는 대학생들도 대부분 제대로 말하지 못한다. 이는 저자가 영어 교육 전공 대학생을 상대로 한 수업 시간에서 확인한 일이다.

마지막으로 지적하고 싶은 것은, 한 두 명의 우수한 학생이 주어진 문제를 혼자만으로 힘으로 해결해 버리는 것은 모둠 활동으로서의 의미가 없다는 점이다. 모둠 활동은 그 모둠의 구성원들이 우수한 학생이나 느린 학생이나 나름대로 모둠 활동에 기여하고 협조함으로써 문제를 해결하거나 과제를 완성하는 활동이어야 한다. 이런 이유 때문에 위 보기에서와 같이 그 모둠에 속한 우수 학생 한 명이 정답을 말했다고 해서 그 모둠이 점수를 받는 것은 모둠 활동이라고 할 수 없다.

8. 단어 지도

예시 1 Catch the disappearing words.

＊ They will disappear in 2 minutes. Then write down the words in each empty box.

clerical	adequate	necessitate	statistical
variation	relative	occur	immediate
arrange	emerge	nanny	expense
trend	concern	portray	reveal
monetary	facility	decade	shift
bread-winner	expand	former	radically

<After 2 minutes>

위의 예시는 우수한 학생들이 모인 특수학교 영어 교실에서 사용된 자료이다. 24개의 단어를 2분간 보여주고 난 후 빈칸의 제 위치에 그 단어들을 기억해서 써 넣는 활동이었다. 수업을 직접 관찰한 저자는

영어 교실에서 위와 같은 활동이 사용되는 것을 보고 적잖게 놀랐다. 왜냐하면 이 활동이 학생들에게 요구하는 것은 영어 능력이 아니라 기억력이며, 의사소통 중심 수업이 한창 강조되는 시점에서 기억력 평가에 불과한 이런 활동을 사용하는 것은 전혀 맞지 않기 때문이었다. 어쩌면 담당 교사는 우수한 학생들만 모인 학교이기 때문에 이런 활동을 사용했는지 모르겠다. 하지만 이런 활동은 영어 원어민들에게조차도 어려운 일이며, 의사소통 능력 개발과는 거리가 먼 활동이다. 실제로 학생들이 얼마나 잘하고 있는지 저자가 직접 살펴보았더니 가장자리 쪽 몇 난어 외에는 제대로 칸을 메우는 학생이 없었다. 파워포인트를 동원한 이런 활동은 겉으로 보기에는 멀티미디어 시설을 많이 활용하는 요즈음의 의사소통 중심 수업과 닮아 보이지만 사실은 전혀 다르다. 학습 활동의 목적과 효과를 제대로 파악할 줄 아는 교사의 능력이 아쉬웠다.

예시 2

(1) Word Search: (Individual Work)

<word list> Score: ____/29

1	ADDRESS	8	COPE	15	IMMEDIATE	22	RADICALLY
2	ADEQUATE	9	DECADE	16	MONETARY	23	RELATIVE
3	ARRANGE	10	EMERGE	17	NANNY	24	REVEAL
4	BESIDES	11	EXPAND	18	NECESSITATE	25	SHIFT
5	BREDWINNER	12	EXPENSE	19	OCCUR	26	STATISTICAL
6	CLERICAL	13	FACILITY	20	PORTRAY	27	TREND
7	CONCERN	14	FORMER	21	PREVIOUSLY	28	VARIATION

① Search for 28 hidden new words.

R	E	S	L	E	T	U	N	E	L	S	P	L	O	B	V	Y
A	T	S	E	E	N	A	G	A	G	O	L	I	S	E	L	S
D	A	E	H	V	N	N	C	V	R	S	M	I	X	S	H	A
I	T	R	E	N	A	I	O	T	A	L	O	Y	U	I	S	D
C	I	D	Y	R	R	E	R	R	A	R	C	O	F	D	C	E
A	S	D	R	E	K	A	D	C	E	I	I	T	O	E	O	C
L	S	A	L	W	Y	J	I	R	M	V	F	A	S	S	O	A
L	E	C	B	T	A	T	A	M	E	F	E	N	T	N	A	D
Y	C	J	E	R	S	D	E	R	A	M	E	A	C	I	C	E
J	E	G	E	I	E	D	P	C	Y	P	R	E	L	O	O	Q
S	N	K	T	Q	I	A	I	Y	X	R	R	O	P	L	T	N
Z	V	A	U	A	E	L	D	E	P	N	A	E	F	I	R	C
F	T	A	T	M	I	F	E	W	E	V	I	T	A	L	E	R
S	T	E	E	T	P	A	G	C	I	Z	M	L	E	B	N	Q
E	E	R	Y	E	X	P	A	N	D	N	N	H	X	N	D	Y
U	G	O	C	C	U	R	K	R	Z	S	E	R	R	T	O	L
E	X	G	U	K	Z	I	U	Y	Z	P	G	R	W	Q	T	M

② Find out a hidden message in the word search square.
([CLUE] 4-word message)

______ ____ ________ ______________!

위의 예시 또한 우수한 학생들을 대상으로 사용한 학습 자료인데, 이는 자칫 귀중한 수업 시간을 낭비하는 수업 활동이 될 수 있다. 저자도 직접 풀어보았는데, 답은 제대로 찾지도 못하고 시간만 허비한 경험이 있다. 이런 활동의 경우는 많은 학생들의 경우 귀중한 수업 시간만 낭비하게 된다. 왜냐하면 답을 찾았건 못 찾았건 상관없이 답을 찾는 과정에서 언어 입력을 받거나 언어 사용을 한 것이 아니기 때문이다. 그렇다고 초등학교 수준에서 하는 것처럼 단어의 철자를 익히게 하기 위해 교실에서 이런 활동이 필요한 것도 아니지 않은가.

위와 같은 활동은 정보 차(information gap)를 가지고 서로 자신이 가지고 있지 않은 정보를 상대방으로부터 얻기 위해서 상호작용하는 그런 활동과는 전혀 다르다. 정보 차 활동(information gap activity)의 경우에는 비록 찾고자 하는 답은 결국 못 찾았을지라도 그 과정에서 학생들끼리 서로 상호작용을 하면서 언어 사용을 하는 시간이었기 때문에 그것만으로도 충분히 의미가 있는 활동이라고 할 수 있다. 하지만 이 활동은 단어의 철자 암기를 위한 활동이며, 시간적인 여유가 있을 때 교실 밖에서 혼자서 하는 활동으로서는 괜찮겠으나 교실에서 해야 할 활동은 아니라고 생각한다.

위와 같은 학습 자료 및 활동 대신에 우수한 학습자 수준을 고려하여 다음과 같이 수업 시간을 보다 경제적으로 쓸 수 있고 학습자 상호작용도 가능하게 해줌으로써 학습자의 의사소통 능력 향상에도 훨씬 효과적일 것 같은 활동을 소개하면 다음과 같다.

제1단계: 단어와 정의 연결하기 (개별 활동)

* 학생들은 각자 빈 칸에 정의에 맞는 단어를 찾아 적어 넣는다. 이 활동은 아래 제 2단계의 활동을 보다 원활히 하기 위한 기초 활동이다.

Word	Definition
	to organize or make plans for something such as meeting, party, or trip
	good enough in quality for a particular purpose or activity
	a woman whose job is to take care of the children in a family, usually in the children's own home

clerical, necessity, relative, monetary, emerge, portray, adequate, variation, occur, nanny, arrange, concern

제 2단계 : 정보 차 활동(information gap activity)

* 위의 1단계에서 읽은 단어의 정의를 바탕으로 짝에게 각 단어의 뜻을 설명해 주고, 상대 학생은 해당 칸에 단어를 적어 넣는 활동이다. 이 활동을 하면서 학생들은 서로 질문을 주고받으며 상호작용을 함으로써 언어 사용의 기회를 갖게 된다. 말하자면 앞의 1단계 개별 활동은 2단계를 위한 준비 활동이라고 할 수 있다. 스스로 정의를 말할 능력이 없는 학생들의 경우에는 1단계의 정의를 그대로 짝에게 읽어주게 해도 좋다.

A.

⑦ clerical	①	⑧ necessity
②	⑨ relative	③
⑩ monetary	⑪ emerge	④
⑤	⑥	⑫ portray

B.

⑦	① adequate	⑧
③ variation	⑨	③ occur
⑩	⑪	④ nanny
⑤ arrange	⑥ concern	⑫

9. 복습 지도

예시 최상급 복습

T: "What is the longest river in the world?"
S1 in Group A: "Nile."
T: "Good. Nile River. Nile River is the longest."
T: "What is the largest country in the world?"
S2 in Group B: "America."
T: "America?"
S3 in group C: "Russia."
T: "That's right. Russia."
T: "What's the closest country to the U. S.?"
S4: in Group A: "Canada."
T: "Which country has most people in the world?"
S4 in Group D: "China."

위의 보기는, 지난 수업 시간에 배운 최상급을 복습시키는 단계인데도 불구하고 교사가 지나치게 혼자서 말을 많이 함으로써 학생들이 이미 배운 것을 말해보는 기회를 그만큼 빼앗기고 있는 예이다. 더구나 교사는 항상 완전한 문장으로 질문을 던지고 학생들은 항상 한 단어로만 답을 하게 함으로써 문장 연습을 하는 사람은 학생이 아니라 바로 교사가 된다. 따라서 이 경우처럼 이미 배운 내용을 복습시킬 경우에는 첫 한 두 문장만 가지고 이미 배운 것을 전체 학생들에게 상기시킨 후 그 다음에는 학생들끼리 질문하고 답할 수 있도록 기회를 주고 교사는 빠지는 게 좋다. 즉, 아래 보기와 같이 교사는 플래시카드 같은 촉진제(prompt)만 제시하고 학생들 스스로 질문하고 답하는 형식이 되도록 하는 것이 좋다. 그래야만 학생들의 언어 사용 기회를 극대화할 수 있다.

보기

T: long, river T: large, country	S1: What's the longest river in the world? S2: It's Nile. S3: What's the largest country in the world? S4: It's Russia. etc.

10. 숙제 내기

＊ 다음은 중학교 교사들이 실제로 학생들에게 내 숙제들이다. 각 숙제들의 단점을 분석해 보면 다음과 같다.

<Class A>

◎ 학습 목표

1. Students will be able to understand and say the traffic signs and signals.
2. Students will be able to know and express Busan Subway Network and Busan Symbol Mark.
3. Students will be able to tell "Let's", "Let me", "We should"

◎ 숙제

- Write Italic alphabet three times.

<Class B>

◎ 학습 목표

1. Students will be able to read and understand the short passage on sports.
2. Students will be able to answer the reading comprehension questions.
3. Students will be able to understand the expressions of 'every ______'.
4. Students will be able to memorize sentences by doing a 'Wall Dictation'.

◎ 숙제

- Preview the next lesson; Read 2. Learn the names of the cities that will host the next World Cup.

<Class C>

◎ 학습 목표

1. Low level: Being able to talk about simple symptoms of sicknesses
2. Intermediate level: Being able to ask and talk about various symptoms
3. High level: Being able to write about their own health condition

◎ 숙제

- For next reading task, preview the new words by looking up the dictionary. Write the new words, pronunciations, and meanings on your notebook.

<Class D>

◎ 학습 목표

1. Students can listen and understand a funny story.
2. Students can remake and tell the story.

◎ 숙제

- Memorize the words. You'll have a quiz next class.

<Class E>

◎ 학습 목표

1. Students can get knowledge of the kinds of hobbies and use the related expressions fluently.
2. Students can understand the meaning of auxiliary verb "can" and put it to the practical use.

◎ 숙제

• Prepare new words for "Read and Think" part.

<Class F>

◎ 학습 목표

1. Students can understand the dialogue of the different opinions about men and women.
2. Students can express their different opinions about men and women.

◎ 숙제

• Memorize the dialogue that you learned today.

<Class G>

◎ 학습 목표

1. Students can read and understand the main idea of the text.
2. Students can know about Australia.
3. Students can talk about Australia.

◎ 숙제

• Solve the crossword puzzle about Australia.

위의 예들을 보면 학습 목표는 학생들의 의사소통 능력을 기르는 것임에도 불구하고 숙제는 그 목표와 그다지 부합하지 않음을 알 수 있다. 숙제 내용을 보면 전통적인 문법-번역 중심의 수업에서 내는 숙제와 거의 다르지 않다. 교사들은 숙제를 통하여 주로 학생들에게 수업 시간에 배운 내용의 암기와 기계적인 연습을 강조하고 있다. 학생들로 하여금 배운 내용을 의미 있게 사용함으로써 내재화하는 경험은 거의 제공하지 못하고 있음을 알 수 있다. 이런 수업은 의사소통 중심 교수법에서 강조하는 숙제와는 거리가 멀며 학생들의 언어 능력을 기르는 데 크게 도움이 되지 못한다. 구체적으로 그 취약점들을 기술하면 다음과 같다.

1) 요구하는 언어 기술이 극히 제한되어 있다.

숙제는 학생들로 하여금 읽기, 쓰기, 암기, 연습, 등등 다양한 기술을 사용하도록 유도할 수 있다(Cooper, 1994). 또한 한 숙제에 한 개 이상의 기술이 요구되는 경우도 있다. 하지만 우리 교사들의 숙제를 분석해 보면 교과서에 나오는 단어나 문장을 외우거나 적게 하는 게 전부인 경우가 종종 있다. 이는 의사소통 중심 수업에서는 학생들이 글을 적을 기회가 많지 않기 때문에 숙제를 통해서 글을 쓸 수 있는 기회를 준다는 점에서 한편으론 이해가 가기도 하지만, 문제는 그 쓰기 숙제라는 것이 너무도 단순하여 학생들로 하여금 보다 차원 높은 사고(higher-order thinking)를 할 수 있는 능력을 길러주지 못한다는 점이다. 가장 적절한 숙제는 학생들로 하여금 이러한 차원 높은 사고를 할 수 있게 만들어야 한다는 점에서(Kazmierzak, 1994), 이는 분명 취약점이라고 할 수 있다.

2) 숙제의 형태가 제한되어 있다.

대부분의 숙제가 학생들로 하여금 교과서에 있는 단어나 문장들을 외우거나 쓰게 하는 형태로서 그 형태가 매우 한정 되어 있다. 어떤 형태의 숙제를 하느냐가 숙제를 하는 데 얼마나 많은 시간을 사용하였는지 보다 더 중요하다는 점을 고려할 때, 교사는 숙제를 통해서 학생들로 하여금 단어나 문장을 기계적으로 외우게 하는 것이 학생들의 의사소통 능력 개발에 크게 도움이 되지 않는다는 점을 기억할 필요가 있다.

3) 학습 목표와 숙제가 일치하지 않는다.

교사가 낸 숙제가 학습 목표뿐만 아니라 수업 시간에 사용한 교수 방식과도 일치하지 않는 경우가 많았다. 즉, 교실에서의 수업은 의사소통을 강조하면서 숙제는 대부분 기계적인 암기를 강조하는 경우가 많았다. 수업 목표와 숙제 간의 이러한 불일치는 학생들로 하여금 교실에서 배운 것을 좀 더 확장시키고 심화시키며 내재화할 수 있는 기회를 뺏는 것이나 다름없다. 수업 효과를 극대화하기 위해서는 학습 목표와 교수 방식 그리고 숙제 사이에 일관성이 있어야 한다.

4) 학생들의 실생활 경험과 거리가 멀다.

숙제가 학생들의 실생활의 경험과 관련이 적은 경우가 많았다. 학교에서 배운 내용과 실생활 경험 사이의 이러한 관련 부족 현상은 숙제에 대해 교사가 지나친 통제를 하는 것과 무관하지 않다. 즉, 학생들로 하여금 수업 시간에 학습한 것을 나름대로 시험해보도록 자유를 허용 하지 않고, 교사가 하라는 대로 해야 하는 숙제는 모든 학생들에게서 똑같은 숙제 결과물을 바라는 것이며, 이는 결코 의사소통 능력 개발에 큰 도움이 되지 못한다. 숙제와 관련된 교사의 지나친 통제는 학생들에게서 학습한 것과 실생활을 관련짓고자 하는 노력의 기회를 박탈할 뿐만 아니라 학생들도 숙제의 의미를 찾지 못하게 된다. 학생들의 영어 학습 동기를 높여주기 위해서라도 교사는 학생들의 실생활 경험과 관련된 숙제를 개발해야 한다.

한 가지 더 언급할 것은, 영어 숙제는 분명히 학생들로 하여금 영어를 공부하도록 만들어야 한다는 점이다. 예를 들어 한 영어 교사의 숙제처럼 "다음 월드컵 개최지는 어느 도시인지 알아올 것"과 같은 숙제는 영어 숙제가 될 수 없다. 전혀 영어 공부와는 상관이 없기 때문이다.

5) 숙제를 하는 데 적절한 시간을 쓰도록 유도하지 않는다.

숙제가 학생들로 하여금 수업 시간의 부족을 메워주고 교실에서 학습한 내용을 내재화하는 데 도움이 되기 위해서는 숙제의 길이가 적절해야 한다. 너무 길어서 학생들을 지치게 하는 것도 곤란하지만 너무 빨리 끝낼 수 있어서 학습 내용을 내재화하는 데 도움이 안 되는 것도 곤란하다.

6) 숙제를 하는 데 필요한 도움을 제공하지 않고 있다.

교사는 학생들이 숙제를 할 수 있도록 필요한 도움을 제공해야 한다. 숙제를 하는 데 필요한 도움을 제공하지 않을 경우, 쓸 데 없는 데 시간을 낭비하게 만드는 결과를 초래할 수 있다. 특히 능력이 모자라는 학생들은 남의 것을 베끼거나 모방할 가능성이 있다. 따라서 학생들이 숙제를 혼자 힘으로 하기를 바란다면, 그리고 학생들 모두에게 숙제가 도움이 되기를 바란다면, 교사는 개인 학생들이 겪을 어려움을 미리 예측하여 숙제를 낼 때 충분한 도움도 함께 제공해야 한다.

다양한 학생 수준에 맞추어 다양한 수준의 숙제를 만들기는 거의 불가능한 일이다. 하지만 수준이 낮은 학생들을 위한 도움을 그만큼 더 교사가 제공함으로써 학생들이 느끼는 난이도를 낮추어 줄 수는 있다. 이는 너무 어려워서 자신의 힘으로 숙제하기를 포기하는 학생들이 생기는 것을 막을 수 있다.

11. 평가 문항 작성

선다형 문항은 교사들이 가장 선호하는 형태의 평가 문항이지만 실제 교사들이 작성한 문항들을 분석해 보면 적지 않은 문제점이 발견된다. 실제로 최근 저자가 한 연구(S.-A. Kim, 2009)에서 실시한 한 15개 중학교 영어 시험 문항 분석에서 이러한 문제점이 없는 시험이 단 하나도 없었으며, 시험이 교실에서 가르치고자 하는 것을 제대로 반영하지 못한다는 점을 발견하였다. 적지 않은 문항들이 내용(content)이나, 구조(structure), 보기(options)에서 흔히 알려져 있는 문항 작성 규칙을 위반하고 있었다. 비록 어떤 시험 문제도 오류가 전혀 없을 수는 없다(Rudner & Schafer, 2002)는 것이 사실일 수 있지만, 그 연구에서 분석한 15개 시험 문제의 문항 중 오류가 16.55%나 된다는 것은 심각한 문제라고 판단된다. 그렇게 많은 오류를 포함한 시험 문제는 결코 타당한 시험이 될 수 없다. 더구나 어떤 문항은 도무지 문항 작성자가 어떤 의도를 갖고 출제한 것인지 알 수 없을 때도 있었다. 그런 문항은 시험 문항 "처럼 보이지만"(Bailey, 1998) 결코 제대로 만들어진 타당한 문항이라고 볼 수 없다.

좋은 선다형 문항을 만드는 것은 어렵기도 하고 시간이 많이 들며, 어느 정도의 기술을 요구하는 일이기도 하다. 따라서 이 부분에 대해 제대로 훈련조차 받지 못한 교사들을 단순히 강요한다고 해서 가능한 일이 아니다. 더구나 한국과 같이 시험 내용이 교과서에 국한되어 있고, 이전에 출제한 적이 있는 문항은 다시 출제할 수 없는 상황에서는 교사가 새 문항을 만드는 데 있어서 겪어야 할 어려움은 배가 된다. 따라서 교사들이 문항 작성에 필요한 기술을 습득하게 도와주고 현재까지 학생들의 능력을 평가하기 위해서 사용한 타당하지 못한 방법에 변화를 가져오기 위해서는 이 분야에 대한 교사 교육자, 교육 정책 결정자, 교육 행정가들의 보다 많은 관심과 노력이 요구된다.

비록 광범위한 연구는 못되지만 이 연구에서 발견한 평가 문항 작성에서의 여러 가지 문제점들을 통하여 보다 나은 문항 작성에 필요한 정보를 제공할 수 있을 것이라고 판단되어 문제점들을 아래와 같이 요약해 보았다.

1) 내용(content)상의 문제점

(1) 언어적인 지식 또는 상식적인 지식만을 요구하는 문항
(2) 불필요한 정보를 포함한 문항
(3) 충분한 이해 없이도 풀 수 있는 문항
(4) 상식적으로 말이 되지 않는 문장을 포함한 문항
(5) 수험생의 수준에 비해서 너무 어려운 것을 요구하는 문항

2) 구조(structure)상의 문제점

(1) 무엇을 묻는 문제인지 보기를 읽고 나야 비로소 알 수 있는 문항
(2) 문항에 제시된 것을 다 읽지 않아도 답을 고를 수 있는 문항
(3) 발문(stem)과 보기들(options) 사이에 문법적인 불일치가 있는 문항
(4) 필요 없이 같은 표현이 반복되는 문항

3) 보기(options)에 문제가 있는 문항

(1) 전혀 매력적이지 못한 보기를 포함한 문항
(2) 보기끼리 서로 관련이 없는 문항
(3) 보기의 길이가 서로 너무 다른 문항
(4) 외적인 힌트(extraneous clue)가 있는 보기를 포함한 문항

이상에서 기술한 바와 같이 일선 학교에서 제작되어 실시되는 선다형 평가 문제의 질적인 문제점들을 근본적으로 해결하기 위해서 몇 가지 제언을 하자면 다음과 같다.

첫째, 각 학교에서 자체적으로 실시되고 있는 평가지들의 질적인 차이를 줄이고 일정 수준의 질을 확보하기 위해서는 교사들이 보다 나은 평가 문항을 제작할 수 있도록 안내하고 도와주는 국가적인 표준이 정해져야 한다는 점이다.

둘째, 교사들이 보다 나은 문항을 제작하도록 돕기 위해서는 무엇보다 먼저 평가 문항 제작에 관한 실용적인 과정을 포함하는 잘 설계된 교사 연수 프로그램과 교사 양성 프로그램이 마련되어야 한다. 기존의 프로그램들은 이론적인 부분을 다루는 경우가 많고, 따라서 실용적인 부분이 아주 취약하여, 그것들만으로는 교사나 예비 교사들이 그러한 기술을 기르기가 매우 어렵다.

셋째, 교육 정책자나 교육 행정가들은 교사들로 하여금 자신들이 제작하는 평가의 중요성을 인식하고 보다 나은 문항 제작을 하기 위해 보다 많은 시간과 노력을 기울이도록 독려할 필요가 있다. 하지만 이는 그냥 되는 것이 아니고 그에 필요한 지식과 연습과 경험을 요하는 것이며, 따라서 교육 정책자나 교육 행정가들의 도움이 절실히 필요한 부분이다.

마지막으로, 선다형 평가는 그 실용성 때문에 예나 지금이나 교사들이 가장 선호하는 평가 형태이다. 하지만 선다형 평가가 우리들이 기르고 싶어 하는 학생들의 의사소통 능력을 측정하는 데에는 근본적으로 한계가 있다는 사실은 널리 알려져 있다. 따라서 궁극적으로는 이러한 선다형 평가의 비중을 줄이고 그 약점을 보완할 수 있는 다른 형태의 평가 비율을 늘리는 것이 필요하다.

12. 취약점 요약

오늘날 우리나라 영어 교육은 투자한 시간과 노력과 예산에 비해서 수확하는 것이 많지 않은, 아주 낭비가 심한 교육이라고 할 수 있다. 최근 저자가 관찰한 수업들에 대한 결론을 내리자면 교사들이 믿고 실행하는 것과 그것들을 통해 자신이 진행하고 있는 의사소통 중심 수업(사실은 그들의 수업은 의사소통 중심 수업이라고 보기 어렵다)을 통해 실제로 성취하고 있는 것 사이에는 심각한 괴리가 있다는 것이다. 이러한 괴리는 학생들에게 의미 있는 언어 사용의 기회를 보다 많이 줄 수 있기 위해 필요한 교수 기술에 대한 지식과 훈련을 제대로 받지 못한 탓이라고 할 수 있다(S.-A. Kim, 2002; 2003). 실제 수업을 관찰해보면 교사의 적절하지 못한 교수 기술의 사용으로 인해 학습 자료와 활동의 효과가 떨어지는 수업(Belasco, 1983; Green, 1993)이 적지 않은 것을 알 수 있다. 어떻게 하면 학습 자료와 활동의 효과를 높일 수 있는지에 대한 교사의 이해와 실천을 돕기 위해 전문가들이 좀 더 노력해야 할 것이다.

최근 교육 정책과 사회적인 요구에 밀려 교사들이 의사소통 중심의 수업을 하느라 다양한 의사소통 중심 수업 활동을 사용하고 있다. 하지만 교사들이 흔히 하는 불평과 걱정을 고려해 볼 때 과연 그러한 소위 의사소통 중심 수업이 실제 학생들의 의사소통 능력 향상에 얼마나 도움이 되고 있는지는 의문이다.

1) 언어 연습과 언어 사용의 혼동

언어 연습과 언어 사용의 차이에도 불구하고 적지 않은 교사들이 이를 혼동함으로써 학생들에게 의사소통의 기회를 주는 게 아니라, 오히려 뺏고 있는 경우가 많았다. 학습자 중심 수업을 그렇게 강조하고 있으면서도 사실은 대부분이 교사에 의해 통제되는, 여전히 교사 중심 수업이 되고 있었다. 학생들은 스스로 하고 싶은 말을 할 기회를 갖지 못하고 교사가 제시한 표현으로 연습만 하고 있는 형국이었다. 그 결과, 질문에 대한 학생들의 답은 거의 모두 미리 짐작할 수 있는 것이었으며, 담화 형식은 대부분 IRF이었다. 물론 어느 정도의 언어 연습은 필수불가결한 것이지만 그렇다고 대부분의 시간을 언어 연습에만 사용하는 것은 의사소통 중심 수업의 취지와는 거리가 있다. 학생들에게 말을 시키는 것이 반드시 언어 사용을 의미하는 것은 아니다. 중요한 것은 그 말의 성격(nature)이다. 좀 서툴더라도 학생들이 하고 싶어 하는 말을 스스로 만들어 내는 것과 교사가 가르쳐 준 표현을 앵무새처럼 반복하는 것과는 그 성격이 매우 다르다. 의사소통 중심 수업에서 교사는 학생들이 전자를 많이 하도록 도와주어야 한다.

2) 학습 자료/활동의 비효율적인 사용

어떤 학습 자료/활동이 아무리 매력적이라 할지라도, 또한 효과적인 것으로 알려졌다고 할지라도 내가 가르치는 특정 그룹의 학생들에게 최대한의 효과가 있기 위해서는 교사가 사전 활동(pre-activity)과 사후 활동(post-activity)을 적절히 사용할 수 있어야 한다. 사전 활동은 학습자들에게 이해 증진을 위한 준비를 시키는 과정이며, 사후 활동은 학습 활동을 통해 배운 내용을 강화하고 내재화시키는 데 도움을 주기 위한 것이다. 그런데 막상 수업을 관찰해 본 결과, 학생들에게 사전 준비도 시키지 않고 어떤 학습 자료/활동을 바로 사용한다거나 사후 활동을 하지 않고 그냥 다음 내용으로 바로 넘어가버리는 교사들을 종종 볼 수 있었다.

학습 활동이 원래의 취지대로 사용되지 않는 경우도 종종 있었다. 예를 들면, 모둠 활동의 목적은 그 모둠 내의 모든 구성원들이 함께 협력해서 문제 해결을 하도록 하는 것이 그 취지이다. 그럼에도 불구하고 종종 그 모둠 내의 잘하는 학생 한 둘이 주어진 과제를 수행하고 나머지 학생들은 참여조차 못하고 그냥 앉아 있는 경우가 있었다. 그럼에도 불구하고 교사는 잘하는 한 두 학생 덕분에 일찍 완성한 모둠에게 보너스 점수를 주니 가만 앉아 있었던 학생들도 보너스 점수를 받는 셈이 되어버렸다. 모둠 활동의 취지를 전혀 살리지 못하고 진행된 이런 활동은 결코 모둠 활동이라고 볼 수 없다. 모둠 활동이 효과를 얻기 위해서는 모둠의 구성원 모두 제 역할을 할 수 있어야 한다. 이 점에서 교사는 잘하건 못하건 모든 학생들을 모둠 활동에 끌어들일 수 있는 전략이 있어야 한다. 그렇지 않으면 이런 모둠 활동은 몇몇 잘하는 학생들에게는 흥미로운 게임이 될지 몰라도 그렇지 못한 학생들에게는 단지 시간 낭비일 뿐이다.

학습 자료의 효과적인 활용은 언어 기술의 통합 지도를 의미하기도 한다. 원래 자료는 듣고 말하기 활동을 위해 만들어졌어도 교사의 조그만 노력으로 얼마든지 읽고 쓰기까지 연습할 수 있다. 교사들의 학습 자료/활동 사용에 나타난 취약점을 바탕으로 학생들의 학습 과정에 도움이 되기 위해서 학습 자료/활동을 사용하기 전에 교사는 다음과 같은 질문을 스스로 던져보아야 한다. 이러한 질문에 대한 답은 수업의 질을 높이는 데 도움이 될 것이다.

(1) 학습 자료/활동 사용 전

효과적인 학습 자료/활동이라고 알려진 것도 다양한 학습자 또는 교수 요인 때문에 자신의 수업에서는 효과적이지 못할 수 있다. 따라서 학습 자료/활동을 선택해서 사용하기 전에 다음 질문을 던져 보아야 한다.

① 본 학습 자료/활동의 목적은 무엇인가?
② 본 학습 자료/활동을 사용하기 위해서는 어떤 수준의 언어 능력이 필요한가?
③ 본 학습 자료/활동이 본 수업의 목적/목표와 어울리는가?
④ 본 학습 자료/활동이 학생들이 학습 내용을 이해하는 데 도움을 줄 것인가?
⑤ 본 학습 자료/활동은 우리 교실 환경에서 사용할 수 있는 것인가?
⑥ 본 학습 자료/활동은 인지적, 정의적인 면에서 우리 학생들을 참여시킬 수 있는가?
⑦ 본 학습 자료/활동이 수업 시간에 내가 사용하는 다른 학습 자료/활동들과의 응집력이 있는가?

대개 자료집에서 선택한 학습 자료/활동이 모든 집단의 학생들에게 있는 그대로 사용할 수 있는 경우는 드물다. 왜냐하면 학습 자료/활동을 개발할 때 모든 학생들의 성향을 모두 다 고려하는 것이 어렵기 때문이다(Bragger, 1985). 따라서 선택한 특정 학습 자료/활동이 어떤 특정한 집단의 학생들에게 효과가 있는 것이 되기 위해서는 그 학생들의 언어 능력이나, 흥미, 필요와 경험에 맞게 수정하는 것이 필요한 경우가 많다. 다음에 나와 있는 것은 교사가 특정한 학습 자료/

활동을 학습자에 맞게 수정해서 사용하기 전에 스스로 던져보아야 할 질문들이다.

① 개인차가 있는 학생들의 서로 다른 능력에 맞도록 어떻게 본 학습 자료/활동을 수정하여 사용할 것인가?
② 학생들에게 본 학습 자료/활동이 보다 의미가 있게 하기 위해서는 어떻게 수정하여 사용할 것인가?
③ 네 가지 언어 기술을 통합하기 위해서 본 학습 자료/활동을 어떻게 수정하여 사용할 것인가?
④ 학습자들의 보다 많은 참여를 위해서는 본 학습자료/활동을 어떻게 수정하여 사용하는 것이 좋은가?
⑤ 목표 어휘/구조를 자주 반복하기 위해서는 본 학습 자료/활동을 어떻게 수정하여 사용할 것인가?
⑥ 수업 시간을 보다 경제적으로 운용하기 위해서는 본 학습 자료/활동을 어떻게 수정하여 사용할 것인가?
⑦ 본 학습 자료/활동의 효과를 높이기 위해서 사전 활동으로 무엇을 할 것인가?
⑧ 본 학습 자료/활동 후 학생들의 학습 내용에 대한 내재화를 돕기 위해서 사후 활동은 무엇으로 어떻게 할 것인가?

(2) 학습자료/활동 사용 후

학습 자료/활동이 학습자들의 학습 과정에 충분히 효과가 있게 하기 위해서는 그 것을 사용한 뒤 교사가 무엇을 하느냐가 매우 중요한 역할을 한다. 왜냐하면 수업 시간은 모든 학생들이 학습 내용을 모두 다 잘 이해하게 만들기에는 항상 모자라기 마련이며, 또한 학습 내용을 제대로 내재화시키는 데에도 모자라기 마련이다. 따라서 교사는 학습 자료/활동의 사용 후에도 다음과 같은 질문을 스스로 던지며 학습자들의 학습 과정에 도움이 되도록 하여야 한다.

① 오늘 학습한 내용에 어려움을 느끼는 학생들을 돕기 위해서 무엇을 해야 하는가?
② 교실에서 학습한 내용을 가정에서의 학습으로 연장하기 위해서 숙제를 어떻게 낼 것인가?
③ 지겹지 않고 개인 학생들에게 보다 의미 있는 숙제로 만들기 위해서는 숙제를 어떻게 낼 것인가?
④ 학습자들이 오늘 배운 내용을 내재화하는 데 도움이 되게 하기 위해서 언제 어떻게 오늘 가르친 내용을 재생, 반복할 것인가?

이상의 질문들은 교사가 가르치는 내용이 학생들에게 보다 의미 있는 것이 되고 그 결과 보다 효과적인 수업이 되게 하기 위한 것이다. 하지만, 이러한 질문을 던지는 것 자체가 효과적인 학습을 보장하는 것은 아니라는 것을 기억해야 한다. 충분히 효과적인 수업을 할 수 있으려면 시간이 걸리며, 이를 위해서는 늘 생각하고 노력을 기울이는 자세가 필요하다.

3) 개별 학생에 대한 관심 부족

수업 관찰 결과 발견한 또 하나의 문제는 교사들이 진도를 나가기에 급급한 인상만 주며, 개별 학생들의 이해 정도나 어려움을 살피는 데에는 관심이 적었다는 점이다. 그리하여 언제나 교사는 설명을 하고 학생은 듣는 입장인 경우가 많았다. 효과적인 수업이 되려면 중간중간 질문을 개별적으로 던져가면서 학생들이 자신의 설명을 제대로 이해했는지 살펴야 함에도 불구하고 학생들의 이해도 측정을 위한 개별 질문은 거의 없었다. 적지 않은 교사들이 “Do you understand?”라는 질문을 전체 학생들에게 던지고 잘하는 학생 몇 명이 “Yes.”라고 답을 하면 마치 그것이 전체 학생들의 반응인 양 그냥 넘어가는 경우가 많았다. 그 결과 못 하는 학생들은 다시 설명을 들을 기회도 없었다. 못 하는 학생들이 교사의 설명을 이해하지 못했다고 해서 "No."라고 답하는 경우는 거의 없음을 교사는 알아야 한다. 교사의 도움을 더 많이 필요로 하는 학생은 잘 하는 학생들이 아니라 못 하는 학생들인데도 불구하고 교사는 그들의 어려움은 무시한 채 넘어갔다. 잘 하는 학생들보다 못 하는 학생들이 더 많은 것을 감안하면 교사는 결국 일부 학생들을 위한 수업을 하고 있었다고 해도 과언이 아니다. 효과적인 수업이 될 리가 없다.

경험이 많은 교사는 학생들 몇 명에게만 질문을 던져 봐도 전체 학생의 이해 정도를 대충 가늠할 수 있다. 교사들이 기억해야 할 사항은 비록 같은 교실에 있지만 학생들은 언어 능력뿐 아니라 흥미와 경험도 제 각각이다. 개인차를 염두에 두지 않는 수업은 결코 효과적인 수업이 될 수 없다.

개인차와 관련하여 영어로 하는 영어 수업(TETE)에 대해서 언급하고자 한다. 저자는 당국의 교육 정책에도 불구하고 TETE의 효과에 대해서 현재로서는 매우 부정적인 생각을 갖고 있다. 현재 우리의 학교 상황은 학생의 수준에 따라 영어로만 수업하는 것이 불가능한 경우가 많다. 학습 효과를 높이기 위해서라도 당연히 한국어 사용이 허용되어야 한다고 생각한다. 학습에서 중요한 것은 이해다. 이해도 제대로 못한 것을 사용하도록 강요할 수는 없다. 한국어로 해도 제대로 이해를 하지 못하는 학생들에게 영어로만 하는 영어 수업은 스트레스만 더 생기게 할 수 있다.

학생들 간 언어 능력에 있어서의 심한 개인차는 효과적인 학습과 교수에 대단한 걸림돌이 되고 있다. 몇몇 학생들에게는 교실 수업이 너무 쉬울 수 있고 다른 학생들에게는 너무 어려울 수 있다. 이런 경험을 하는 학생들이 수업 시간에 제대로 배운다고 생각할 리 없다. 따라서 교사의 가르침이 서로 수준이 다른 모든 학생들에게 도움이 되기 위해서는 학생들의 서로 다른 수준에 맞출 수밖에 없다. 하지만 학생수가 많고 수업 시간이 한정된 상황에서는 많은 한계가 따른다. 따라서 교실을 떠나 가정에서 각자 할 수 있는 숙제를 활용할 수밖에 없다.

많은 학생들이 현재 상태의 의사소통 중심 수업을 그다지 좋아하지 않는다. 이 학생들은 의사소통을 위해서 사용하는 다양한 학습 활동에 그다지 관심을 가지지 않는다. 이런 무관심에 대해서는 다양한 이유가 있을 수 있겠지만 그 중 가장 흔한 것이 바로 낮은 학습 동기라고 할 수 있다. 이러한 낮은 학습 동기는 언어적으로, 정의적으로 학생들 수준에 맞출 줄 아는 교사의 적절한 교수 기술에 의해 상당 부분 개선될 수 있다고 믿는다. 그러자면 당연히 교사는 학생이 무엇을 어려워하는지, 무었을 필요로 하는지에 대해 잘 알고 있어야 한다.

4) 명시적 설명이 부족

문법 지도를 하는 것이 외국어 습득에 도움이 된다는 견해는 여러 연구에서 거듭 주장되어 왔다(e.g. Ellis, 2002; Fotos & Ellis, 1991; Higgs & Clifford, 1982; Mitchell, 1994; Nunan, 1991; Richard, 2002; Swan, 1985). 예를 들어 Higgs와 Clifford(1982)에 의하면 의사소통 기술보다 문법 지식을 익히게 하는 것이 특히 초보자인 경우에는 잘못된 표현이 고착화 또는 화석화되는(fossilized) 것을 막기 위해서라도 꼭 필요하다고 주장한다. Ellis(2002)도 외국어 습득에 있어서 즉각적인 효과로 나타나지는 않을지라도 장기적으로는 도움이 된다고 주장하면서 문법 지도의 중요성을 인정하고 있다. 의사소통 중심 수업의 큰 틀 안에서도 문법 지도가 필요하다는 것이 일반적인 학자들의 주장이다(e.g. Batstone, 1994; Braidi, 1995; Bygate,, 1994; Celce-Murcia, 1991; Ellis, 1995; Ellis, Basturkman, & Loewen, 2001; Fotos, 1994, Long, 1991; Vanpatten & Cadierno, 1993). 그럼에도 불구하고 최근 우리나라 영어 교실에서는 마치 의사소통 중심 수업에서는 문법을 다룰 필요가 없는 것처럼 수업하는 교사들도 없지 않은 것 같다. 하지만 저자의 한 연구 결과에 의하면 많은 교사들이 목표 언어 능력 개발을 위해서는 문법 지도가 필요하다고 생각한다. 의사소통 중심 수업을 한다는 이유로 문법을 등한시 한 나머지 최근 학생들의 문법 능력이 많이 줄었다고 걱정하는 교사들도 많다. 문법 지도는 의사소통 능력을 제대로 기르기 위해서는 꼭 필요하다는 것을 기억할 필요가 있다.

교사나 학생 양 측 모두 의사소통 능력을 기르기 위해서는 문법을 가르치고 배우는 것도 중요하다는 데 대해서는 잘 인식하고 있다. 하지만 문제는 학생들은 자신들이 그동안 배워온 방식대로의 문법을 위한 문법 공부는 좋아하지 않으며 의사소통 능력 개발에 도움이 되는 문법 공부를 원하지만, 많은 교사들이 의사소통을 문법과 통합하여 가르치는 데 익숙하지 않다는 것이다. 어떤 교사들은 의사소통을 가르친다고 문법 공부를 제대로 못 시키는가 하면, 또 어떤 교사들은 아예 옛날 방식 그대로 문법을 위한 문법 공부를 강요하는 교사들이 있다. 그 결과 양 측 모두 문법 공부와 의사소통 공부를 별개로 취급하고 있는 형편이다. 우리나라와 같이 자연스런 언어 환경이 아닌 교실에서 영어를 배우는 EFL학생들의 입장에서는 문법을 등한시 할 수도 없고, 그렇다고 예전처럼 문법에만 매달리고 의사소통을 등한시 하는 것은 시대적 요구에도 맞지 않으므로 가장 좋은 방법은 이 두 가지를 통합해서 가르치는 것이다. 하지만 문제는 교사들이 이 부분에 대한 훈련을 제대로 받지 못한 관계로 이를 제대로 실행할 수가 없다는 것이다.

5) 문화 지도의 부재

외국어 수업 시간에 아예 문화에 대해서는 가르치지 않는 교사들이 많다. 아마도 자신도 목표 문화에 충분한 경험이 없다 보니 자신감도 없고 또한 교육을 받은 적도 없으니 문화를 어떻게 다루어야 할 지 모르는 것 같다. 문화 지도를 한다는 교사들도 대부분 목표 문화에 대한 사실적인 정보를 제공하는 수준에서 그치고 있으며, 목표 문화권 사람들의 태도, 사고방식, 모국어 문화와의 비교 등, 보다 심층적인 부분에 관해서는 다루지 못하고 있는 것 같다. 언어가 문화와 분리될 수 없다는 점을 고려할 때, 문화를 다루지 않는다는 것은 바꾸어 말하면 제대로 된 언어 지도가 이루어지고 있지 않다는 뜻이다.

문화는 학생들의 흥미를 끌 수 있는 좋은 소재이다. 일반적으로 학생들은 외국 문화에 대해서 궁금해 하며 또한 알고 싶어 한다. 따라서 목표 문화는 학생들의 학습 동기를 높일 수 있는 좋은 수단이다. 교사들이 이를 활용하지 못한다면 대단히 안타까운 일이다. 교사 스스로 직접 경험하지 못했다고 하더라도 자료는 얼마든지 구할 수 있다. 요즈음은 문화에 관한 서적도 많고 TV같은 매체를 통해서 얻을 수 있는 정보도 매우 흔하다. 문화 지도에 관한 교사들의 관심만 있으면 얼마든지 문화 지도는 가능하다.

6) 효과적인 숙제 내기 전략의 부족

교사들이 낸 숙제에서 발견된 취약점들을 구체적으로 열거하면 다음과 같다.

(1) 종류가 매우 제한적인 숙제

숙제의 종류에는 크게 연습형(practice), 확장형(extension), 준비형(preparation), 통합형(integration), 창조형(creation), 등이 있다. 하지만 많

은 교사들이 아예 숙제를 내지 않거나 또는 연습형의 숙제만 내고 있는 실정이다. 연습형의 숙제가 필요 없다는 것이 아니라, 숙제 종류에 따라 목적이 다른 만큼 이렇게 제한된 종류의 숙제만 내는 것은 바람직하지 못하다는 것이다.

(2) 실생활의 경험과 무관한 숙제

숙제가 학교 밖의 실생활과 관련이 없으면 그만큼 학생들에게 의미가 크지 않다는 뜻이기도 하다. 교실에서 배운 내용과 교실 밖의 생활과 밀접한 관련이 있을 때 더욱 의미 있는 학습이 될 수 있음에도 불구하고 실생활과 크게 관련이 없어 보이는 숙제를 내는 데에는 아마도 교사가 숙제 내용에 대해 너무 많이 간섭을 하려다 보니 생기는 현상인 것 같다. 즉, 학생들에게 자신의 흥미와 경험에 입각해서 배운 것을 활용해보도록 함으로써 보다 의미 있는 숙제를 하도록 자유를 주기보다는 학생들이 해야 할 숙제 내용이 교사에 의해서 일률적으로 미리 정해져 버리는 경우가 많다. 이는 사실상 학생 중심의 수업이어야 하는 의사소통 중심 수업의 취지와도 맞지 않다. 이렇게 교사의 간섭이 심한 숙제는 학생들에게 그다지 의미도 없을뿐더러 학생들의 도전 의식이나 자율성을 약화시킬 수 있다. 예를 들면, 학생들에게 교과서 해당 부분 CD를 듣고 적어오게 한다든가, 교과서에 새로 나온 단어나 본문을 몇 번 적어오게 한다든가, 하는 식의 숙제가 바로 그런 것들이다. 사실 EFL교실에서는 학생들이 의미 있는 언어 사용의 기회를 충분히 가질 수 없기 때문에 숙제를 통한 언어 사용의 기회 연장은 사실상 매우 중요함에도 불구하고 그 기회를 제대로 살리지 못한다는 것은 유감스런 일이 아닐 수 없다.

(3) 지나친 통제를 가하면서 도움은 주지 않는 숙제

학생들에게 자유와 자율의 기회를 주는 사람은 다름 아닌 교사이다(Little, 1991). 하지만 자유와 자율은 그것을 감당할 준비가 되었을 때 효과가 있다. 학생들이 마음대로 하도록 내버려 둔다고 해서 효과적으로 숙제를 꼭 한다는 보장은 없다. 왜냐하면 어떤 학생들, 특히 언어 능력이 낮은 학생들에게는 자유가 곧 길을 잃는 원인이 될 수도 있기 때문이다. 실제 언어 능력이 낮은 학생들뿐만 아니라 웬만큼 하는 학생들조차도 숙제를 어떻게 해야 할지 몰라서 스스로 하는 것을 포기하고 다른 데서 베끼는 등의 바람직하지 못한 방향으로 흐르는 경우도 있다. 따라서 교사는 숙제를 낼 때 학생들이 어려움을 느낄 수 있는 부분을 미리 예측하여 그에 대한 도움을 함께 주는 것이 필요하다. 학습자 스스로 하게 하는 것이 교사들의 궁극적인 목표라 할지라도 학생들은 숙제를 하는 데 있어서 필요한 정보나 도움을 교사에게 의존할 수밖에 없다는 점 또한 교사는 기억해야 할 것이다. Boud(1988)의 지적대로, 교사와 학생 간의 상호 의존은 학생들의 자율성을 기르는 데 필수적이다. 게다가 교사의 웹 사이트를 통해 제공되는 숙제에 대한 도움은 그 자체로도 목표 언어 학습의 또 다른 기회가 됨을 잊지 말아야 할 것이다.

교사들이 내는 숙제를 보면 그 질적인 면에서 매우 실망스러운 경우가 많다. 가르치는 것과 숙제가 맞지 않는다. 학습 목표와도 일치하지 않는다. 의사소통 중심 수업에 대한 발표 수업들이었음에도 불구하고 막상 숙제는 교실에서 배운 것을 가정으로 연장하도록 하는 그런 숙제가 아니라, 학생들에게 단어 몇 번 써오기 또는 본문 몇 번 써오기 등의 아주 기계적인 연습을 강요하고 있다. 그러한 숙제는 학생들에게 의미도 없으며, 또한 도전의식을 느끼게 하지도 자율성을 기르지도 못한다. 교실에서 배운 내용을 강화하고 내재화할 수 있도록 돕기는커녕 오히려 학습에 대한 흥미만 잃게 만드는 숙제라고 해도 과언이 아니다. 그런 숙제는 학생들의 학습 과정에 도움이 될 수 없다. 교사들의 숙제를 분석해 볼 때 한마디로 교사들이 숙제가 무엇이며 어떤 것이어야 한다는 것 자체를 알지 못하고 있는 경우가 적지 않은 것 같다.

우리나라 교육의 가장 큰 문제점 중의 하나는 교육 정책이 충분한 의견 수렴의 바탕 위에서 나오지 않는 경우가 많다는 점이다. 현장에서는 구체적인 준비도 되지 않은 상태에서 위에서 내려오는 새로운 정책에 교사들이 나름대로 맞추어나가야 하는 경우가 많다. 따라서 많은 시행착오를 겪는 것은 어쩌면 당연한 일인지 모른다. 많은 투자에 비하여 거두어들이는 효과는 그에 따르지 못하고 있는 안타까운 현실이다. 또 하나의 문제는 전문가 위치에 있는 사람들이 어떤 이유에서이건 전문가로서의 역할을 제대로 하고 있지 못하다는 점이다. 위에서 나열한 교수 기술상의 여러 가지 문제점들은 비록 교사가 지닌 문제이긴 하지만 교사 자신의 노력만으로는 해결하기 어려운 부분이 많다. 아예 몰라서 못하는 부분도 있을 수 있고, 알고는 있지만 훈련 부족으로 실천이 잘 안 되는 부분도 있을 수 있다. 따라서 교수 기술의 개선으로 영어 수업의 질이 개선될 수 있기 위해서는 교사 스스로 알아서 하기를 바랄 게 아니라 이 분야 전문가들의 도움이 절대적으로 필요하다. 제대로 된 전문가들이 제 역할을 좀 더 충실히 할 수 있어야 할 것이며, 또한 그럴 수 있는 토양도 마련되어야 할 것이다.

교실 상황에서 외국어 능력을 기른다는 것은 결코 쉬운 일이 아니다. 주의 깊은 계획과, 교수 방법에 대한 평가, 적절한 학습 자료에 대한 연구, 필요할 경우 학습 자료의 수정, 그리고 무엇보다 학생들에게 끊임없는 간섭 대신 자신을 표현할 수 있는 자유를 주겠다는 교사의 의지가 필요하다(Bragger, 1985). 그럼에도 불구하고 많은 교사들이 이 점에서 그다지 성공적이지 못한 것 같다. 따라서 교사들이 수업을 좀 더 효과적인 것으로 만들기 위해서는 책에서도 얻을 수 있는 이론적 지식보다는 보다 실용적인 지식이 제공될 수 있도록 교사 교육 관련 전문가들의 노력이 필요하다.

13. 수업 개선을 위한 제언

이상의 보기들을 통해 추측할 수 있는 바와 같이 교사들의 교수 기술 부족은 효과적인 수업을 하는 데 큰 걸림돌이 된다. 이를 개선하기 위해 저자는 다음과 같은 제언을 하고자 한다.

1) 우리나라와 같은 상황에서 가장 효과적인 교수법이 무엇인지에 대하여 좀 더 진지하게 생각해 볼 필요가 있다. 우리와는 근본적으로 교육 상황이나 언어 환경이 다른 남의 나라에서 하는 방식을 그대로 따라하는 것은 결코 최선의 결과를 낳을 수 없다. 교사들이 막상 필요하다고 생각하면서도 안 하는 또는 못하는 데는 나름대로의 이유가 있는 것이다. 이러한 이유를 감안하지 않는 교육 정책은 제대로 정착할 수가 없다. 그 동안 소개되어 온 각 교수법들이 나름대로 영어 교육에 기여했으며, 모든 상황에서 항상 효과적인 교수법은 존재하지 않는다는 것을 교육정책 결정자들은 되새길 필요가 있다.

2) 현행 대학 입시로 인해 교실에서 제대로 된 교육을 할 수 없는 것은 사실이지만, 그렇다고 모든 문제를 입시에 미루려는 태도는 바람직하지 못하다. 입시가 현재대로 존재한다고 하더라도 교실 차원에서 개선될 수 있는 문제점들도 많다. 중요한 것은 교사들의 열정

이며, 그 열정이 식지 않고 올바른 방향으로 계속 유지될 수 있도록 여러 가지 제도적인 뒷받침이 필요하다.

3) 효과적인 교실 수업을 위해서는 궁극적으로는 필요한 지식과 기술을 제대로 갖춘 교사를 양성할 수 있는 제대로 된 교사 양성 제도가 필요하다. 하지만 여러 집단의 이해관계가 걸려있는 현행 교원 임용 제도와 교사 양성 기관의 교수진 등, 구조적인 문제로 인해 빠른 시일 내에 이를 실현하기란 대단히 어려워 보인다. 따라서 각 지역의 교육청 차원에서 즉시 실시할 수 있는 사항부터 개선하는 것이 바람직하다.

4) 우선 예비 교사들이 임용고시 합격 후 교단에 서기 전 집중적인 연수를 통해 교수 기술을 터득할 수 있는 필수 과정을 마련하는 것이 필요하다. 이미 알려진 바와 같이 임용고시 합격이 제대로 된 교수 기술 터득을 의미하지는 않는다. 따라서 이런 필수 과정을 통하여 적절치 못한 교수 기술을 본인도 모른 채 교단에서 연습하게 되는 현상을 사전 연수로 최대한 막아야 한다. 이 때 중요한 것은 연수 과정의 내용인데, 이론 중심보다는 교실에 바로 적용될 수 있는 실용적인 것이어야 한다.

5) 기존 교사들에게도 교실에서 실제 활용할 수 있는 구체적 교수 기술에 대한 연수와 수요자 중심의 장학 지도를 제공하는 것이 필요하다. 기존의 장학 지도는 실제 수업의 질 개선으로 연결되지 못한 것이 사실이다. 보이기 위한 수업을 하게 하는 장학 지도, 그래서 교사들이 부담스러워하고 귀찮아하는 장학 지도가 아니라, 교사들이 도움을 필요로 하는 부분에 대한 수요자 중심의 장학 지도가 필

요하다. 이를 위해서는 교사들로 하여금 연수와 장학 지도의 주제를 정하게 하여 집중적으로 지도하는 것도 한 가지 안이 될 수 있다.

6) 연수와 장학 지도에 있어서 가장 중요한 문제의 하나는 바로 연수 담당자 및 장학사들의 전문성 문제이다. 적어도 교사를 상대로 하는 연수에 초빙된 강사라면 평소 영어 교육 분야에서 연구를 하는 사람이어야 하고, 학교 현장의 제반 현상을 잘 아는 사람이라야 할 것이다. 또한 장학 지도의 경우, 잘못된 부분을 보고도 제대로 된 지적을 하지 못하는 장학사라면 수업의 질 향상에 도움이 될 수 없다.

7) 교육의 일관성을 유지하기 위해서는 같은 학교에 근무하는 교사들이 같은 연수를 통해 교수법이나, 교수 기술 등에 대한 지식과 기술을 연마하는 것도 한 가지 방법이라고 생각된다. 그리고 적어도 같은 학교에 근무하는 교사들은 함께 연구하고 협동하는 자세가 필요하다. 같은 학교에서조차 교사에 따라 교수법이 바뀌는 일은 교육의 일관성을 훼손하는 일이며, 따라서 바람직한 결과도 얻기 힘들다. 이는 초, 중, 고 영어 교육의 연계성 문제에 있어서도 마찬가지이다.

8) 효과적인 학습을 위해서는 우선 학생들이 배우고자 하는 것에 시선을 집중할 수 있도록 만들어야 한다. 이를 위해서 교사는 학생들이 자신의 수업에 보다 흥미를 갖도록 노력하는 자세가 필요하다. 교사의 설명 자체를 듣지 않는데 제대로 된 학습 효과를 기대할 수는 없다. 요즘 학생들은 전반적으로 집중력이 떨어지는 편이다. 이런 학생들을 제대로 가르치기 위해서는 그만큼 교사의 노력이 더

필요하다. 재미있는 수업이 항상 효과적인 것은 아니다. 하지만 학생들에게 재미도 있으면서 효과적인 수업을 하는 것은 분명 교사의 역량에 속한다.

9) 학교 현장에는 열심히 노력하는 교사들도 많지만, 그렇지 못한 교사들도 분명히 있다고 본다. 열심히 하는 교사와 그렇지 못한 교사가 같이 취급되는 것은 공평하지 못한 일이다. 자칫하면 열심히 하고자 하는 의욕마저 꺾일 수 있다. 잘하는 교사는 더욱 잘 할 수 있게, 그렇지 못한 교사는 잘하도록 만드는 제도적 뒷받침이 없으면 나태해지기 쉬운 것이 인간의 본성이라고 생각한다.

10) 현대 사회는 끊임없이 새로운 것을 만들어야 경쟁에서 살아남을 수 있는 사회이다. 그 결과 교육 현장에도 새로운 기자재나 프로그램 등이 등장하여 수업에 상당한 영향을 미치기도 한다. 하지만 적어도 교육에 있어서는 새로운 것이라고 해서 늘 효과적인 것은 아니며, 아무리 좋은 것이라도 사람을 대신할 수는 없다. 그 어떤 학습 자료나 학습 기자재도 결국은 그것을 사용하는 교사의 손에 그 효과가 달렸다. 중요한 것은 무엇을 사용하느냐보다는 어떻게 사용하느냐이다.

제5장 효과적인 수업을 위한 교수 기술 및 전략

1. 수업 시작
2. 복습
3. 판서
4. 학습 목표 제시
5. 질문하기 및 오류 취급
6. 목표 언어와 모국어 사용
7. 설명과 연습
8. 학습자 중심의 언어 사용
9. 학습 내용의 내재화
10. 언어 기술의 통합
11. 교수 자료 및 수업 시간의 효율적 사용
12. 문화 지도

제 5 장

효과적인 영어 수업을 위한 교수 기술 및 전략

1. 수업 시작

속담에 "시작이 반"이라는 말이 있다. 어떤 일의 시작을 보면 어느 정도 끝을 예측할 수 있다. 수업의 경우에도 예외가 아니다. 훌륭한 수업을 하는 교사의 수업은 시작부터 다르다. 우선 교실에 들어서는 교사는 자신감에 차 있다. 그리고 수업을 시작할 때 학생들과 하는 인사도, 학생들에게 던지는 질문도 친밀감이 있다. 흔히 발표 수업에서 보는 것처럼 서로 이미 알고 있는 것에 대해 별 의미도 없이 "How's the weather?"라고 묻는 것처럼 형식적인 질문, 영어 수업 때마다 묻는 질문이라서 학생들 입장에서는 답하기조차 귀찮은 그런 질문을 던지는 것이 아니라, 교사가 학생들에 대해서 진정 관심을 가지고 묻는 질문이다. 가령, "Hey, you guys look depressed. What's the matter?" 혹은 "S1, you look tired. Did you sleep well last night?"처럼. 이런 질문이야 말로 묻는 사람과 답하는 사람 사이에 정보 차가 있는 언어 사용 경험이다. 교실이라는 특수 상황에서 사실상 언어 사용 기회가 그렇게 많지 않은 점을 고려할 때 수업 시작 시 학생들과 교사 사이에 주고받는 대화는 그날의 수업과 관계없이 진정한 언어 사용이 될 수 있으며, 이러한 기회를 놓치는 것은 참으로 안타까운 일이다.

훌륭한 교사는 학생들을 즐겁게 하는 무언가가 있으므로 학생들이 오히려 기대를 가지고 수업을 기다린다. 그렇다고 학습이나 교육적인 것과는 관계없는 잡담으로 학생들이 즐거워 한다는 이유만으로 시간을 보내는 일이 있어서는 곤란하다. 학생들은 못 느낄지라도 교사는 언제나 시작부터 치밀한 계획 하에 수업에 임해야 한다. 수업을 시작할 때 학생들의 관심을 끌기 위해서는 교사는 무엇을 해야 할 것인가? 이에 대해서는 교사마다 다른 수단을 사용할 수 있다. 하지만 특별한 수단을 가지고 있지 못하다고 스스로 느끼는 교사들에게 저자는 목표 문화나 시사적인 문제 또는 학생들이나 교사의 경험을 소재로 삼으라고 권하고 싶다. 평소 교사가 수업을 염두에 둔다면 소재는 우리 주위에도 얼마든지 많이 있다. 가령 어제 TV에 나온 뉴스라든가, 학생들 소풍 다녀온 얘기라든가, 지하철에서의 별난 풍경이라든가 등등... 다만 수업을 위해서 그때그때 소재를 메모해서 축적해두는 습관이 필요하다. 또 한 가지 기억해야 할 것은 수업 시작 시 학생들의 관심을 끌어 수업에 집중하게 만들 수 있도록 하기 위해 사용하는 수단은 시간을 많이 소모하는 것이어서는 곤란하다는 점이다. 짧은 시간 내에 교육적으로 학생들 관심을 끌 수 있는 수단을 교사 개인은 가지고 있어야 한다. 학생들의 시선을 집중시키지 못하는 수업이라면 그 자체로서 이미 실패작이다. 흔히 요즘 학생들은 교사의 말에 귀를 기울이지 않는다는 불평을 하는 교사들이 적지 않다. 물론 옛날과는 달라진 학생 성향 탓도 있겠지만, 적어도 일부는 교사에게도 책임이 없는지 되돌아보아야 할 것이다.

2. 복습

일단 학생들의 관심을 끌고 난 뒤 제일 먼저 지난 시간 수업 내용에 대해 복습을 간단하게 시키는 것이 필요하다. 그런데 이때 유의할 것은 이미 그 내용에 대해서는 학생들이 학습을 했기 때문에 교사는 가능한 빠지고 학생들에게 말할 기회를 주어야 한다는 점이다. 종종 수업에서 교사는 항상 질문하고, 학생들은 항상 단어 수준의 답만 하는 경우를 흔히 볼 수 있는데, 이는 학생들에게서 언어 사용의 기회를 뺏는 것이나 다름없다. 복습 시간은 학생들에게 새로운 것을 가르치는 시간이 아니라, 기억을 한 번 더 살려줘서 이미 학습한 내용을 학생들이 내재화하는 데 도움을 주기 위한 것이다.

복습의 형태는 다양하다. 지난 시간에 배운 것에 대해 구두로 간단히 질문하고 답하는 것일 수도 있고, 지난 시간에 사용한 학습 자료를 제시하면서 다시 상기 시킬 수도 있다. 지난 시간에 배운 내용에 대해 학습자 개인 경험을 바탕으로 한 숙제를 냈을 경우에는 각자의 숙제 결과물이 다를 것이므로 이에 대해 소개하는 것일 수도 있다. 물론 이때 시간 관계상 모든 학생들에게 다 기회가 돌아갈 수는 없겠지만 우리 선생님은 항상 수업 시작할 때 몇 사람들을 지명하여 숙제 내용에 대해 발표하게 한다는 인식만 학생들이 갖게 되면 그것만으로도 전체 학생들에게 주는 학습 효과는 크다.

3. 판서

멀티미디어 시대의 화려한 프리젠테이션 기술에 밀려 판서 기술은 그다지 중요하지 않다고 생각하는 사람들이 있을지 모른다. 실제로도 요즘 판서를 거의 하지 않고 스크린을 통해 학습 내용을 제시하는 교사들도 많다. 교사의 입장에서는 시간 절약도 되고 학습 자료를 직접 제작하는 것 보다 질적인 면에서 더 우수한 게 사실인 경우가 많으므로 사용 안 할 이유가 없어 보인다. 하지만 학생들의 입장에서 보면 사정이 꼭 그렇지만은 않다. 요즘 교실마다 수업마다 흔히 사용하는 파워포인트의 예를 들어보자. 우선 보는 데는 눈이 즐겁다. 하지만 문제는 그 때뿐이라는 것이다. 많은 교사들이 프리젠테이션하는 데에만 신경을 쓰고 학생들이 필기를 할 시간을 주지 않는 경우가 많다. 그래서 학생들 입장에서는 나중에 다시 복습을 하려고 해도 필기해 놓은 게 없어서 할 수가 없다. 실제로 저자의 한 연구에서 실시한 설문 조사 결과, 교사의 판서를 파워포인트를 통한 프리젠테이션보다 더 선호하는 학생들이 많았던 것도 이런 맥락에서 이해가 간다.

교사의 판서 기술은 아무리 멀티미디어 시대라고 해도 없어서는 안 될 기술이다. 때로는 교사가 직접 설명을 해가면서 그 과정을 보여주어야 할 때가 있기 때문이다. 그런데 문제는 요즘 이 판서 기술에 대해서 제대로 익히지 못하고 교단에 서는 교사들이 적지 않다는 점이다. 판서한 결과를 보면 도무지 조직화 되어 있지 않고, 글씨가 너무 작아서 교실 뒤편에 앉은 학생들은 잘 보이지 않는 경우도 있으며, 글씨 자체도 알아보기 힘들 정도로 똑바르게 쓰지 못하는 경우도 있다. 학생들로서는 매우 짜증스러운 일이다. 또한 어떤 교사들은 학생들이 필기할 시간을 충분히 주지 않는 경우도 있다. 중요한 학습 내용은 학생들이 필기할 시간을 주어야 한다. 필기를 하면서 학생들은 학습 내용을 한 번 더 되새김질하는 중요한 시간을 갖게 된다. 판서를 할 때 판서를 구조화하는 것이 중요한데 이를 위해 교사는 다음 사항을 염두에 두어야 한다.

1) 판서는 칠판을 세 등분하여 중간 부분을 먼저 사용하고 다음으로 왼쪽, 오른쪽을 차례로 쓰는 것이 좋다. 중간 부분을 먼저 사용하는 이유는 필기 양이 그다지 많지 않을 경우에는 이 부분만 사용하게 되는 경우가 있는데, 중간 부분이 교실의 가장 자리 쪽에 앉은 학생들도 모두 잘 보이는 위치이기 때문이다.

2) 판서는 그 날 배우는 핵심 내용만 구조적으로 하는 것이 필요하다.

판서 내용이 너무 많아서는 곤란하다. 학생들로 하여금 수업 시간에 교사의 판서 내용을 필기하는 데 대부분의 시간을 쓰게 해서는 안 된다. 교실 전면에 크게 자리 잡은 칠판 전체를 다 메우고도 모자라 다시 지우고 또 쓸 만큼 필기 내용이 많은 것은 문제다. 그리고 중요한 부분은 밑줄을 그어서 강조를 하는 것이 좋은데 이 때 밑줄의 색상은 눈에 잘 띄는 것으로 하는 것이 좋다. 이 때 만약 전통적인 형태의 짙은 초록색 칠판이라면 빨간 색이나 파란 색 분필은 눈에 잘 띄지 않아 사용을 삼가 하는 것이 좋으며, 노란색 분필이 가장 효과가 있다.

3) 판서를 할 때 글씨 크기는 맨 뒤 좌석에 앉은 학생들도 부담 없이 읽을 수 있을 정도라야 하며, 곧게, 알아보기 쉽게 써야 한다. 날려 쓰는 바람에 철자를 알아보기 힘들다든가, 비뚤어져서 시각적으로 불편함이 초래되어서는 안 된다. 조직적이고 잘 정돈된 판서는 학생들에게 교사의 전문성을 보여주는 기회이기도 한 만큼 교사는 이 부분에 대한 사전 연습이 충분히 되어야 할 것이다. 요즘 컴퓨터 세대들 중에는 특히 이 부분에 대한 연습이 많이 부족한 교사들을 흔히 볼 수 있다.

4. 학습 목표의 제시

학생들의 이해를 돕기 위해서는 우선 자신이 배울 것이 무엇인지를 알게 할 필요가 있다. 즉, 수업 목표를 이해하는 것이 중요하다. 자신이 오늘 수업에서 무엇을 배울 것인지를 알고 수업에 임하는 경우와 그렇지 않은 경우는 그 결과에 차이가 있을 수밖에 없다. 일반적으로 우리나라 교사들은 수업을 시작할 때 그날 배울 학습 목표를 학생들에게 알려준다. 하지만 저자의 수업 관찰 경험으로 미루어 볼 때 과연 학생들이 수업 목표를 제대로 이해했는지 의심스러울 때가 있었다. 교사의 목표 제시 방법에 따라 학생들의 학습 목표 이해도에 차이가 난다는 뜻이다. 교사가 영어로 수업 목표를 말함으로써 학생들이 이해하는 것 자체가 어려운 경우를 보았다. 또한 칠판에 쓰지 않고 구두로만 말함으로써 제대로 전달이 되지 못하는 경우도 보았다. 더구나 학습 목표를 영어로 말할 경우에는 그 전달력이 훨씬 떨어질 것이라고 생각한다. 교사가 어떤 식으로 학습 목표를 제시하느냐에 따라 학생들의 학습 목표 이해가 많이 달라질 수 있다는 점을 교사는 기억해야 할 것이다. 가장 좋은 방법은 학생들의 모국어로 칠판에 적고 다시 한 번 설명하는 경우라고 생각된다.

5. 질문하기 및 오류 취급

교사는 수업 중 학생들의 이해도를 추정하기 위한 목적으로 종종 질문을 던진다. 제대로 된 질문은 학생들의 이해도 파악뿐만 아니라, 학생들에게서 옳은 답을 끌어내기 위한 목적으로 쓰이기도 하다. 그런데 문제는 이러한 질문이 이 두 가지 목적 중 어느 것도 성취하지 못하는 경우가 있다는 것이다.

저자는 발표 수업 시간에 교사가 학생들의 이해도 파악을 위해서 전체 학생들에게 "Do you understand?"라고 묻는 경우를 매우 많이 보아왔다. 하지만 이러한 질문은 학생들의 이해도 파악을 위해서 별 도움이 안 된다. 왜냐하면 교사가 듣는 답은 대부분 "Yes."뿐이기 때문이다. 즉, 이해를 한 학생들만 "Yes."라고 답 할 뿐, 이해 못한 학생들은 감히 "No."라고 답을 하지 못하고 가만히 있는 것이 보통이기 때문이다. 따라서 이런 질문을 던지기 보다는 몇 몇 학생들에게 개별적으로 학습 내용에 대한 질문을 던져서 답을 제대로 하는지 알아보는 게 이해도를 추정하는 데 훨씬 도움이 되는 일이다.

질문을 잘하면 학생들의 사고에 도움이 되기도 하는데, 교사가 바로 답을 가르쳐 주는 것보다 학생들이 답을 찾을 수 있도록 유도하는 질문이 그런 것이다. 그런데 간혹 교사의 질문이 학생들의 사고에 도움이 되기는커녕 학생을 주눅 들게 만들고 급우들 앞에서 체면을 손상시키는 역할 외에 학습에 기여하지 못하는 경우가 종종 있다. 이는 학습자 오류를 다루는 교수 기술이 부족한 경우에도 같은 결과를 낳는데, 이는 바로 학습자 수준에 맞는 질문으로 학습자의 용기를 북돋워주고 학습에 가담시키고자 하는 교사의 노력 부족 때문인 경우가 많다. 남의 나라 언어를 학습하는 과정에서 오류는 당연한 부산물이다. 당일 학습 내용과 밀접하지 않은 오류는 경우에 따라 무시하고 넘어가는 것도 필요하다. 학습자들의 이해를 제대로 파악할 수 있는 질문, 학습자 수준에 맞는 질문과 함께 오류를 건설적으로 활용할 줄 아는 교사 능력이 필요하다.

6. 목표 언어와 모국어 사용

영어를 가능한 많이 사용하되 한국어도 필요에 따라 현명하게 사용해야 한다. 외국어 교실에서 교사가 목표 언어를 사용함으로써 학생들에게 가능한 많은 언어 입력을 제공해야 한다는 것은 당연한 일이다. 하지만 이것이 학습자의 모국어 사용을 금지해야 할 이유는 아니다. 학습자의 모국어 사용은 학습자의 이해를 돕기 위해서 필요하며, 경우에 따라서는 모국어를 반드시 사용해야만 할 때도 있다. 교사가 알아듣지도 못하는 목표 언어를 구사하면 학생들의 입장에서는 소음에 불과하다. 목표 언어를 사용하는 것만이 능사가 아니라는 점을 교사는 기억해야 한다. 목표 언어와 모국어를 언제 어떻게 사용해야 할 것인지에 대한 현명한 판단이 필요하다.

교사는 교실 영어를 가능한 한 많이 사용하되 학생들이 이해할 수 있는 범위 내에서 사용해야 한다. "영어로 하는 영어 수업"에 집착하여 학생들이 이해하지도 못하는 교사의 일방적인 영어 사용은 피해야 한다. 또한 학생들은 한 번 가르친 것을 자기 것으로 만들지 못하는 경우가 많다. 따라서 목표 구문의 사용은 같은 수업 시간 내에서뿐만 아니라 여러 수업에 걸쳐서 반복적으로 이루어져야 내재화에 도움이 된다. 이를 위해서는 교사의 반복적인 영어 사용이 매우 중요하다고 하겠다. 저자는 공개 수업 시간에 문법 설명을 영어로 하는 것을 보았다. 발표용 수업이라서 영어로 했는지는 모르겠으나(사실 저자는 이를 매우 못마땅하게 생각한다.), 평소에도 만약 그런 식으로 수업을 한다면 큰일이다 싶었다. 어려운 문법 용어를 영어로 말함으로써 학생들이 알아듣기 힘든 데에도 불구하고 혼자서 설명하고 진도를 나가는 것을 보았는데, 교사가 학생들이 겪을 어려움을 모른다는 것도 납득이 되지 않고, 알면서도 그렇게 한다는 것은 더욱 납득이 되지 않는다. 학습은 학생들의 이해를 바탕으로 해야 한다. 교사가 혼자서 아무리 유창한 영어를 해도 학생들의 이해를 수반하지 못한다면 이는 소용이 없다는 것을 기억해야 한다.

7. 설명과 연습

가르침은 학생들의 이해를 바탕으로 해야 한다. 이해를 바탕으로 하지 않은 가르침은 기계적인 암기를 강요하는 것과 다를 바 없다. 학습 내용의 이해를 돕기 위해서 교사는 학생들이 이미 배운 것과 연관시켜서 새로운 것을 제시하는 게 좋다. 또한 때로 질문으로 학생들의 이해를 파악해가며 차근차근 명확하게 설명하는 것이 필요하다. 하지만 상세하게 설명하고자 하는 의도 때문에 설명 자체가 너무 길어지는 것도 곤란하다.

영어를 가르치는 궁극적인 목적은 학생들이 의사소통을 위해 영어를 사용할 수 있게 하는 것이다. 하지만 요즘 의사소통 중심 수업들을 관찰해보면 학생들이 제대로 이해를 하지도 못하고 연습도 안 된 상태에서 언어 사용을 강요하는 경우가 많다. 모르는 것을 제대로 사용할 수는 없는 노릇이다. 교사는 의사소통 활동(communicative activities)을 통해 언어 사용을 강요하기 전에 명시적 설명으로 목표 구문의 문법적인 부분을 우선 이해시킨 뒤, 기계적인 연습(mechanical drill)과 유의미한 연습(meaningful drill)의 기회를 먼저 주어야 한다.

언어 사용을 강조하는 사람들은 기계적인 연습이 무조건 나쁜 것으로만 인식하는 경향이 있는데, 저자의 판단으로 볼 때 이는 전혀 그렇지 않다. 새로운 구문을 포함한 문장이 처음 소개되면 교사는 학생들이 익숙해지도록 따라 읽혀야 한다. 이러한 반복 연습(repetition drill)이 바로 기계적인 연습에 해당한다. 물론 의미를 알지 못하고도 따라 할 수 있다는 점에서 이러한 기계적인 연습의 단점을 언급하는 이들이 있지만, 의미를 알고 하는 기계적인 연습은 의사소통 연습(communicative drill)을 위한 첫 기초 단계로서 특히 어린 학습자들의 경우에는 발음이나 구문에 익숙해지도록 돕는 차원에서 어느 정도 반드시 필요하다.

기계적인 연습의 다음 단계로 또한 유의미한 연습(meaningful drill)도 필요하다. 유의미한 연습이란 앞의 기계적인 연습과는 달리 최소한 학생들이 의미를 이해해야만 진행할 수 있는 연습이라는 뜻에서 붙여진 이름이다. 그런 점에서 기계적인 연습보다는 한 단계 발전한 연습이다. 하지만 이런 연습도 의사소통 연습과는 달리, 정보 차

(information gap)는 없이 이루어진다. 하지만 학생들이 그 다음 단계인 의사소통 연습을 원활히 하도록 돕기 위해서는 반드시 거쳐야 할 연습 단계이기도 하다.

기계적인 연습과 유의미한 연습이 되고 난 후에는 실제 의사소통을 위한 연습이 필요하게 되는데, 교실에서의 의사소통 연습은 바로 상호작용을 통한 언어 사용(language use)을 의미한다. 물론 이때의 언어 사용조차도 엄밀히 말하면 교사의 사전 계획에 의하여 영어를 배우기 위한 언어 사용이므로 교실 밖 실제 상황에서의 언어 사용과 같을 수는 없지만, 그래서 혹자는 이를 유사-의사소통(quasi-communication)이라고 일컫기도 하지만, 그래도 앞의 기계적 연습이나 유의미한 연습과는 다르게 정보 차를 수반한다는 점에서 실제 언어 사용과 크게 다를 바 없다.

교사가 설명하는 내용을 학생들이 열심히 듣게 만드는 것 또한 중요하다. 이를 위해 교사는 그 내용에 대해 수시로 개인 학생들에게 질문을 던짐으로써 학생들의 이해를 체크하고 수업에 대한 긴장감을 유지한다. 이 때 질문은 가급적 난이도를 그 학생의 수준에 맞게 하여 느린 학생의 경우에도 수업에 대한 두려움과 좌절감을 느끼지 않도록 배려한다.

8. 학습자 중심의 언어 사용

교사는 문법과 의사소통을 통합하기 위하여 학생들에게 목표 구문을 사용할 기회를 주어야 한다. 다시 말해서 비록 교실 밖의 실제 상황과는 다르지만 그나마 교실에서의 다양한 활동을 통해 학생들은 배운 문법 구문을 상호작용을 통해 언어를 사용함으로써 의사소통을 할 수 있는 기회를 가져야 한다. 이를 위해서는 대개 정보 차를 수반한 활동(information gap activities)이 동원되어야 하며, 또한 실제 의사소통이 그렇듯이 교실에서도 반드시 어떤 상황(context) 속에서 언어를 사용하는 기회를 갖도록 만들어주어야 한다. 학생들의 언어 사용 시 통제보다는 가능한 한 많은 자유를 주도록 한다.

학생들의 생김새와 성격이 모두 다르듯 흥미와 관심도 서로 다른 경우가 많다. 가능하면 이렇게 다른 흥미와 관심을 수업에 활용하는 게 효과적이다. 따라서 일단 가르친 내용을 이해시키고 난 뒤 실제 사용할 기회를 줄 때는 교사의 지나친 간섭과 통제는 금물이다. 자유를 줄 수 있는 데까지 주는 게 좋다. 얼마만큼 어떤 자유를 줄 지에 대해서는 물론 자신이 가르치고 있는 교수/학습 환경과 학생들의 수준 등을 고려해야 할 것이다. 스스로는 거의 아무 것도 할 수 없는 학생에게 자유만 준다고 될 일은 아니며, 또한 스스로도 잘 할 수 있는 학생들에게 지나친 통제와 간섭을 하는 것도 효과적인 방법이 아니다.

9. 학습 내용의 내재화

가르치고자 하는 목표 구문이 학습자 내에서 내재화 될 수 있도록 돕기 위해서 교사는 목표 구문을 다양한 방법으로 반복적으로 제시할 필요가 있다. 이는 당일 수업 시간 내에서뿐만 아니라 여러 수업 시간에 걸쳐서도 그렇다. 또한 당일 가르친 내용이 아니라고 해서 해당 수업 시간에 사용하지 않을 필요는 없다. 오히려 이전에 배운 구문들을 기회 닿는 대로 다시 제시하기도 하면서 언어가 보다 풍부해지도록 노력해야 한다. 이는 반복 사용을 통해 배운 언어가 내재화되는 데 도움을 주기 때문이기도 하지만 언어가 제한되어 있을수록 자연스러운 언어 구사하는 데 더 어려움을 느끼기 때문이기도 하다. 목표 구문의 반복적인 사용을 위해서 물론 교사는 사전에 심사숙고해야 한다. 예를 들면 예문은 어떤 것을 사용할 것이며, 질문은 어떤 문장으로 할 것이며, 학습 자료를 어떻게 다양하게 이용할 것이며, 이전에 가르친 것과 오늘 가르친 것을 어떻게 연관을 지을 것이며 등등. 이 모든 겉으로는 잘 드러나지 않는 부분들이 사실은 학습자의 학습 과정을 돕는 데 매우 중요한 역할들을 한다.

10. 언어 기술의 통합

언어 기술의 통합 지도는 학습자들로 하여금 배운 내용을 내재화하는 데 도움이 된다. 왜냐하면 같은 어휘나 구문을 서로 다른 형태의 언어 기술로 반복해서 학습하는 효과가 있기 때문이다. 여기서 언어 기술의 통합이라 함은 반드시 언어의 네 가지 기술을 통합하여 가르쳐야 한다는 뜻은 아니다. 경우에 따라 네 가지 기술 중 어느 두 가지 또는 세 가지 기술만 통합할 수도 있다. 가령 듣기와 말하기의 통합이나 읽기와 쓰기의 통합, 또는 읽고 듣고 말하기의 통합이 될 수도 있다.

언어 기술을 통합적으로 가르치는 교실에서는 우선 학생들도 훨씬 덜 지겹다. 왜냐하면 그만큼 더 다양한 학습 활동이 동원된다는 뜻이기 때문이다. 가령 듣고 말하기를 연습하기 위한 학습 자료라고 할지라도 그것을 읽고 쓰는 활동과 연결한다면 학습자들은 목표 구문을 보다 다양한 방법으로 경험하는 것이므로 이를 내재화하는 데에도 도움이 된다. 하지만 이러한 언어 기술의 통합 지도를 위해서는 학습 자료를 다양한 용도로 학생 수준에 맞게 바꾸는(adapt) 기술이 필요할 것이다.

언어 기술의 통합 지도는 한정된 수업 시간 때문에 교실에서 충분히 할 수 없을 수도 있다. 이럴 때는 숙제를 이용해서 교실 수업에서의 부족한 부분을 보충하는 일도 가능할 것이다.

11. 교수 자료 및 수업 시간의 효율적 사용

언어 교실에서는 다른 과목에 비해 교수/학습 자료의 사용이 특히 더 중요하다. 왜냐하면 인위적으로라도 언어 사용을 할 수 있도록 유도해야 하고 이를 위해서는 학습 활동이 필수적이며, 학습 활동은 주로 학습 자료의 사용을 동반하기 때문이다. 교수/학습 자료는 기존의 만들어진 것을 선택해서 쓰거나 수정을 해서 쓸 수도 있고, 교사 스스로 만들어 쓸 수도 있다. 하지만 대부분의 경우 필요할 때마다 교사가 완전히 만들어 쓰기란 여간 어려운 일이 아니다. 아이디어 면에서나 시간적인 면에서나 교사에게 너무 많은 부담이 된다. 따라서 시중에 나와 있는 다양한 참고 자료를 선택하는 것이 좋다. 이러한 자료들은 주로 전문적으로 이 분야에 종사하는 다양한 사람들의 아이디어에서 나온 것들이 많다. 따라서 학습 목표에 맞는 것을 잘 선택(adoption)하여 내가 가르치는 학생들의 필요에 맞추어 변경하는(adaptation) 것이 훨씬 효율적이다.

교수/학습 자료는 가능하면 실제성이 있는 자료(authentic material)로 선택하되, 만약 어려움이 있으면 실제성만 고집할 필요는 없다. 하지만 간과해서는 안 될 점은 어떤 자료를 사용하든지간에 무엇보다 학습자들에게 인지적, 감정적 측면에서 적절해야(appropriate) 한다는 점이다. 또한 종종 교수/학습 자료의 사용은 멀티미디어 시설의 사용을 동반하는 경우가 많다. 하지만 멀티미디어 시설은 학습 자료나 학습 내용에 대한 보다 효과적인 제시를 위하여 적재적소에 가끔 사용하는 것은 좋으나 너무 많이 사용하는 것은 피해야 한다. 교사가 수업을 하는 것이 아니라 기계의 조작자 역할만 하는 식이 되어서는 곤란하기 때문이다.

학습 자료를 선택하는 것도 중요하지만 그것을 경제적, 효율적으로 잘 사용하는 것 또한 매우 중요하다. 이를 위해서는 하나의 자료로 다양하게 사용할 수 있는 기법도 중요하다. 가령 읽기 자료를 가지고 듣고 말하기 연습에 활용할 수도 있고, 또한 쓰기 연습에 활용함으로써 훨씬 경제적, 효율적으로 사용할 수 있다. 적절한 학습 자료의 선택과 그것의 경제적, 효율적 사용은 전적으로 교사의 역량에 달려있다. 같은 학습 자료를 가지고도 학습 효과는 교사의 역량에 따라 매우 다를 수 있음은 이미 잘 알려져 있는 사실이다.

학습 자료의 경제적, 효율적 사용은 또한 학습 시간의 경제적, 효율적 사용과도 연결된다. 수업 시간에 사용되는 각각의 학습 자료를 가지고 어떤 활동을 하며 얼마의 시간을 할애하느냐에 따라 전체 학습 시간의 경제적, 효율적 사용 여부가 정해진다. 학습 자료의 경제적, 효율적 사용 및 학습 시간의 경제적, 효율적 사용을 위해서는 수업 시간에 혼자서도 할 수 있는 학습 활동은 수업 시간을 사용하기 보다는 가정에서의 자율학습으로 연장하는 것이 필요하다.

12. 문화 지도

언어는 문화와 분리될 수 없다. 교과서 내용과 관련된 문화를 소개함으로써 목표 문화뿐만 아니라 학습자 자신의 문화에 대한 이해를 증진시키고 또한 학습에 대한 흥미를 높일 수 있는 이점이 있다.

모든 문화는 그 구성원들이 공통으로 가지고 있는 가치 체계(value system)를 포함하고 있으며, 모든 문화적 행위는 그 문화권 속에서 학습된 행위이며 나이 든 사람들로부터 어린 사람에게로 전달된다 (Hendon, 1980). 따라서 외국어 학습자들은 다른 문화권 사람들이 현실 생활에서 행동하는 다양한 방법들을 배워야만 한다. 하지만 대부분의 외국어 학습자들은 단일 언어권 또는 문화권에서 생활하는 관계로 문화적으로 매우 속박되어 있을 가능성이 크다. 문화적으로 속박된 사람일 경우 그의 세계관은 자신의 문화권 하나에서만 획득한 가치에 의해 결정된다. 그런 속박된 사고방식을 가진 사람은 다른 문화권의 사람들과 성공적인 의사소통을 하기가 어렵다.

학생들에게 문화적인 통찰력을 길러주는 것은 교사의 의무이다. 그리고 문화적 통찰력을 기르는 데 있어서 우리의 목표는 단순히 사실적인 정보만을 제공하는 그런 것이 되어서는 곤란하며, 보다 중요한 것은 나의 것이 아닌 다른 문화권 사람들의 생활 방식을 존중해주고 그들에 대한 긍정적인 태도를 길러주는 것이어야 한다(Finocchiaro & Brumfit, 1983). 문화 지도의 이러한 목적을 고려하여, 교살에서 사용하는 문화 지도를 위한 교실 활동은 나름대로의 목표가 있어야 한다. 즉, 교사가 어떤 학습 활동을 사용할 때 염두에 두어야 할 것은 사실적인 정보만을 제공하는 그런 문화 지도가 아니라 학생들로 하여금 소위 말하는 즉, 문화적 태도, 믿음, 가치관과 같은 보다 심오한 문화(deep culture)에 대해서 생각할 수 있게 해주는 지도가 되어야 한다(Hendon, 1980; Heusinkveld, 1985). 그리하여 문화적인 오해로 인해 의사소통에서 문제가 생기는 일은 없도록 도와줄 수 있어야 한다. 문법적으로는 완벽한 문장이라도 문화적인 면에서 상대방에게 큰 실례를 범해 놓고도 전혀 본인이 뭘 잘 못 했는지 모른다면 이는 아예 말 한마디 못하는 것보다 역효과일 수도 있다.

어떤 문화 지도 방법을 사용할 것이냐의 결정은 그 교수/학습 상황의 여러 가지 요인들을 고려하여 이루어져야 할 것이다. 하지만 교사가 일반적으로 알고 있어야 할 점들을 언급하자면 다음과 같다.

첫째, 일반적으로 문화 지도를 할 때 실제 자료(authentic material)를 많이 사용하는데 이는 그런 자료들이 문화적인 내용이 풍부하기 때문이다(e.g. Bacon, 1987; Garcia, 1991). 하지만 교사들이 기억해야 할 것은, 그러한 자료를 사용한다고 해서 성공적인 언어와 문화 학습이 보장되는 것은 아니라는 점이다(Nostrand, 1989). 목표 문화권에서 사용하는 실제 자료는 그것이 사용되는 실제 상황과 함께 제시되지 않는 한 다른 문화권 출신의 학생들에게 잘못된 인상을 심어줄 수 있다. 따라서 교사는 자료와 함께 상황에 대해서도 함께 언급하여야만 소기의 효과를 거둘 수 있다는 점을 명심하여야 할 것이다.

둘째, 교수 기술은 언제나 교수/학습 상황에 적절해야 효과를 발휘할 수 있다. 다시 말하자면, 현 상황에 맞지 않는 교수 기술은 그것이 다른 상황에서는 아무리 효과가 있었다 하더라도 현 상황에서는 소용이 없는 것이다. 따라서 교사는 자신이 처한 교수/학습 상황에 맞는 교수 기술을 선택할 줄 알아야 할 것이다. Hendon(1980)에 의하면 문화 지도를 위해서 교사들이 선택할 수 있는 교수 기술에는 목표 문화에 대한 단순한 소개(short presentation)를 비롯하여 목표 문화와 모국어 문화의 비교(comparison), 역할 놀이(role playing), 학생들의 프로젝트(student project) 등, 여러 가지가 있다고 한다. 하지만 구체적으로 어떤 교수 기술을 사용할 것인가는 전적으로 수업에 임하는 교사 자신의 판단에 달려 있다.

13. 개인차를 감안한 지도

같은 내용을 같은 방법으로 가르쳐도 학생들은 개인에 따라 이해하는 정도와 속도가 모두 다르다. 수업에 임하는 교사는 항상 이런 개인차를 염두에 두고 수업에 임하여야 한다. 더구나 사교육 시장이 팽배해져 있는 요즈음에는 선행 학습으로 인한 개인차가 수업의 효과에 막대한 영향을 미칠 정도로 심각하다. 그렇다고 선행 수업을 받는 학생들을 말릴 형편도 안 되는 입장이고 보니 대안은 하나밖에 없다. 학생들의 능력 차를 감안한 지도가 필요하다. 즉, 능력이 낮은 학생들은 좀 더 도와주고 능력이 높은 학생들은 자율적으로 할 수 있도록 돕는 데 좀 더 신경을 써야 한다. 이를 위해서는 학습 자료나 활동을 사용하는 데 있어서도 예전보다 더 많은 준비가 따라야 한다. 교실 안에서뿐만 아니라 교실 밖에서도 이러한 도움이 필요하다. 이런 점에서 홈페이지를 비롯하여 교사가 학생들과 소통할 수 있는 통로가 반드시 필요하다.

14. 숙제를 통한 학습자 자율성 향상

숙제를 통하여 교실에서의 학습을 교실 밖으로 연장할 수 있게 한다. 교실 상황에서 언어를 배우는 경우에 겪는 가장 큰 애로 사항은 바로 목표 언어를 접할 수 있는 기회가 부족하다는 점이다. 자연스런 상황에서 언어를 배울 때는 다양한 방법으로 다양한 사람들과 언어 사용의 기회를 갖지만 교실 상황에서는 시간적으로나 환경적으로 이것이 불가능하다. 이를 극복할 수 있는 방법이 바로 교실에서의 부족한 경험을 가정으로 연장할 수 있는 숙제라고 할 수 있다. 숙제는 학습자의 수준과 경험과 어울리는 유의미한 것이어야 하며, 시간적으로나 심리적으로 지나친 부담을 주어서는 안 되며 따라서 숙제의 양이나 회수는 적절해야 한다. 숙제를 하는 데 필요한 도움은 홈페이지 등을 이용하여 반드시 제공하며, 학생들이 진지하게 숙제를 하도록 만들기 위해 숙제는 반드시 어떤 식으로든 평가와 연결시키는 것이 좋다. 그리하여 학생들로 하여금 교사는 성실히 숙제를 한 학생과 그렇지 않은 학생들 간의 구분을 반드시 한다는 인식을 심어주는 것이 중요하다. 숙제를 열심히 해도 그만 안 해도 그만이라는 생각을 학생들이 가진다면 그 것은 교육적인 효과가 없다. 다음은 교사가 숙제를 낼 때 염두에 두어야 할 사항들이다.

첫째, 숙제의 형태가 다양화되어야 한다. 교사들이 흔히들 내고 있는 숙제 형태, 즉 교과서 내용을 몇 번 써 오라든가 외워오라든가 하는 식의 숙제는 의사소통 능력을 기르고자 하는 오늘날의 교수법에서는 결코 바람직한 형태의 숙제가 되지 못한다. 숙제의 종류는 다양하게 있을 수 있다. 따라서 늘 같은 형태의 기계적인 숙제를 냄으로써 학생들로 하여금 지겨움마저 느끼게 한다면 그 숙제는 효과 면에서 크게 떨어질 수밖에 없다.

둘째, 서로 다른 학생들에게서 같은 숙제 결과물을 기대하지 않아야 하며, 또한 교사가 제공한 표현을 강요하지도 않는 것이 좋다. 또래 학생들이라도 항상 흥미와 관심이 같은 것은 아니다. 따라서 개개인 학생들이 자신의 방법으로 목표 언어를 실험해 볼 수 있는 기회를 교사가 주는 것이 필요하다. 숙제에 대한 교사의 지나친 통제는 교실에서 배운 것을 학생들이 실생활과 연결해서 실험해 볼 수 있는 기회를 뺏는 것이나 다름없으며, 그만큼 학생들에게 의미가 없고 따분하며 도전의식을 잃게 만든다. 학생들이 숙제를 고통으로서가 아니라 즐길 수 있게 만들기 위해서는 학생들의 일상 경험과 흥미, 그리고 필요와 밀착된 숙제를 내는 것이 매우 중요하다. 그리고 숙제를 내더라도 내용은 본인의 선택에 따라 학생들이 얼마든지 자유로 선택할 수 있게 해 주는 것이 필요하다.

셋째, 우리의 궁극적인 영어 교육 목표는 학습자의 자율성과 독립성이라고 할 수 있을 것이다. 즉, 교사의 도움 없이도 스스로 학습할 수 있게 만드는 것이다. 하지만 그렇게 되기까지 교사는 학생들을 잘 인도하고 안내해야 할 의무가 있다. 특히 어린 학생들과 언어 능력이 낮은 학생들의 경우에 교사의 도움은 더욱 필요하다. 또한 어느 정도 언어 능력이 있는 학생들의 경우에도 그동안 받아 온 교육이 자율성을 기르는 데 소홀했다면 갑작스런 완전 자유는 오히려 학생들을 혼란에 빠지게 할 수 있다. 교사가 기억해야 할 것은, 비록 자율적이고 독립적인 학습자를 기르는 것이 우리 교육의 궁극적인 목표라고 할지라도 그 과정에서는 교사의 도움이 절대적이라는 것이다. 교사의 존재 이유는 바로 이러한 과정에서의 역할 때문이다. 학생은 교사의 정보와 안내를 필요로 하며, 학습자의 자율성을 기르는 데 있어서 교사와 학생 간의 밀접한 관계는 필수적이라고 할 수 있다(Boud, 1988). 더구나 교사가 웹사이트 등을 통해서 제공하는 정보와 보기들은 학생들의 숙제를 위한 도움이 될 뿐만 아니라 그 자체로서 목표 언어 입력을 보다 풍부하게 하고 학생들로 하여금 목표 언어를 보다 많이 경험하게 하는 또 하나 중요한 원천이 되기도 한다.

넷째, 제출해야 할 숙제뿐만 아니라, 원하는 학생들은 더 많이 공부할 수 있도록 교과서 외의 적절한 읽기 자료 등을 제공하거나 그에 대한 정보를 제공함으로써 학생들이 교과서 외에도 가능하면 목표 언어와 문화를 많이 접할 수 있게 한다. 교과서가 학생들이 접하는 목표 언어의 전부가 되어서는 효과적인 언어습득이 되기는 힘들다. 또한 교실 안에서나 밖에서 모두 사람과의 상호작용을 통한 언어 사용이 극히 제한적인 현재 우리나라 상황에서는 읽기를 통한 언어 입력이 목표 언어 능력 개발을 위해 매우 중요하다.

제 6장 학습 자료의 선택, 제작 및 사용

1. 사전/사후 학습 활동을 위한 자료
2. 언어 입력의 극대화를 위한 자료
3. 효율적인 언어 입력을 위한 자료
4. 학습자 중심의 자료
5. 언어 기술의 통합적 지도를 위한 자료
6. 실제 자료(Authentic Material)

제 6 장

학습 자료의 선택, 제작 및 사용

1. 사전/사후 학습 활동을 위한 자료

예시 책의 위치 묘사하기 (짝 활동-초등학교 수준)

A.

① music
② art
③ science
④ math

		③					
							②
①					④		

B.

⑤ Korean
⑥ English
⑦ history
⑧ social studies

				⑧			
	⑥				⑦		
			⑤				

* 위의 자료의 경우 초등학생 수준에 맞는 자료이긴 하지만 아직 학생들의 목표 언어 능력이 스스로 문장을 만들어서 할 만큼 높지 않기 때문에 학습 활동이 원활히 되게 하기 위해서는 교사가 학생들의 수준에 맞는 사전 활동(pre-activity)을 동원하는 것이 필수적이다. 아래 보기는 초등학생들이 스스로 문장을 만들어 내는 능력이 낮다는 점을 감안하여 구체적으로 다음과 같은 사항을 감안하여 자료의 난이도를 조정하여 사전 활동에 사용한 것이다. 구체적인 교수/학습 단계도 함께 소개하였다.

(1) 초등학생 수준에 맞게 교과목 이름도 학생들이 배우는 과목으로만 한정하였다.
(2) 복잡한 표현 사용을 하지 않아도 되도록 하기 위해서 책장의 책꽂이를 3개로 한정하였다.
(3) 학생들이 책의 위치 묘사할 때 필요한 단어들을 미리 제공하여 도움을 주었다.
(4) 학생 스스로 문장을 만들어서 상대 학생에게 말해주기에는 언어 능력이 아직 너무 낮으므로 교사가 만들어 준 표현을 상대 학생에게 읽어주는 방식으로 바꾸었다.
(5) 개별 활동으로 괄호에 알맞은 단어들을 미리 넣어서 문장을 만들어보고 난 후에 짝 활동을 하게 함으로써 짝 활동이 보다 수월하게 될 수 있게 하였다.

1) 사전 학습 활동(Pre-activity) 자료 및 사용

A.

left, right, bookcase,
top, middle, bottom, shelf
first, second, third

subjects (music, art, science, math, Korean, English, history, social studies)

		③					
							②
①					④		

①. There is a music book.
It is on the left bookcase.
It is on the bottom shelf.
It is the first book from the left.

②. There is an art book.
It is on the ( ) bookcase.
It is on the ( ) shelf.
It is the ( ) book from the right.

③. There is a science book.
It is on the ( ) bookcase.
It is on the ( ) ( ).
It is the second book ( ) ( ) ( ).

④. There is a math book.
It is ( ) ( ) ( ) ( ).
It is ( ) ( ) ( ) ( ).
It is ( ) ( ) ( ) from the left.

B.

left, right, bookcase,
top, middle, bottom,
shelf (shelves)
first, second, third

subjects (music, art, science, math, Korean, English, history, social studies)

				⑧			
	⑥				⑦		
			⑤				

⑤. There is a Korean book.
It is on the left bookcase.
It is on the bottom shelf.
It is the first book from the right.

⑥. There is an English book.
It is on the ( ) bookcase.
It is on the ( ) shelf.
It is the ( ) book from the left.

⑦. There is a history book.
It is on the ( ) bookcase.
It is on the ( ) ( ).
It is the second book ( ) ( ) ( ).

⑧. There is a social studies book.
It is ( ) ( ) ( ) ( ).
It is ( ) ( ) ( ) ( ).
It is ( ) ( ) ( ) from the left.

(1) 교사는 전체 학생들을 대상으로 해당 그림을 가리키며 학생들이 사용해야 할 표현들에 익숙해지도록 준비시킨다.

T: "OK, everybody. We have two bookcases here. The left book case and the right bookcase. Each bookcase has three shelves: top shelf, middle shelf and bottom shelf."
(왼쪽 책꽂이의 ①을 가리키며) "What book is this?"
Ss.: "Music book."
T: "Yes, it is a music book. It's on the left bookcase. It's on the bottom shelf. It's the first one from the left."

(2) 학생들로 하여금 각자 괄호 속에 알맞은 단어들을 써 넣게 한다.
(3) 개별 학생들이 단어 써 넣기를 완성하고 난 후 전체 학생들에게 정답을 제공한다. 이때 정답 제공도 교사가 혼자 하지 않고 가능하면 학생들을 이용한다.

2) 사후 학습 활동(Post-activity) 자료 및 사용

(1) 교사는 학생들이 학습 활동을 제대로 열심히 했는지 반드시 점검해야 한다. 이를 위하여 처음에는 하고 싶은 학생에게 기회를 주고, 다음으로는 잘하지만 소극적인 학생들을 지명해서 시키고, 그 다음으로 차츰 능력 별로 내려가면서 몇 명 시켜본다. 그러면 대충 어느 정도의 학생들이 오늘의 목표 구문을 충분히 이해했는지, 또는 아직 이해 못했는지 등을 파악할 수 있다.

(2) 사후 활동은 다양한 형태로 이루어질 수 있다. 본 활동과 관련된 다른 활동을 시킬 수도 있고, 본 활동을 확장(expansion)할 수도 있다. 가령 교실에 있는 물건에 대해서 묘사하는 것도 가능하고 파워포인트 등을 이용한 그림을 보여주면서 당일 배운 단어나 표현

을 사용해서 묘사하는 것도 가능하다. 이 모든 것이 목표 구문을 학생들이 잘 내재화 할 수 있도록 언어 입력을 가능한 한 많이 제공하고자 하는 교사의 노력에 해당한다. 다음은 사후 활동으로 개별 학습을 시키기 위한 자료이다.

<My bookcase>

		③				⑥	
①		④		⑤			⑦
		②			⑧		

① music
② art
③ science
④ math
⑤ Korean
⑥ English
⑦ history
⑧ social studies

① There is a music book.

____

② There is an art book.

____

③ There is a science book.

____

④ There is a math book.

____

⑤ There is a Korean book.

____

⑥ There is an English book.

____

⑦ There is a history book.

____

⑧ There is a social studies book.

____

(3) 수업 시간이 한정된 관계로 대부분의 경우 교실에서는 충분한 사후 활동을 하지 못하는 것이 사실이다. 그래서 숙제는 이를 보충하기 위한 좋은 수단으로 쓰일 수 있다. 이 경우에는 교실에서 완성하지 못한 것을 집에서 숙제로 해오게 한다. 교실에서 짝 활동으로 사용한 자료에서 충분한 힌트를 얻을 수는 있으나, 보다 도움이 필요한 학생들을 위하여 교실에서 사용한 자료를 답과 함께 교사의 웹사이트에 올려놓는 것이 좋다.

2. 언어 입력의 극대화를 위한 자료

아래의 자료는 짝 활동을 위해서 만들어진 것인데, 본래는 활동에 필요한 격자판(grid)이 학습 자료에 이미 제공되어 있는 것인데, 한 학생이 상대방에게 지시를 하면 그대로 하고 완성한 후, 역할을 바꾸어 하는 활동이다. 이 때 교사는 조금이라도 학생들에게 언어 입력을 극대화하기 위해서 격자판(grid)에 학생들로 하여금 직접 영어 알파벳과 숫자를 써넣게 한다. 그런 과정에서 학생들은 조금이라도 영어를 더 들을 수 있는, 즉, 보다 많은 언어 입력을 받을 수 있는 기회를 가지게 된다. 예를 들면 다음과 같다.

A.

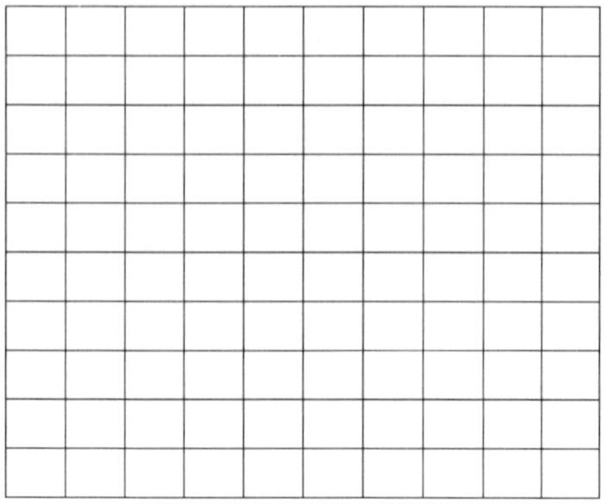

1. Start by putting the number 1 in the C-3 square.
2. Now go right 4 spaces and dow3 spaces. Put a 2 in the square.
3. From there, go left 5 spaces and down 2 spaces. Put a 3 in the square.
4. From there, go right 6 spaces and put a 4 in the square.
5. From there, go up 4 spaces and left 2 spaces. Put a 5 in the square.

Q: WHERE ARE YOU NOW? ______________________

B.

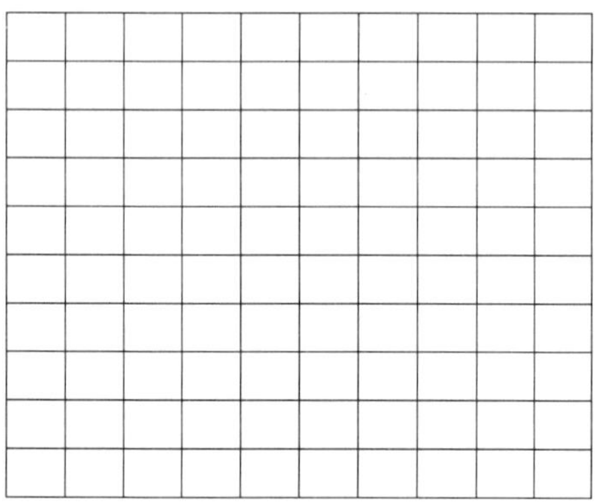

1. Start by putting the number 1 in the B-2 square.
2. Now go right 5 spaces and down 3 spaces. Put a 2 in the square.
3. From there, go left 4 spaces and down 2 spaces. Put a 3 in the square.

4. From there, go right 7 spaces and put a 4 in the square.
5. From there, go up 4 spaces and left 4 spaces. Put a 5 in the square.

Q: WHERE ARE YOU NOW? ______________________

T: "OK, everybody. Here are the materials for a pair work." (T distributes Materials A and B for each pair.)

T: "Did everybody get one? All right. Good."
(Pointing the grid on the board)
"You have a grid. It has ten boxes from left to right and from top to bottom."

T: "Now, you have to write the letters and numbers on the grid. On the left side of the grid write the letters A to J from the top to the bottom. And at the bottom of the grid write the numbers 1 to 10 from the left to the right." (T demonstrates how to do it.)

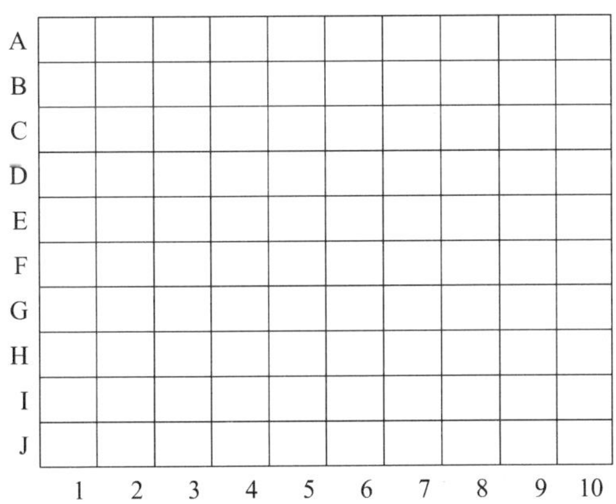

T: "Did everybody finish writing the letters and numbers? Great. Now, start by reading the sentences to your partner. You need to take turns. If you have any questions, please raise your hand, and I'll help you."
(While the students in pairs work on the grid, T circulates in the classroom.)

3. 효율적인 언어 입력을 위한 자료

목표 언어의 입력을 극대화하는 노력과 함께 외국어 수업 시간에 교사가 해야 할 일은 언어 입력을 효율적으로 해야 한다는 것이다. 즉, 가능하면 학생들에게 보다 유용한 표현들을 많이 들려주고 경험하게 해야 한다. 이는 학습 자료의 선택 및 사용에도 적용된다. 어떻게 하면 학생들이 가르치고자 하는 표현들을 보다 잘 기억할 수 있을까에 대해 교사는 늘 고민하고 연구해야 한다.

아래의 보기들은 영어교사 지망생들이 만든 학습 자료들인데, 어떤 부분이 개선되어야 하는지 살펴보자.

예시 Action Series

A. 액션 시리즈 (Cooking Rice)

Cooking Rice

1. Wash the rice.
2. Soak the rice in water.
3. Put the rice into the pot.
4. Put the lid on the pot.
5. Turn on the gas.
6. Boil the rice.
7. Turn the gas down.
8. Wait some minutes.
9. Turn off the gas.
10. Allow boiled rice to settle by rts own heat
11. Lift the lrd.
12. Serve rice in a bowl.

위 A의 경우 우선 성의가 없어 보인다. 학생들의 이해를 돕고 흥미를 끌기 위한 그림도 하나 들어 있질 않고 손으로 써서 학생들이 제대로 알아보기도 힘들다. 학습 자료는 가능하면 직접 쓰기보다는 타이핑을 하는 것이 알아보기 좋다. 그리고 적어도 그림 한 개 정도는 제공되어야 한다. 액션의 상황을 제공하기 위한 것이다.

B. 액션 시리즈 (Making a phone call)

위 B는 앞의 A와 너무도 대조적이다. 교사가 자료 하나를 만들기 위해 지나친 시간을 투자한 예이다. 각 단계별로 복잡한 그림을 일일이 그려 넣었다. 그런데 문제는 그렇다고 학습 효과가 더 높아지는 것은 아니라는 것이다. 오히려 복잡한 그림들이 많이 들어감으로써 목표로 하는 영어 문장이 부각되지 못하는 역효과를 초래하고 있다. 학습 자료는 시간만 많이 들인다고 해서 반드시 효과적이지는 않다는 것을 잘 보여주고 있다.

C. 액션 시리즈 (Brush your teeth)

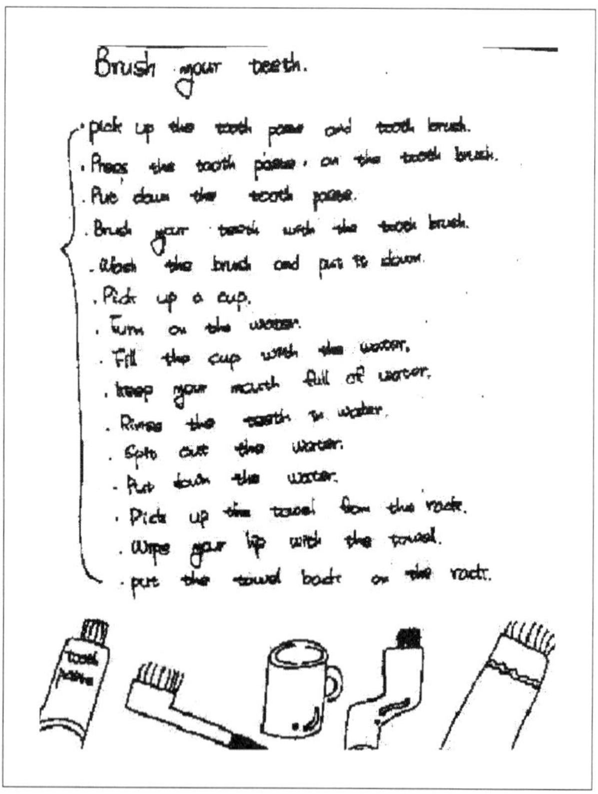

위 C의 경우는 중 2학년을 위해 만들어진 자료인데, 그림은 적당하게 들어갔으나, 다른 면에서 약점이 적지 않다. 우선 A처럼 손으로 글을 써서 학생들이 알아보기 힘들다는 점과, 또한 각 단계 별로 번호를 붙이지 않음으로써 학생들이 단계를 기억하는 것이 더 어렵다는 점, 그리고 무엇보다 문장 수가 15개로 너무 많아서 인지적으로 학생들에게 지나친 부담을 준다는 점이다. 액션 시리즈는 학생들의 수준에서 볼 때 적당한 길이여야 한다. 표현 자체를 익히는 것보다 문장 순서를 익히는 데 더 힘을 쏟아야 하는 액션 시리즈는 효과적이지 못하다. 그것의 사용 목적은 각 문장에 사용된 영어 표현을 익히게 하는 것이며, 액션을 시리즈로 나타내는 것도 결국은 각 문장의 표현을 상황(context) 속에서 제시함으로써 보다 쉽게 기억하게 하기 위한 것이다.

예시 2 그림 차이 (Picture Differences)

의사소통 중심 수업에서 사용하는 활동들의 특징은 정보 차 활동(information gap activity)이다. 학습자들로 하여금 서로 다른 정보를 가지고 상호작용하게 만드는 것이다. 아래 보기들과 같은 그림 차이 설명하기(picture differences)는 그런 의미에서 아주 좋은 의사소통 활동이다. 전체적으로는 비슷하지만 세부적인 면에서 다른 점들을 가진 두 그림을 서로에게 묘사해 주는 과정에서 차이점을 발견해 내기 위해서 상호작용하는 것이 이 활동이다.

하지만 아무 그림이나 되는 것은 아니다. 학습 효과를 얻기 위해서 그 그림들은 학습 목표를 염두에 두고 만들어진 전체적으로는 비슷하지만 세부적으로는 차이가 있는 그림이어야 한다. 즉, 각자의 그림을 묘사하면서 학생들이 사용하는 영어 표현이 학습 목표와 관련이 있어야 한다. 다시 말하면 학생들로 하여금 가르치고자 하는 표현을 사용하도록 만드는 그런 종류의 그림이어야 한다. 이런 점에서 두 그림이 전혀 다른 것을 사용해서는 안 된다. 그렇게 하면 각 학생들이 자기 그림을 묘사하기 위해 사용하는 표현들이 짝의 그것들과는 전혀 달라져버리게 된다. 같은 교실에서 공부하는 것이 서로 다르다는 뜻이 된다.

구체적으로 교사는 이와 같은 활동을 사용하기 전에 다음과 같은 점을 고려하여야 한다.

첫째, 그림을 묘사하는 데 사용되는 표현은 학생의 영어 능력 향상에 도움이 될 수 있어야 한다. 따라서 그림은 가르치고자 하는 단어나 표현들을 포함하는 것이어야 한다.

둘째, 그림은 너무 복잡해서는 곤란하다. 이럴 경우 영어를 사용하는 데보다는 그림을 이해하는 데 시간이 더 걸리게 되기 때문이다.

셋째, 교사는 그림의 차이점 찾아내는 것 그 자체를 너무 강조하지 않는 게 좋다. 학생들의 개인차로 인해 주어진 시간 내에 완성하는 학생들도 있겠지만 그렇지 못한 학생들도 반드시 있다. 중요한 것은 주어진 시간 동안 학생들이 상호작용을 하며 영어를 사용한다는 데 있다.

이상에서 소개한 그림 차이 묘사하기 활동 사용 시 유의해야 할 점들을 고려할 때 아래 중학생을 위해 만들어진 두 자료들은 그다지 적절한 자료가 될 수 없음을 알 수 있다.

예시 1

예시 2

A.

B.

위의 <예시 1>의 경우는 그림 자체는 복잡하지 않으나, 무엇을 가르치고자 하는지 의도가 명확하지 않으며, 중학생들이 그림 차이를 묘사하는 것 또한 쉽지 않다. 한편 <예시 2>의 경우는 그림은 복잡한 것 같은데 학생들이 사용해야 할 표현들은 너무 단순해서 중학생의 언어 능력 향상에 그다지 도움이 되지 못한다. 또한 자료의 의도 역시 뚜렷하지 않다.

이상에서 본 바와 같이 교사로서는 힘들게 만든 자료가 학습자의 언어 발달에 그다지 효과적이지 못한 경우가 있다. 따라서 어떤 학습 자료를 제시하는 것이 보다 효과적일 것인지에 대해 교사들은 항상 연구하는 자세가 필요하다.

4. 학습자 중심의 학습 자료

학습 자료는 학생 중심이어야 한다. 학생 중심이라는 것은 학생의 지적 수준, 능력, 나이, 흥미, 관심사 등에 있어서 학생의 흥미를 끌 수 있고 요구나 필요를 충족시킬 수 있는 자료라야 한다는 뜻이다. 그런데 시중에 나와 있는 자료들을 보면 아이디어는 좋으나 있는 그대로 우리나라 교실에서 사용하기에는 그리 적절하지 못하거나 부족한 경우가 흔히 있다. 특히 그 자료들이 ESL 상황의 학습자들을 염두에 두고 만들어졌을 경우는 더욱 그러하다. 따라서 그런 자료들은 교사가 학생들 수준에 맞게 내용을 보태거나 삭제하거나 수정 또는 재구조화 등을 통하여 학생들에게 맞게 조정(adaptation)할 필요가 있다. 그리하여 원래의 자료가 특성이 다른 집단의 학생들에게 보다 효과적인 자료로 거듭나게 하는 것이 교사의 역할이다.

학생들의 개인차가 심각한 교육 문제가 되어 버린 지금, 수업 시간에도 교사는 가능한 한 학생들의 개인차를 염두에 두고 수업을 진행하거나 과제를 부과하는 것이 필요하다. 가령 질문을 하더라도 우수한 학생에게 하는 질문과 느린 학생에게 하는 질문은 달라야 한다. 우수한 학생에게는 능력을 발휘할 기회를 주는 것이 좋고, 느린 학생들에게는 용기를 북돋워 줄 수 있도록 어려운 질문은 피하는 것이 좋다. 과제나 발표 기회를 주더라도 우수한 학생들에게는 지나친 통제를 하지 않는 게 좋으며, 느린 학생들에게는 교사가 제시한 모델만 잘 보면 따라 할 수 있게 해주어야 한다.

예시 1 My Day

* 자신의 하루 일과에 맞게 빈 칸에 시각을 써 넣으세요. 그리고 각 문장의 왼쪽에 있는 빈 칸에 그 문장들을 시각 순서대로 번호를 매깁니다. 그리고 번호 순서대로 나의 하루 일과에 대하여 영어로 써 봅시다.

□ I get up at (   ) in the morning.

□ I have lunch in school at (   ).

□ I go to bed at (   ).

□ I have breakfast at (   ).

□ I have dinner at (   ).

□ I go to school at (   ).

□ I come back home at (   ).

□ I do my homework at (   ).

<My Day>

____

____

____

위의 자료는 초등학생 수준에서 자신의 하루 일과에 대해서 말하고 쓸 수 있게 하는 자료이다. 아주 간단하게 시각 부분만 괄호를 만들어서 학생들로 하여금 실제 자신의 경험에 대해 얘기하는 문장을 만들 수 있게 하였다. 흔히들 하루 일과에 대한 학습 자료들을 보면 시각까지 이미 명시함으로써 그 자료를 가지고 공부하는 학습자는 이미 자신의 경험과는 무관한 문장을 말하고 써야하는 폐단이 있는데 이를 개선하여 학습자에게 보다 의미 있는(meaningful) 학습이 되고자 고려한 자료이다.

아주 간단한 자료이지만 학습자 각자가 실제 자신의 경험을 얘기하는 문장을 만들 수 있다는 점에서 학습자 중심의 자료라고 할 수 있다. 또한 시각 순서대로 배열한 문장을 차례대로 보고 그대로 베껴 써 내려가기만 하면 학생 각자의 하루 일과에 대해 기술하는 쓰기 경험이 된다. 이와 같이 어릴 때부터 아주 기초적인 영어 쓰기 경험을 하게 함으로써 나중에 커서도 영어 쓰기를 두려워하지 않는 학생으로 기르는 게 중요하다. 어릴 때부터 쓰기 경험을 거의 하지 못한 학생들이 대학에 가서 쓰기 과정을 듣는다고 해서 갑자기 쓰기 능력이 향상될 수 있는 것이 아니라는 점을 기억한다면 이와 같은 경험은 어릴 때부터 시켜주는 게 필요하다.

예시 2 문법 지도(Frequency adverbs)

* 흔히 문법은 어렵고 지겹다고 생각하는 학생들이 많다. 문법 지도는 대개 교사가 제시하는 문장에 대해 설명을 듣는 형식인 경우가 많은데, 조금만 관심을 가지면 문법 학습도 학습자들에게 의미 있고 재미있게 바뀔 수 있다. 예를 들어 빈도 부사(frequency adverbs)를 가르친다고 가정하자. 우선 교사는 한 두 개의 예문을 들어서 빈도 부사의 뜻이나, 문장에서의 위치를 설명한 뒤 아래 보기와 같이 학생

들 개개인에게 맞는 문장을 생성할 수 있도록 기회를 주는 것이 좋다. 빈도 부사가 들어 갈 자리를 비워두고 학생 개인에게 맞게 써 넣게 함으로써 비록 교사가 제시한 문장이지만 학생 자신에 대해 얘기하는 의미 있는 문장으로 바뀔 수가 있는 것이다. 이 때 교사가 기본적으로 제시하는 문장들은 아래 보기에서처럼 학생들의 경험을 바탕으로 누구나 익숙한 내용으로 하는 것이 좋다.

예 빈도 부사

제 1단계: 문법 설명 및 예문 제시

1. 빈도 부사에 밑줄을 그은 예문을 제시하고 뜻을 얘기해준다.
2. 예문을 보면서 빈도 부사의 문장 내 위치에 대해 설명한다.
3. 빈도 부사의 종류와 각각의 뜻을 제시한다.
4. 여러 가지 빈도 부사를 포함한 예문을 몇 개 더 제시하고 학생들로 하여금 해석해 보게 한다.

* 학생들에게 예외의 부담을 주지 않기 위해 이 때 사용하는 예문은 어렵지 않은 것으로 한다.

제 2단계: 빈도 부사 써 넣기

* 각 문장을 읽고 자신에게 해당하는 빈도 부사를 골라 써넣게 한다. 그리고 자신의 문장을 밑의 빈칸에 다시 써보게 한다. 학생들의 개인차를 감안하여 만약 제시한 문장 외에 다른 문장을 쓰고 싶으면 그렇게 하도록 허용한다. 이는 느린 학생에게는 교사의 도움을 주고, 잘하는 학생들에게는 교사가 지나치게 통제하지 않고 나름대로 언어 사용을 하도록 허용하기 위함이다.

always > usually > often > sometimes > rarely > never

1. I ___usually___ get up before 6:00 in the morning.
2. I _____ have breakfast before I come to school.
3. I _____ play computer games during the weekend.
4. I _____ go out to see my friends on Sundays.
5. I _____ go to bed after midnight.

1. I usually get up before 6:00 in the morning.
2. ______________________________________.
3. ______________________________________.
4. ______________________________________.
5. ______________________________________.

제 3단계: 자신의 경험에 대해 얘기하기

1. 교사가 우선 자신의 경험을 바탕으로 빈도 부사가 들어가는 문장을 만들어서 말해준다.

   T: "I usually drive to work, but sometimes I take the subway."

2. 개별 학생들로 하여금 빈도 부사를 이용하여 자신의 경험을 얘기하게 한다. 위의 문장을 그대로 읽어도 좋고, 나름대로 새 문장을 만들어도 물론 좋다. 이 때 우수한 학생들에게는 새로운 문장을 말해보도록 독려하는 것도 좋다.

   T: "Now, can anybody tell us what you do? You can use your own sentence, of course."

예시 3 문제와 해결(Problems & Solutions)

* 이 자료는 아이들의 기본적인 욕구에 대해 문제 제기와 해결책에 대해 얘기하는 기회를 갖게 하는 자료이다. 초등학생 수준의 자료이지만 얼마든지 더 높은 단계의 학습자에게도 응용할 수 있는 자료이다.

제 1단계:

1. Gee, *I am hungry*. Have a sandwich.
2. Gee, ________________. Drink some water.
3. Gee, ________________. Stop eating.
4. Gee, ________________. Take a nap.
5. Gee, ________________. Take some rest.
6. Gee, ________________. Calm down.
7. Gee, ________________. Put on a sweater.
8. Gee, ________________. Open the window.
9. Gee, ________________. Take some aspirin.
10. Gee, *I have a toothache*. Go to the dentist.

full, hungry, sleepy, tired, cold, hot, toothache, thirsty, headache, nervous,

* 만약 학생들의 수준이 더 높으면 아래와 같이 자신의 문제를 스스로 제기하게 하고 그에 대한 해결책을 또래 학생들로부터 구하는 활동도 가능할 것이다.

1. P: *I don't have any money*. S: *Ask your mom.*
2. P: ____________________ S: ____________________.

3. P: ____________________ S: ____________________.

4. P: ____________________ S: ____________________.

5. P: ____________________ S: ____________________.

예시 4 친구에 대해 알아보기(Knowing about your classmates).

* 학생들이 서로에 대해 좀 더 잘 알 수 있게 자료로서 상호작용을 하면서 언어 사용을 하고, 또한 말하고 듣기뿐만 아니라 쓰고 읽기까지 할 수 있는 자료이다.

제 1단계: 친구에 대한 정보 얻기

1. 각 학생들로 하여금 급우 중에서 두 명을 골라 다음 빈칸에 들어갈 정보를 얻게 한다. 이 때 반드시 영어로 질문을 해야 하며, 질문을 받은 학생은 반드시 답을 해주어야 한다는 것을 주지시킨다.

What's your name?	☺ Sung-ho	☺( )	☺( )
What's your nickname?	날쌘돌이		
What's your hobby?	computer games		
Do you have a sister? How many?	1		
Do you have a brother? How many?	0		

제 2단계: 친구에 대해서 쓰기

* 이번에는 친구에 대해서 얻은 위의 정보를 바탕으로 친구 한 사람을 선정하여 보기를 참고하여 그에 대해 글을 써보게 한다. 덧붙이거나 다른 내용에 대해 써도 좋다고 함으로써 교사의 도움이 필요 없는 아동들에게는 지나친 통제를 하지 않는 것이 좋다. 보기는 스스로 문장을 만들 능력이 아직 안 되는 어린 학생들에게는 큰 도움이 된다. 사실은 거의 교사가 만들어준 문장에 제 1단계를 활동을 통해서 자신이 얻은 정보만 끼워 넣으면 되는 정도이다. 거의 그대로 모방하는 수준이지만 이런 연습을 통해서 어릴 때부터 쓰기에 익숙해지도록 도와주는 게 필요하다. 시간이 넉넉지 않은 경우 이 단계는 숙제로 남겨도 좋다. 그리고 그 다음 수업 시간에 각자 해온 숙제를 바탕으로 복습 겸해서 아래의 제 3단계를 해도 무방하다.

예

(xxx) is my friend. His/her nickname is (xxx). His/Her hobby is (xxx). He/She has (x) sister. He/She has (x) brother.	<u>My friend</u> ______________________________ ______________________________ ______________________________ ______________________________

제 3단계: 친구에 대해서 발표하기

* 위의 제2단계 결과물을 바탕으로 개별적으로 발표를 하게 한다. 학생들이 열심히 듣게 하기 위해서 각 발표마다 끝난 뒤 바로 교사가 그 내용에 대해 질문하는 것도 하나의 교수 전략이다.

예시 5 우리 반(My Class)

	Teacher		
S1	S2	S3	S4
S5	me	S7	S8
S9	S10	S11	S12
S13	S14	S15	S16

This is my English class. There are 16 students in the class. Our English teacher is Miss Kim. She is in front of the class. She is a really good teacher. (S2) is sitting in front of me. (S10) is sitting behind me. (S5) is sitting on my left. (S7) is sitting on my right. I like my classmates. They are good students. We all study English very hard.

<Choose a friend and describe where he/she is sitting.>

____

____

____

____

____

예시 6 책 위치 묘사하기 (짝 활동) - 중학교 수준

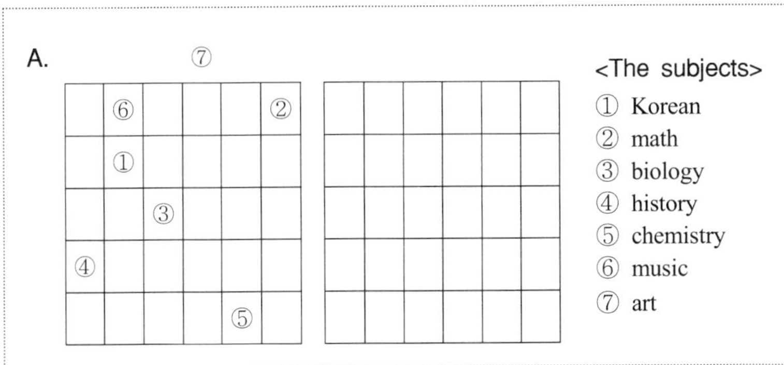

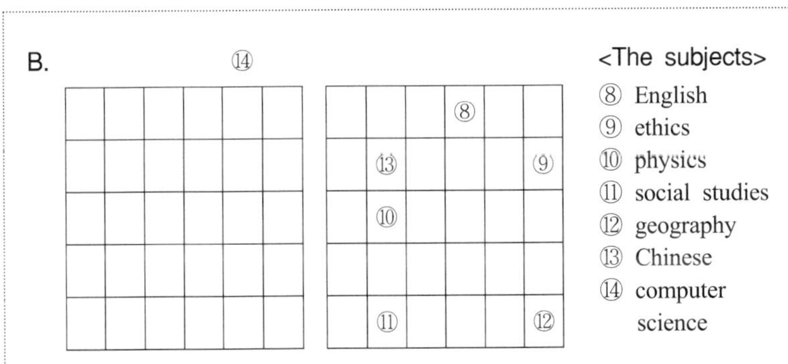

제 1단계: 사전 활동(Pre-activity)

* 짝끼리 해야 하는 본 활동의 준비 단계로서 학생들에게 해당 활동을 이해하고 익숙해지게 하기 위한 단계이다.

1. 먼저, 전체 학생들을 대상으로 교사가 두 그림에 있는 책을 몇 권 선택하여 학생들에게 어떻게 위치를 묘사하는 것인지 직접 시범을 보이고 학생들은 듣는다.

T: "We have two bookcases here. Each bookcase is full of books. Let's see where these books are. Can any one tell us where the Korean book is?"(왼쪽 책꽂이의 ①을 가리킨다)

(No volunteers)

T: "Well, no volunteers. Then, let me tell you where the book is. It is on the left bookcase. It is on the second shelf from the top. It is the second one from the left."

T: "Now, where is the geography book?" (Pause. No answer.)

"It is on the right bookcase. It is on the bottom shelf. It is the first one from the right."

* 이 때 교사가 사용하는 표현들은 곧 이어 있을 학생들의 짝 활동에서 쓸 수 있는 언어 모델이 된다. 만약 교사의 이런 모델 제공 없이 학생들에게 바로 하라고 하면 아마 아주 우수한 학생들 외에는 스스로 이 활동을 할 수 있는 학생들이 그리 많지 않을 것이다. 교사의 모델 제시는 특히 능력별 개인차가 많은 교실에서는 개인차를 줄이는 데에도 적잖게 도움이 된다.

2. 다음으로, 잘하는 학생 1~2 명을 지명해서 해보게 한다. 또는 직접 해보고 싶은 학생이 있는지 손을 들어보라고 해서 기회를 줘도 좋다.
3. 마지막으로, 전체 학생들에게 일제히 또 다른 위치의 책을 묘사해 보게 한다. 이 때 잘 안 되는 부분은 물론 교사가 도와줘야 한다.

제 2단계: 본 활동(Activity)

1. 학생들의 짝 활동이 시작되기 전 교사가 학생들에게 주지시킬 것은 서로 그림을 보여 주어서는 안 되며, 위치를 묘사하는 학생과 상대 학생은 서로 질문을 주고받을 수 있다는 점이다. 가령 위치 묘사가

명확하지 않을 경우 얼마든지 질문을 할 수 있으며, 이에 대한 답을 할 수 있다는 점을 주지시킴으로써 상호작용을 극대화 한다.

* 중요한 것은 각자 짝 활동이 끝나고 난 뒤 교사가 반드시 다른 학생들 앞에서 점검(public check)을 한다는 것을 학생들에게 주지시키는 일이다. 그러지 않고는 학습 활동이 자칫 교사의 눈을 피해가며 노는 시간쯤으로 생각하는 학생들이 생길 수 있다. 이는 해당 학생 자신에게도 좋지 않을 뿐 아니라 전체 수업 분위기마저 흐릴 수 있으므로 가볍게 생각해서는 곤란하다.

2. 학생들은 짝 활동을 통해서 각 책의 위치를 상대 학생에게 묘사해주고 상대 학생은 해당 위치에 그 책의 번호를 적어 넣는다. 한 학생이 묘사를 완성하고 나면 상대 학생과 역할을 바꾸어서 계속한다.
3. 학생들이 짝 활동을 하는 동안 교사는 앞에 가만히 있지 말고 교실 내를 돌아다니며 학생들이 학습 활동을 열심히 하고 있는지, 어려움을 느끼는 학생은 없는지 체크해야 한다. 이 시간은 어려움을 느끼는 학생들이 개별적으로 지도받을 수 있는 시간이기도 하다.
4. 해당 활동을 위해 예정된 시간이 지나면 완성하지 못한 학생들이 있어도 활동을 중단시킨다. 그리고 학생들에게 완성을 못해도 상관이 없다고 말 해준 뒤, 완성하지 못한 것은 집에서 스스로 해보라고 권한다. 이를 위해 교사의 웹 사이트에 오늘 학습한 내용을 올려놓겠다고 얘기하여 완성하지 못한 학생들의 심리적 안정을 도모한다.

제 3단계: 사후 활동(Post-activity)

교사는 방금 끝낸 본 활동을 학생들이 제대로 열심히 했는지 반드시 점검해야 한다. 이를 위해 처음에는 하고 싶은 학생에게 기회를 주고, 다음으로는 잘하지만 소극적인 학생들을 지명해서 시키고, 그 다음으로 차츰 능력 별로 내려가면서 몇 명 시켜본다. 경험 있는 교사라면 이렇게 해서 대충 어느 정도의 학생들이 오늘의 목표 구문을 이해했는지, 또는 아직 이해 못했는지 등을 파악할 수 있다.

사후 활동은 다양한 형태로 이루어질 수 있다. 본 활동과 관련된 다른 활동을 시킬 수도 있고, 본 활동을 확장(expansion)할 수도 있다. 가령 교실에 있는 물건이나 교사나 학생들의 집에 있는 물건에 대해서 묘사하게 하거나, 파워포인트 등을 이용한 그림을 보여주면서 묘사하게 하는 것도 가능하다. 사후 활동은 목표 구문을 학생들을 보다 잘 내재화할 수 있도록 언어 경험을 가능한 한 많이 시키고자 하는 교사의 노력에 해당한다.

1. 수업 시간이 한정된 관계로 대부분의 경우 교실에서는 충분한 사후 활동을 하지 못하는 것이 사실이다. 그래서 숙제는 이를 보충하기 위한 좋은 수단으로 쓰일 수 있다. 이 경우에는 교실에서의 본 활동을 연장하여 학생들 집에 있는 책꽂이나 또는 자신이 직접 책꽂이 그림을 그려 몇 개의 책을 묘사하게 하는 것도 숙제로 낼 수 있다.

* 혼자 힘으로 숙제를 할 수 없는 학생들을 위해서, 그리고 수업 시간에 활동을 제대로 완성하지 못한 학생들에게 한 약속을 지키기 위해서라도 아래와 같이 교사의 웹사이트에는 오늘 배운 내용이 올려지는 게 좋다. 이는 조금은 느리지만 혼자서라도 열심히 하고자 하는 학생들에게는 많은 도움이 되기 때문이며, 이런 학생들을 돕는 것이 교사의 중요한 역할이기 때문이다. 또한 아래 제시된 지문을 읽게 하는 것은 모든 학생들에게 교실에서 주로 음성 언어로만 했던 학습 활동을 이번에는 문자 언어로 하는 기회가 되어 음성 언어와 문자 언어 기술의 통합 지도를 하는 효과도 있으며, 이는 물론 학습 내용의 내재화에도 도움이 된다.

<교사의 웹사이트에 올릴 내용>

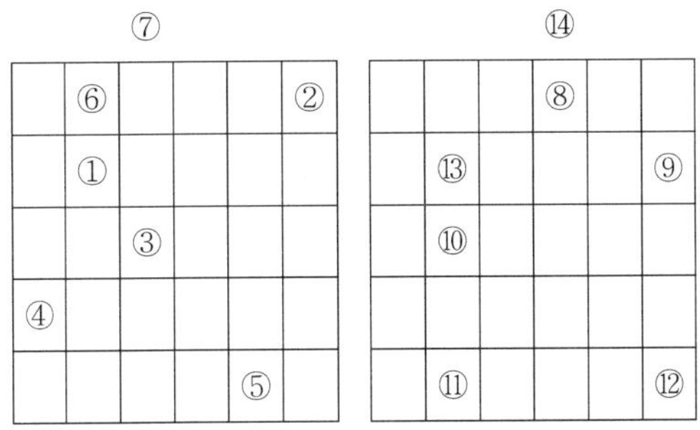

There are two bookcases in Min-ho's room. They are standing side by side. There are many books on each bookcase. On the left book case there are many books: Korean, math, biology, history, chemistry, music, and art, etc. Korean(①) is the second one from the left on the second shelf from the top. Math(②) is the first one from the right on the top shelf. Biology(③) is the third one from the left on the middle bookshelf. History(④) is the first one from the left on the second shelf from the bottom. Chemistry(⑤) is the second book from the right on the bottom shelf. Music(⑥) is on the top shelf. It is the second one from the left. Art(⑦) is on the top of the bookcase.

5. 언어 기술의 통합적 지도를 위한 자료

예시 1

yellow	red	blue	green	brown
pencil	pen	ruler	erase	notebook

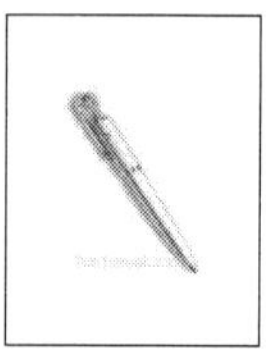 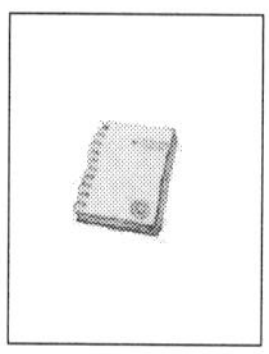  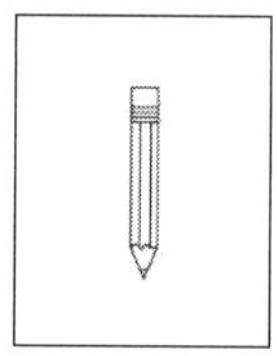 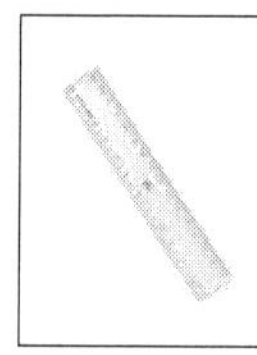

1. I have a yellow ___________.

2. I have _____ ____________.

3. I __________ ____________.

4. __________________ ________.

5. __________________ ________.

What do you have in your bag?

book, notebook, ruler, pen, pencil, eraser, pencil case, etc. red, pink, yellow, purple, green, black, white, orange, blue, brown, grey, etc.

1. ____.

2. ____.

3. ____.

4. ____.

5. ____.

예시 2

<Text>

I usually get up at 6:30 in the morning. But this morning I slept until 7: 20. I overslept.

<Q & A> Practice

1. A: When do you usually get up in the morning?
   B: I usually get up at 6:30.
2. A: When did you get up this morning?
   B: I got up at 7:20.

<Answer>

Q: When do you usually get up in the morning?

A: ______________________________.

Q: When did you get up this morning?

A: ______________________________.

<Text>

When I wake up in the morning, I first go to the bathroom and wash. Then I get dressed and eat breakfast at 7:00. After breakfast I start for school at 7:40.

<Q & A> Practice

Q: When you wake up in the morning, what do you do first?
T: (Show a picture as a cue) A: I go to the bathroom.
T: (Show a picture as a cue) A: Usually, I go out for exercise.
T: (Show a picture as a cue) A: I go to the kitchen and drink some water.
Q: Then what do you do?
T: (Show a picture as a cue) A: I get dressed.
T: (Show a picture as a cue) A: I have breakfast.
T: (Show a picture as a cue) A: I study English.

<Answer>

Q: When you wake up in the morning, what do you do first?

A: ____.

Q: Then what do you do?

A: ____.

<Fill in the blanks.>

I usually get up at _______ in the morning. When I wake up in the morning, I first _________. Then ________.

<True/False>

1. This morning I got up before 8:00. (T F)
2. I overslept this morning. (T F)
3. I usually eat breakfast before 7:30. (T F)
4. I usually get dressed before breakfast. (T F)
5. I go out for exercise in the morning. (T F)
6. I usually start for school before 7: 40. (T F)
7. I usually wash before breakfast. (T F)

<Ask your friends>

Friend's Name / Questions	☺1____	☺2 ___	☺3___
Did you oversleep this morning?			
When did you get up this morning?			
When did you have breakfast?			
When did you start for school?			
When did you arrive at school?			
Were you late for school?			

<Now, write about your friend>

___☺1___ (overslept/did not oversleep) this morning. He got up at __. He had breakfast at _____(He skipped his breakfast.) Then he started at_____. He _______school at____. He (was/was not) late for school.

<Write down the above again>

____

____

____

____

<Now fill in the schedule sheet and write about yourself>

What you do	Time
get up & wash	
have breakfast	
start for school	
arrive at school	
have lunch	
come back home	
watch T.V./play computer games	
do my homework	
go to bed	
Other	

* at, around, after, before

* Based on the schedule above, write about yourself. You can add more than what has been presented.

____

____

____

____

6. 실제 자료(Authentic Material)

실제 자료(authentic material)는 외국어를 배우는 학습자들의 학습 목적으로 만들어진 것이 아니기 때문에 그 내용 면에서 학생들에게 어렵고 생소할 가능성이 많다. 하지만 실제 생활 속에서 직접 사용하는 것들이기 때문에 그만큼 외국인 학습자들에게는 흥미로울 수 있고 또한 목표 문화를 접할 수 있는 기회이기도 하다는 점에서 학습 자료로서의 장점도 있다. 어차피 학생들이 영어를 공부하는 궁극적인 목적이 차후에 이러한 실제 자료를 접하고 이해하기 위한 것이라면 미리부터 크게 부담스럽지 않은 수준에서 실제 자료를 접하는 것도 필요한 일일 것이다.

예시 3 Making a Phone Call

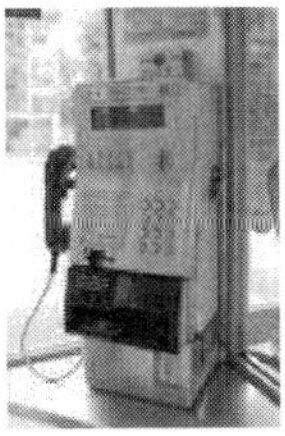

From any touch-tone phone:

1. Dial number: 1-800-236-4035
   (Listen for instructions)
2. Enter Card Number: [727-734-4567]
3. Dial 1 + Area Code and Phone Number you wish to call
   (U.S., Canada, Puerto Rico, Jamaica, U.S.V.I.) or 011 + Country Code + City Code + Phone Number (International)
4. You will be notified one minute before your time expires and your call is automatically disconnected.

To place another call, Do Not Hang Up.
Press # Key twice and wait for instructions.
For assistance, call Customer Servie at: 1-800-938-4949

* 위의 자료는 실제 전화 카드 내용을 그대로 타이핑해서 옮겨 놓은 것이다. 이 자료는 고등학교 수준에서 교과서 단원과 관련해서 덤으로 소개하면 좋은 자료이다. 이 자료로 가르칠 수 있는 내용에는 다음과 같은 것들이 포함된다.

1. country code, area code
2. card number[727-734-4567]는 처음 전화카드를 사면 가려져 있어서 가려진 부분을 긁어내어야 나타난다. 이를 또한 PIN Number(Personal Identification Number)라고도 부른다.
3. station-to-station call, person-to-person call의 차이

* 전자는 상대 쪽에서 전화를 받으면 무조건 통화료가 올라가지만 후자의 경우에는 통화를 원하는 사람을 지명하여 만약 그 사람이 전화를 받지 못하면 통화료가 부과가 되지 않는 대신 통화료가 비싼 편이다.

4. Canada, Puerto Rico, Jamaica, U.S.V.I.와 미국의 관계

* Canada, Puerto Rico, Jamaica, U.S.V.I.와 같은 나라들은 미국에서 전화할 때, 미국 국내에서 다른 주에 전화하는 것과 같이 취급된다. 따라서 country code는 필요가 없다.

5. 한국에서 외국으로, 또는 외국에서 한국으로 전화를 할 경우 어떻게 번호를 돌려야 하는지, 또한 공중전화로 전화교환원을 이용할 경우는 어떻게 해야 하는지 참고로 얘기해준다.
6. 큰 나라의 경우에는 지역 간의 시차가 있기 때문에 잘못하면 상대쪽 입장에서 볼 때 너무 늦은 시간에 또는 너무 이른 시간에 전화해서 자신도 모르게 실례를 하는 경우가 있으니 이 점을 유의해야 한다는 것도 참고로 얘기해준다.

예시 2 Taking a medicine

Take two tablets with water, followed by one tablet every eight hours, as required.
For maximum nighttime and early morning relief, take two tablets at bedtime. Do not exceed six tablets in twenty-four hours.
For children six to twelve years old, give half of the adult dosage.
For children under six years old, consult your physician.
Reduce dosage if nervousness, restlessness, or sleeplessness occurs.

웰빙 시대에 우리나라에서도 요즈음은 외국 약품이 흔하다. 따라서 위와 같은 자료도 소개하면 도움이 될 수 있을 것 같다. 이 자료는 고등학교 수준에서 교과서에서 건강에 관한 단원이 있다면 소개하기에 적절한 자료이다. 내용을 보면 앞의 전화 카드와는 달리 문화 간의 차이 때문에 우리와는 다르다든지 이해하기 어려운 부분은 없다. 단어나 표현 모두 고등학생들의 수준에서 그다지 어려운 것도 없다. 학생들의 이해를 파악하기 위해서 다음 질문들을 할 수 있을 것이다.

Q1: What is this medicine for?
Q2: How do you take the medicine?
Q3: What is the maximum amount for an adult to take at a time?
Q4: Can children take the medicine?
Q5: What kinds of side effects can it bring?

참 고 문 헌

Abrate, J. E. (1993). French cuisine in the classroom: Using culture to enhance language proficiency. *Foreign Language Annals*, 26(1), 31-37.

Adams, M. J. (1980). Failure to comprehend and levels of processing in reading. In R. J. Spiro, B. C. Bruce, & W. F. Brewer (Eds.), *Theoretical issues in reading comprehension* (pp. 11-32). Hillsdale, New Jersey: Lawrence Erlbaum Associates.

Alptekin, C. (1993). Target-language culture in EFL materials. *ELT Journal, 47*(2), 136-143.

Anderson, N. J. (1999). *Exploring second language reading: Issues and strategies*. New York: Heinle & Heinle Publishers.

Auerbach, E. R. (1993). Reexamining English only in the ESL classroom. *TESOL Quarterly*, 27(1), 9-32.

Bailey, K. M. (1998). *Learning about language assessment: Dilemmas, decisions, and directions*. New York, NY: Heinle & Heinle Publishers.

Batstone, R. (1994). Product and process: Grammar in the second language classroom. In M. Bygate, A. Tonkyn, & E. Williams (Eds.), *Grammar and the language teacher* (pp. 224-236). Englewood Cliffs, NY: Prentice Hall Inc.

Battle-Bailey, L. (2003). *Training teachers to design interactive homework*. Department of Education, Washington DC. Office of Intergovermental and Interagency Affairs.

Belasco, S. (1983). Time, proficiency, and the best method: An editorial. *The Modern Language Journal*, 67(3), 213-215.

Belmechri, E., & Hummel, K. (1998). Orientation and motivation in the acquisition of English as a second language among high school students in Quebec City. *Language Learning, 48*, 219-244.

Benson, P. (1996). Concepts of autonomy in language learning. In R. Pemberton, E. S. L. Li, W. W. F. Or, & H. D. Pierson (Eds.), *Taking control* (pp. 13-26). Hong Kong: Hong Kong University Press.

Bentahila, A., & Davies, E. (1989). Culture and language use: A problem for foreign language teaching. *IRAL, 27*(2), 99-112.

Birckbichler, D. W. (1987). Classroom materials for second-language proficiency. *Theory into Practice, 26*(4), 294-300.

Boud, D. (1988). Moving toward autonomy. In D. Boud (Ed.), *Developing student autonomy in learning* (2nd Ed.) (pp. 17-39). New York, NY: Nichols Publishing Company.

Bragger, J. D. (1985). The development of oral proficiency. In A. C. Omaggio (Ed.), *Proficiency, curriculum, articulation: The ties that bind* (pp. 41-75). Middlebury, VT: The Northeast Conference on the Teaching of Foreign Languages, Inc.

Braidi, S. M. (1995). Reconsidering the role of interaction and input in second language acquisition. *Language Leaning, 45*(1), 141-175.

Brown, H. D. (1994). *Teaching By Principles (3rd Ed.)*. Englewood Cliffs, NJ: Prentice Hall Inc.

Brown, J. D., & Hudson, T. (1998). The alternatives in language assessment. *TESOL Quarterly, 32*(4), 653- 675.

Brown, G., & Yule, G. (1983). *Teaching the spoken language*. Cambridge: Cambridge University Press.

Burton, S. J., Sudweeks, R. R., Merrill, P. F., & Wood, B. (1991). *How to prepare better multiple-choice test items: Guidelines for university faculty*. Provo: UT. Brigham Young University Testing Services.

Bygate, M. (1994). Adjusting the focus: Teacher roles in task-based learning of grammar. In M. Bygate, A. Tonkyn, & E. Williams (Eds.), *Grammar and the language teacher* (pp. 237-259). Englewood Cliffs, NJ: Prentice Hall Inc.

Cadd, M. (1994). An attempt to reduce ethnocentrism in the foreign language classroom. *Foreign Language Annals, 27*(2), 143-160.

Canale, M., & Swain, M. (1980). Theoretical basis of communicative approaches to second language teaching and testing. *Applied Linguistics, 1*, 1-47.

Celce-Murcia, M. (1991). Grammar pedagogy in second and foreign language teaching. *TESOL Quarterly, 25*(3), 459-480.

Celce-Murcia, M., Dörnyei, Z., & Thurrell, S. (1997). Direct approaches in L2 instruction: A turning point in communicative language teaching? *TESOL Quarterly, 31*(1), 141-152.

Chen, M., & Ehrenberg, T. (1993). Test scores, homework aspirations and teachers' grades. *Studies in Educational Evaluation, 19*, 403-419.

Chen, J. F., Warden, C. A., & Chang, H.-T. (2005). Motivators that do not motivate: The case of Chinese EFL learners and the influence of culture on motivation. *TESOL Quarterly, 39*(4), 609-633.

Cook, V. (2001). Using the first language in the classroom. *The Canadian Modern Language Review, 57*(3), 402-423.

Cooper, H. (1989). *Homework*. New York, NY: Longman Publishing.

Cooper, H. (1994). *The battle over homework*. Thousand Oaks, CA: Corwin Press, Inc.

Crawford, J. (2002). The role of materials in the language classroom: Finding the balance. In J. C. Richards & W. A. Renandya (Eds.), *Methodology in language teaching* (pp. 80-91). Cambridge: Cambridge University Press.

Crawford-Lange, L. M., & Lange, D. L. (1984). Integrating language and culture: How to do it. *Theory into Practice, 26*(4), 258-266.

Crookes, G., & Schmidt, R. W. (1991). Motivation: Reopening the research agenda. *Language Learning, 41*(4), 469-512.

Cummins, J. (1980). The cross-lingual dimensions of language proficiency: Implications for bi-lingual education and the optimal age issue. *TESOL Quarterly, 14*(2), 175-188.

D'Agruma, G., & Hardy, J. T. (1997). Foreign languages and cross-cultural knowledge: A survey of their importance as perceived by human resources departments of Ohio's international businesses. *Foreign Language Annals, 30*(1), 38-48.

Darling-Hammond, L., & Baratz-Snowden, J. (Eds.) (2005). *A good teacher in every classroom*. San Francisco, CA: Jossey-Bass.

Day, R. R. (1990). Teacher observation in second language teacher education. In J. C. Richards & D. Nunan (Eds.), *Second language teacher education* (pp. 43-61). New York: Cambridge University Press.

Day, R. R. (2004). A critical look at authentic materials. *The Journal of Asia TEFL, 1*(1), 101-114.

DeKeyser, R. (2000). The robustness of critical period effects in second language acquisition. *Studies in Second Language Acquisition, 22*,

499-533.

Doughty, C. (1991). Second language instruction does make a difference. *Studies in Second Language Acquisition, 13*, 431-469.

Doughty, C., & Verela, E. (1998). Communicative focus on fom. In C. Doughty & J. Williams (Eds.), Focus on form in classroom *SLA* (pp. 114-138). New York: Cambridge University Press.

Dubin, F., & Olshtain, E. (1986). *Course design*. Cambridge: Cambridge University Press.

Dubin, F. & Olshtain, E. (1987). *Reading on purpose*. Marlton, NJ.: Addition-Wesley.

Elley, W. B., & Mangubhai, F. (1983). The impact of reading on second language learning. *Reading Research Quarterly, 19*(1), 53-67.

Ellis, G. (1996). How culturally appropriate the communicative approach? *ELT Journal,* 50(3), 213-218.

Ellis, R. (1995). Interpretation tasks for grammar teaching. *TESOL Quarterly, 29*(1), 87-105.

Ellis, R. (1997). The empirical evaluation of language teaching materials. *ELT Journal, 51*(1), 36-42.

Ellis, R. (2002). Does form-focused instruction affect the acquisition of implicit knowledge? *Studies in Second Language Acquisition, 24*, 223-236.

Ellis, R., Basturkmen, H., & Loewen, S. (2001). Preemptive focus on form in the ESL classroom. *TESOL Quarterly, 35*(3), 407-432.

Evans, E. E. (1988). "Advanced" ESL reading: Language competence revisited. *System, 16*(3), 337-346.

Evans, G. A., & González, O. (1993). Reading "inside" the lines: An adventure in developing cultural understanding. *Foreign Language Annals, 26*(1), 39-48.

Finocchiaro, M., & Brumfit, C. (1983). *The Functional-Notional approach*. New York: Oxford University Press.

Fischer, R. A. (1981). Measuring linguistic competence in a foreign language. *IRAL, 19*(3), 207-217.

Flewelling, J. L. (1994). The teaching of culture: Guidelines from the national core French study of Canada. *Foreign Language Annals*, 27(2),

133-141.

Fotos, S. (1994). Integrating grammar instruction and communicative language use through grammar consciousness-raising tasks. *TESOL Quarterly, 28*(2), 323-351.

Fotos, S. (1998). Shifting the focus from forms to form in the EFL classroom. *ELT Journal, 52*(4), 301-307.

Fotos, S., & Ellis, R. (1991). Communicating about grammar: A task-based approach. *TESOL Quarterly, 25*(4), 605-628.

Foyle, H. & Bailey, G. (1988). Homework experiments in social studies: Implications for teaching. *Social Education, 53*(4), 292-294.

Frary, R. B. (2002). More multiple-choice item writing: do's and don'ts. In L. M. Rudner & W. D. Schafer (Eds.), *What teachers need to know about assessment* (pp. 75-80). National Education Association of the United States.

Freeman, D. (1989). Teacher training, development, and decision making: A model of teaching and related strategies for language teacher education. *TESOL Quarterly, 23*(1), 27-45.

Freeman, D. (1990). Intervening in practice teaching. In J. C. Richards & D. Nunan (Eds.), *Second language teacher education* (pp. 103-118). New York: Cambridge University Press.

Garcia, C. (1991). Using authentic reading texts to discover underlying sociocultural information. *Foreign Language Annals, 24*(6), 515-526.

Gardner, D. (1987). Communication games: Do we know what we're talking about? *ELT Journal, 41*(1), 19-24.

Gardner, R. C., & Lambert, W. E. (1972). *Attitudes and motivation in second language learning*. Rowley, MA: Newbury.

Gardner, R. C., & MacIntyre, P. D. (1991). An instrumental motivation in language study. *Studies in Second Language Acquisition, 13*, 57-72.

Gass, S. M., & Varonis, E. M. (1994). Input, interaction, and second language production. *SSLA, 16*, 283-392.

Genesee, F., & Upshur, J. A. (1996). *Classroom-based evaluation in second language education.* Cambridge: Cambridge University Press.

Green, J. M. (1993). Student attitudes toward communicative and non-communicative activities: Do enjoyment and effectiveness go together? *The Modern Language Journal, 77*(1), 1-10.

Hadley, A. O. (1993). Proficiency-oriented language learning: Origins, perspectives, and prospects. In June K. Phillips, *Reflecting on proficiency from a classroom perspective* (pp. 1-30). Lincolnwood, ILL: National Textbook Company.

Halverson, R. J. (1985). Culture and vocabulary acquisition: A proposal. *Foreign Language Annals, 18*(4), 327-331.

Harmer, J. (2001). *The practice of English language teaching*(3rd ed.). Harlow: Longman.

Harper, J., & Lively, M. (1987). Conversation classes: Activities and materials that encourage participation. *Foreign Language Annals, 20*(4), 337-344.

Hayes, D. (1995). In-service teacher development: Some basic principles. *ELT Journal, 49*(3), 252-261.

Heaton, J. B. (1990). *Classroom testing.* New York, NY: Longman Publishing.

Hendon, U. S. (1980). Introducing culture in the high school foreign language class. *Foreign Language Annals*, *13*(3), 191-199.

Herron, C. A., & Hanley, J. (1992). Using video to introduce children to a foreign culture. *Foreign Language Annals, 25*(5), 419-427.

Heusinkveld, P. R. (1985). The foreign language classroom: A forum for understanding cultural stereotypes. *Foreign Language Annals*, *18*(4), 321-325.

Higgs, T., & Clifford, R. (1982). The push toward communication. In T. Higgs (Ed.), Curriculum, competence and the foreign language teacher (pp. 57-79). Skokie, IL: National Textbook.

Horwitz, E. K. (1985). Getting them all into the act: Using audience participation to increase the effectiveness of role-play activities. *Foreign Language Annals, 18*(3), 205-208.

Hughes, A. (1989). *Testing for language teachers.* Cambridge: Cambridge University Press.

Hutchinson, J., & Waters, A. (1987). *English for specific purposes.* Cambridge: Cambridge University Press.

Hwang, J.-B. (2000). Focus on form and the use of CD-ROM in the L2 learning of English grammar, *Foreign Languages Education, 7*(2), 277-295.

Hwang, J.-B. (2001). Focus on form and the L2 learning of English unaccusative verbs. *English Teaching, 56*(3), 111-133.

Hwang, J.-B. (2004). How to apply focus-on-form techniques to Korean EFL classrooms. *Foreign Languages Education, 11*(3), 85-101.

Jensen, E. D., & Vinther, T. (1983). The authentic versus easy conflict in foreign language material - A report on experiences with production and exploitation of video in FLT. *System, 11*(2), 129-141.

Jeon, B.-M., Park, J.-E., Ahn, B.-K, Oh, J., Yu, J.-M., Lee, S., & Kim, S.-H. (2005). A study on improving English teachers' competence in student assessment. *English Teaching, 60*(2), 3-27.

Jourdain, S. (1998). Building connections to culture: A student-centered approach. *Foreign Language Annals, 31*(3), 439-449.

Joyce, B., & Showers, B. (1980). Improving inservice training: the messages of research. *Educational Leadership, 37*, 379-385.

Kang, D.-H. (2004). The differential effects of focus-on-form instructions on EFL learners' grammar learning. *English Language Teaching, 16*(1), 29-53.

Karma, N. N., & Hajjaj, A. H. (1989). Use of the mother tongue in the ESL classroom. *IRAL, 27*(3), 223-235.

Kashima, E. S., & Kashima, Y. (1998). Culture and language: The case of cultural dimensions and personal pronoun use. *Journal of Cross-Cultural Psychology, 29*(3), 461-486.

Kazmierzak, K. S. (1994). *Current wisdom on homework and the effectiveness of a homework checking system.* Unpublished manuscript, Indiana University at South Bend.

Kehoe, J. (2002). Writing multiple-choice test items. In L. M. Rudner & W. D. Schafer (Eds.), *What teachers need to know about assessment* (pp. 69-74). National Education Association of the United States.

Keith, T. Z. (1982). Time spent on homework and high school grades: A large-sample path analysis. *Journal of Educational Psychology, 74*(2), 248-253.

Kim, B. (2002). The role of focus on form in the EFL classroom setting:

Looking into recast and CR tasks. *English Teaching, 57*(4), 267-296.

Kim, M.-Y. (2002). The proposal of form-meaning combined CLT in the secondary EFL classroom. *Journal of Applied Linguistics Association of Korea, 18*(1), 57-82.

Kim, S.-A. (2002). A critical reflection on the 'Teaching English Through English (TETE)' classes in the Korean context. *English Teaching, 57*(4), 315-346.

Kim, S.-A. (2003). Problems and needs in the secondary school "communicative" English classes. *Applied Linguistics, 19*(1), 59-92.

Kim, S.-A. (2005). Enhancing class effectiveness through appropriate teacher techniques. *English Language Teaching, 17*(4), 83-114.

Kim, S.-A. (2005). A call for effective homework assignments in middle school English classes. *English Teaching, 60*(4), 23-46.

Kim, S.-A. (2006a). Integrating grammar instruction and communication in middle school EFL classes. *The Journal of College of Education, 45*, 45-66.

Kim, S.-A. (2006b). The reality of high school English classes and suggestions to improve them. *English Language Teaching, 18*(4), 77-109.

Kim, S.-A. (2007a). Making grammar instruction more communicative in high school English classes. *Foreign Languages Education, 14*(1), 109-132.

Kim, S.-A. (2007b). The quality of language input as revealed in teacher talks and classroom activities. *Modern English Education, 8*(3), 85-106.

Kim, S.-A. (2007c). An analysis of the teacher's use of class materials/ activities in elementary school English classes. *English Language Teaching, 19*(4), 1-26.

Kim, S.-A. (2008). Suggestions to improve secondary school English teacher education in Korea. *English Language & Literature Teaching, 14*(3), 133-154.

Kim, S.-A. (2009). An analysis of the multiple-choice test items constructed by middle school English teachers. *Korean Journal of Applied Linguistics, 25*(2), 143-169.

Kim, W.-Y. (2002). The effects of focus-on form instructions on the acquisition of English unaccusative verbs. *Foreign Languages*

Education, 11(4), 419-445.

Kramsch, C. J. (1983). Culture and constructs: Communicating attitudes and values in the foreign language classroom. *Foreign Language Annals, 16*(6), 437-448.

Kramsch, C. J. (1985). Literary texts in the classroom: A discourse. *The Modern Language Journal, 69*(4), 356-366.

Krashen, S. (1982). *Principles and practice in second language acquisition*. Oxford: Pergamon.

Larsen-Freeman, D. (1986). *Techniques and principles in language teaching*. Oxford University Press.

Lee, B. (2003). The importance of instructional time in EFL learning environment. *Foreign Languages Education, 10*(2), 107-129.

Lee, H. (1999). The notion of focus on form for the second language acquisition theory and practice. *English Teaching, 54*(4), 71-90.

Lee, H. (2002). The other side of the mirror: Learners' intentional focus on form. *Journal of the Applied Linguistics of Korea, 18*(2), 191-213.

Lee, H. (2003). The effects of production and comprehension for focus on form and second language acquisition. *Journal of Applied Linguistics of Korea, 19*(2), 41-68.

Lee, H.-J. (2000). A study on focus-on-form plus communicative instruction in primary school English learning. *Foreign Languages Education, 7*(2), 85-113.

Lee, H.-J. (2005). A comparative study on the awareness of grammar instructional approach by EFL teachers and learners. *English Teaching, 60*(1), 69-96.

Lee, W. Y. (1995). Authenticity revisited: text authenticity and learner authenticity. *ELT Journal, 49*(4), 323-328.

Lee, Y.-S. (2006). Forty years of development in research on English language testing and assessment in Korea. *English Teaching, 61* (special issue), 171-199.

Levno, A. W., & Pfister, G. G. (1980). An analysis of surface culture and its manner of presentation in first-year college French textbooks from 1972 to 1978. *Foreign Language Annals, 13*(1), 47-52.

Li, D. (1998). "It's always more difficult than you plan and imagine":

Teachers' perceived difficulties in introducing the Communicative Approach in South Korea. *TESOL Quarterly, 32*(4), 677-703.

Lightbown, P., & Spada, N. (1990). Focus-on-form and corrective feedback in communicative language teaching: Effects in second language learning. *Studies in Second Language Acquisition, 12*, 429-448.

Little, D. (1991). *Learner autonomy 1: Definitions, issues, and problems.* Dublin: Authentik.

Little, D. (2002). Learner autonomy and second /foreign language learning. In *The Guide to Good Practice for learning and teaching in Languages, Linguistics and Area Studies*. Retrieved October, 2005, from the World Wide Web http://www.lang.Itsn.ac.uk/resources/goodpractice.aspx?resourceid=1409

Long, M. (1983). Linguistic and conversational adjustments to non-native speakers. *Studies in Second Language Acquisition, 5*, 177-194.

Long, M. (1991). Focus on form: A design feature in language teaching methodology. In K. de Bot, R. Ginsberg, & C. Kramsch (Eds.), *Foreign language research in cross-cultural perspective* (pp. 39-52). Amsterdam: John Benjamins.

Long, M., & Robinson, P. (1998). Focus on form: Theory, research and practice. In C. Doughty & J. Williams (Eds.), *Focus on form* (pp. 15-41). Cambridge: Cambridge University Press.

Loschky, L. (1994). Comprehensible input and second language acquisition. *SSLA, 16*, 303-323.

Lu, D. (2004). Is the communicative Approach a panacea? Thoughts from Hong Kong. *The Journal of Asia TEFL, 1*(1), 383-389.

Macaro, E. (1997). *Target language, collaborative learning and autonomy.* Bristol, PA: Multilingual Matters LTD.

Magnan, S. S. (1988). Grammar and the ACTFL oral proficiency interview: Discussion and Data. *The Modern Language Journal, 72*(3), 266-276.

Martínez-Gibson, E. A. (1998). A study on cultural awareness through commercials and writing. *Foreign Language Annals, 31*(1), 115-139.

McDonald, M. E. (2006). Systematic assessment of learning outcomes: developing multiple-choice exams. Sudbury, MA: Jones and Bartlett Publishers, Inc.

McGinnis, S., & Ke, C. (1992). Using authentic cultural materials to teach reading in Chinese. *Foreign Language Annals, 25*(3), 233-214.

McMillan, J. H. (2002). Fundamental assessment principles for teachers and school administrators. In L. M. Rudner & W. D. Schafer (Eds.), *What teachers need to know about assessment* (pp. 6-12). National Education Association of the United States.

Mitchell, R. (1994). Foreign language teachers and the teaching of grammar. In M. Bygate, A. Tonkyn, & E. Williams (Eds.), *Grammar and the language teacher* (pp. 215-223). Englewood Cliffs, NJ: Prentice Hall Inc.

Mitchell, J. T., & Redmond, M. L. (1993). Rethinking grammar and communication. *Foreign Language Annals, 26*(1), 13-19.

Muranoi, H. (2000). Focus on form through interaction enhancement: Integrating formal instruction into a communicative task in EFL classrooms. *Language Learning, 50*(4), 617-673.

Noels, K. A., Pelletier, L. G., Clément, R., & Vallerand, R. J. (2000). Why are you learning a second language? Motivational orientation and self-determination theory. *Language Learning*, 50, 57-85.

North, S., & Pillay, H. (2002). Homework: Re-examining the routine. *ELT Journal, 56*(2), 137-145.

Nunan, D. (1987). Communicative language teaching: Making it work. *ELT Journal, 41*(2), 136-145.

Nunan, D. (1991). *Language teaching methodology*. Englewood Cliffs, NJ: Prentice Hall Inc.

Nunan, D. (1996). Toward autonomous learning: some theoretical, empirical and practical issues. In R. Pemberton, & E. S. L. Li, W. W. F. Or, & H. D. Pierson (Eds.), *Taking control* (pp. 13-26). Hong Kong: Hong Kong University Press.

Nunan, D. (1998). Teaching grammar in context. *ELT Journal, 52*(2), 101-109.

Odlin, T. (1989). *Language transfer: Cross-linguistic influence in language learning*. Cambridge: Cambridge University Press.

Odlin, T. (1994). Introduction. In T. Odlin (Ed.), *Perspectives on pedagogical grammar* (pp. 1-22). New York, NY: Cambridge University Press.

Oh, S.-Y. (2001). Two types of input modification and EFL reading comprehension. *TESOL Quarterly, 35*(1), 69-96.

Painter, L. (2003). *Homework.* Oxford University Press.

Palfreyman, D. (2003). Introduction: Culture and learner autonomy. In D. Palfreyman & R. C. Smith (Eds.), *Learner autonomy across cultures* (pp. 23-40). New York, NY: Palgrave Macmillan Ltd.

Pascal, R. A., Weinstein, T., & Walberg, H. J. (1984). The effects of homework on learning: A quantitative synthesis. *Journal of Educational Research, 78*(2), 97-104.

Paulu, N. (1998). *Helping your students with homework.* U.S. Department of Education, Washington, DC. Office of Educational Research and Improvement.

Pesola, C. A. (1991). Culture in the elementary school foreign language classroom. *Foreign Language Annals, 24*(4), 331-346.

Pica, T. (1987). Interlanguage adjustments as an outcome of NS-NNS negotiated interaction. *Language Learning, 38*, 45-73.

Pica, T., Lincoln-Porter, F., Paninos, D., & Linnell, J. (1996) Language learners' interaction: How does it address the input, output, and feedback needs of L2 learners? *TESOL Quarterly, 30*(1), 59-86.

Pino, B. G. (1989). Prochievement testing of speaking. *Foreign Language Annals, 22*(5), 487-496.

Polio, C. G., & Duff, P. A. (1994). Teachers' language use in university foreign language classrooms: A qualitative analysis of English and target language alternation. *The Modern Language Journal, 78*(3), 313-326.

Polizer, R. L., & McGroarty, M. (1983). A discrete point test of communicative competence. *IRAL, 21*(3), 179- 191.

Prabhu, N. S. (1987). *Second language pedagogy.* Oxford: Oxford University Press.

Prabhu, N. S. (1990). There is no best method - Why? *TESOL Quarterly, 24*(2), 161-176.

Prodromou, L. (1992). What culture? Which culture?: Cross-cultural factors in language learning. *ELT Journal, 46*(1), 39-50.

Richards, R. C. (1990). The dilemma of teacher education in second language teaching. J. C. Richards & D. Nunan (Eds.), *Second language teacher education* (pp. 132-151). New York: Cambridge University Press.

Richards, J. C. (2002). Addressing the grammar gap in task work. In J. C. Richards & W. A. Renandya (Eds.), *Methodology in language teaching* (pp. 148-152). Cambridge: Cambridge University Press.

Rivers, W. M. (1983). *Communicating naturally in a second language*. Cambridge: Cambridge University press.

Rivers, W. M. (1990). Interaction and communication in the language class in an age of technology. *The Canadian Modern Language Review, 46*(2), 271-283.

Rivers, W. (2001). Autonomy at all costs: an ethnography of metacognative self-assessment and self-management among experienced language learners. *Modern Language Journal, 85*(2), 379-290.

Rudner, L. M., & Schafer, W. D. (2002). Testing and teaching. In L. M. Rudner & W. D. Schafer (Eds.), *What teachers need to know about assessment* (pp. 3-5). National Education Association of the United States.

Sadow, St. A. (1987). Experiential techniques that promote cross-cultural awareness. *Foreign Language Annals, 20*(1), 25-30.

Salaberry, M. R. (2001). The use of technology for second language learning and teaching: A retrospective. *The Modern Language Journal, 85*(1), 39-56.

Savignon, S. J. (1991). Communicative language teaching: State of the art. *TESOL Quarterly, 25*(2), 261-277.

Scharle, Á., & Szabó, A. (2000). *Learner autonomy*. Cambridge University Press.

Schinke-Llano, L., & Vicars, R. (1993). The affective filter and negotiated interaction: Do our language activities provide for both? *The Modern Language Journal, 77*(3), 325-329.

Schulz, R. A. (1991). Second language acquisition theories and teaching practice: How do they fit? *The Modern Language Journal, 75*(1), 17-26.

Seedhouse, P. (1996). Classroom interaction: Possibilities and impossibilities. *ELT Journal, 50*(1), 16-24.

Shaaban, K. A., & Ghaith, G. (2000). Student motivation to learn English as a foreign language. *Foreign Language Annals, 33*(6), 632-644.

Shin, Y.-J. (1996). Making the EFL classroom a pseudo-natural setting. *English Teaching, 51*(2), 169-186.

Shohamy, E. (1983). The stability of oral proficiency assessment on the oral interview testing procedures. *Language Learning, 33*(4), 527-539.

Shuy, R. W. (1981). What the teacher knows is more important than text or test. *Language Arts, 58*(8), 919-929.

Sikes, P. J. (1992). Imposed change and the experienced teacher. In M. Fullen, & A. Hargreaves (Eds.), *Teacher development and education change* (pp. 36-55). Washington, D.C.: The Palmer Press.

Smith, R. C. (2003). Teacher education for teacher-learner autonomy. In D. Palfreyman & R. C. Smith (Eds.), *Learner autonomy across cultures: Language education perspectives* (pp. 129-146). Basingstoke: Palgrave Macmillan. Retrieved October, 2005, from World Wide Web: http://www.eltnewsletter/com.

Stoll, L. (1992). Teacher growth in the effective school. In M. Fullen, & A. Hargreaves (Eds.), *Teacher development and education change* (pp. 104-122). Washington, D.C.: The Palmer Press.

Storch, N. (2002). Patterns of interaction in ESL pair work. *Language Learning, 52*(1). 119-158.

Strong, M. (1984). Integrative motivation: Cause or result of successful second language acquisition? *Language Learning, 34*(3), 1-14.

Swaffer, J. K. (1985). Reading authentic texts in a foreign language. *The Modern Language Journal, 69*(1), 15-34.

Swain, M. (1985). Communicative competence: Some roles of comprehensible input and comprehensible output in its development. In S. M. Gass & C. G. Madden (Eds.), *Input in second language acquisition* (pp. 235-253). Rowley, MA: Newbury House.

Swan, M. (1985). A critical look at the communicative approach. *ELT Journal, 39*(1), 2-12.

Terrell, T. D. (1991). The role of grammar instruction in a communicative approach. *The Modern Language Journal, 75*(1), 52-63.

Thanasoulas, D. (2000). Learner autonomy. *ELT Newsletter, Article 32*,

September 2000. Retrieved October, 2005, from World Wide Web: http://www.eltnewsletter/com

Thomas, A. H. (1992). *Homework: How effective? How much to assign? The need for clear policies*. Eugene, OR: Oregon School Study Council.

Thompson, G. (1996). Some misconceptions about communicative language teaching. *ELT Journal, 50*(1), 9-15.

Tsui, B. M. A. (1987). An analysis of different types of interaction in ESL classroom discourse. *IRAL, 25*(4), 336-353.

Tudor, I. (1997). *Learner-centeredness as language education*. Cambridge: cambridge University Press.

Turnbull, M. (2001). There is a role for the L1 in second and foreign language teaching, but . . . *The Canadian Modern Language Review, 57*(4), 531-540.

Underhill, N. (1987). *Testing spoken English*. cambridge: Cambridge University Press.

van Lier, L. (1996). *Input, interaction, and second language learner*. London: Longman.

Vanpatten, B. & Cadierno, T. (1993). Input processing and second language acquisition: A role for instruction. *The Modern Language Journal, 88*(1), 45-57.

Wallinger, L. M. (2000). The role of homework in foreign language learning. *Foreign Language Annals, 33*(5), 484-497.

Warden, C. A., & Lin, H. J. (2000). Existence of integrative motivation in an Asian EFL setting. *Foreign Language Annals, 33*(5), 535-547.

Watson, N., & Fullen, M. G. (1992). Beyond school district-university partnership. In M. Fullen, & A. Hargreaves (Eds.), *Teacher development and education change* (pp. 213-242). Washington, D.C.: The Palmer Press.

Weir, C. J. (1990). *Communicative language testing*. Englewood Cliffs, NJ: Prentice Hall Inc.

Wenden, A. (1991). *Learner strategies for learner autonomy*. Englewood Cliffs: Prentice Hall Inc.

White, J. & Lightbown, P. M. (1984). Asking and answering in ESL classes.

The Canadian Modern Language Review, 40(2), 228-244.

Widdowson, H. G. (1990). *Aspects of language teaching*. Oxford: Oxford University Press.

Wilkes, H. (1983). Title pages: A simple device for cultural consciousness-raising in the teenaged student of French. Foreign *Language Annals*, 16(1), 107-113.

Yano, Y., Long, M. H., & Ross, S. (1994). The effects of simplified and elaborated texts on foreign language reading comprehension. *Language Learning, 44*(2), 189-219.

Yashima, T. (2002). Willingness to communicate in a second language: The Japanese EFL context. *The Modern Language Journal, 86*(1), 54-66.

Young, D. J. (1993). Processing strategies of foreign language readers: Authentic and edited input. *Foreign Language Annals, 26*(4), 451-468.

Young, D. J. (1999). Linguistic simplification of SL reading material: Effective instructional practice? *The Modern Language Journal, 83*(3), 350-366.

Zwier, L. J. (1999). *English for everyday activities*. Seoul: Compass.

현장 및 예비 영어 교사의 교수 기술 향상을 위한 안내서

영어 교수 기술 연구

부록

1. ESL학습자와 EFL학습자의 오류 비교
2. 영어 교사들이 본 학교 현장의 문제점
3. 교사가 작성한 평가 문항의 문제점 분석
4. 수업 지도의 예시
   1) 어휘 지도
   2) 문법 지도
   3) 독해 지문 지도
   4) 문화 지도
   5) 숙제 지도

부록 1

ESL 학습자와 EFL 학습자의 오류 비교

1. ESL 학습자 오류의 예

위 글과 아래의 글은 초등학교 입학할 나이가 된 한국 아동이 영어에 대해서는 아무 것도 모른 채 미국으로 건너와서 초등학교에 들어간 지 2년이 채 안 되었을 때 쓴 글이다. 처음에는 같은 반 또래 아이

들이랑 의사소통이 전혀 안 되는 상태였으므로 유학생인 아이의 엄마가 아이를 학교에 보내는 것조차 힘들어서 처음 몇 개 월 간은 아이와 함께 학교에서 지내야 할 정도였으나, 미국 생활을 시작한지 2년도 채 안되어서 이미 또래 아이들과 의사소통에 문제가 없을 정도로 놀라보게 영어가 늘었다.

아이의 글에서 볼 수 있듯이 아이가 생산한 오류의 경우 대부분 철자에 관한 오류이다. 표현 자체가 비문이라서 이해하기 힘든 경우는 없다. 철자 이외의 약간의 문법적 오류는 언어 발달 과정에서 생기는 것들로서 이는 영어를 모국어로 사용하는 아이들에게서도 발견되는 오류들이며, 이들은 언어 능력 발달과 함께 자연스럽게 바로 될 수 있는 오류들이다. 이와 같이 ESL 상황에서 언어를 습득하는 아이들의 경우에는 음성 언어를 먼저 습득하고 난 뒤 문자 언어를 익히게 되며, 글을 쓸 때는 이미 자연스럽게 습득된 음성 언어가 바탕이 되어 있기 때문에 글의 표현 자체가 상대방이 읽어서 이해하기 힘들 정도로 이상한 경우는 거의 없다. 철자 상의 오류는 아직 문자 언어에 익숙하지 않은 아이가 자신의 음성 언어를 바탕으로 스스로 만들어 낸 철자(invented spelling)를 사용하기 때문이다. 이러한 오류는 구태여 누가 고쳐주지 않아도 아이가 자라면서 더 많은 언어 경험을 하는 과정에서 자연스럽게 수정이 되는 종류의 오류이다.

2. EFL 학습자의 오류

한편 ESL 상황에서의 학습자 오류와는 달리 EFL 상황에서의 학습자 오류는 아래의 대학생, 대학원생, 그리고 영어 교사들의 영어 오류에서도 알 수 있는 바와 같이 그 특성이 사뭇 다르다. 우선 이러한 오류들은 ESL 학습자들의 오류와는 달리 시간이 흐르면서 자연스럽게 수정이 되기가 힘들다. 또한 EFL 학생들의 오류들은 철자 상의 오류보다는 문장 구조나 표현상의 오류가 더 심각하며, ESL 학습자들의 오류와는 달리 상대방이 이해하기 힘든 경우가 많다. 이러한 특성들은 바로 학습자가 처한 언어 환경 자체가 ESL 환경과는 달리 끊임없이 언어 입력을 받고 언어 사용을 하면서 목표 언어 체계를 발달시킬 수 있는 그런 환경이 못 되는 데서 비롯된다. 우리나라와 같이 학습자들이 교실 밖에서는 물론이고 교실 안에서 조차 상호작용을 통한 언어 사용의 기회를 사실상 거의 갖지 못하는 경우에는 어쩔 수 없이 나타나게 되는 오류들이며, 이러한 오류들은 저절로 수정되기가 어렵다.

<보기 1>은 어느 대학 신입생이 쓴 글이다. 저자 자신도 한국 사람이라 이 학생이 쓴 영어를 대충은 이해할 수가 있었다. 하지만 마지막 부분에 있는 “She has all around song contest to win.”은 무슨 뜻인지 도무지 알 수가 없어서 저자가 가르치는 대학생들에게 물어 보았다. 그런데 놀랍게도 학생들 답이 “전국 노래자랑에서 상을 탔다”는 뜻일 거라고 했다. 학생들의 상상력에 감탄했었다. 하지만 한국 사람이 아닌 사람이 이 글을 읽었을 경우 얼마나 이해를 할 수 있겠는가. 이런 학생의 경우 앞으로 얼마나 더 영어 공부를 하여야 실제 상황에서 쓸 수 있는 영어 능력을 갖출 수 있을 것인가를 상상하면 가슴이 답답해진다.

<보기 2>의 경우를 보면 우리나라 영어 교육이 그동안 얼마나 비효과적이었는지를 여실히 보여주는 것 같아 씁쓸한 기분이 든다. 지방 국립대의 대학원 석사 과정 학생들이 전공이 무엇이건 간에 중 3수준의 영어 문장을 아래 보기에서 보여준 것처럼 해석했다는 게 믿기지 않는다. 학생 자신으로서는 적어도 10년 이상 영어 공부를 하였고, 교사도 열심히 가르쳤는데에도 불구하고 이런 해석이 나왔다는 것은 우리 영어 교육의 심각한 부실을 의미한다. 이 학생들이 과연 자신의 전공 분야에서 국제적으로 알려진 영어 논문 한 편 제대로 읽고 석사 학위를 받는 것이지, 국제화 시대에 자신의 전공 분야에서조차 전공자로서 역할을 제대로 할 수 있을 것인지 매우 의심스럽다.

<보기 3>의 경우에는 영어를 전공한 영어 교사이지만 아직 영어 유창성에 문제가 많다는 것을 보여 준다. 영어로 하는 의사소통 중심 발표 수업이었는데, 저자가 느끼기에는 아직 우리 학교 현장에는 영어로 영어 수업을 할 수 있는 유창성과 교수 기술을 갖춘 영어 교사들이 그리 많지 않은 것 같다. 이런 교사들에게 정책적으로 영어로만 수

업을 하도록 강요한다면 교육의 질이 떨어질 것은 너무도 명백한 일이다. 의사소통 중심 수업이 제대로 되게 하기 위해서는 무엇보다 교사의 영어 유창성과 교수 기술 수준을 끌어 올리는 일이 급선무라는 점을 누구보다 교육 정책 담당자들이나 교사 교육자들이 깊이 깨달아야 할 일이다.

2. EFL 학습자 오류의 예

예시 1

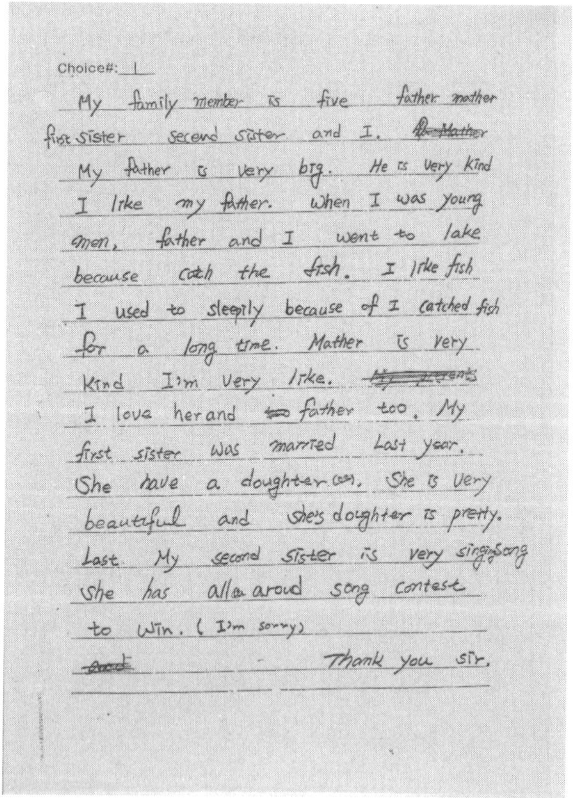
Choice#: 1

My family member is five father mather first sister second sister and I.
My father is very big. He is very kind I like my father. When I was young men, father and I went to lake because catch the fish. I like fish I used to sleepily because of I catched fish for a long time. Mather is very kind I'm very like.
I love herand father too. My first sister was married Last year. She have a doughter. She is very beautiful and she's doughter is pretty. Last My second sister is very singsong She has all aroud song contest to win. (I'm sorry)

Thank you sir.

예시 3 OOO 대학교 대학원 석사과정 학생들의 영문 해석 오류

Pecos Bill

Any creature living near the Pecos River can tell you that the best cowboy who ever lived was Pecos Bill. When Bill was a little boy, he was already as tough as nails. His family was living on their ranch in east Texas when another family moved in fifty miles away. Well, Bill's pa decided that neighborhood was getting just too crowded, so the whole family packed up and started moving west. One day, while the family was crossing the wild desert of west Texas, little Bill fell out of the back of the wagon. Nobody noticed he wasn't there until it was too late.

1. When he was a little boy, he was already as tough as nails.

- 이미 어른처럼 성숙했다.
- 그는 이미 못을 잡을 수 있었다.
- 그는 이미 항해를 할 만큼 거칠었다.
- 이미 뱀처럼 터프했다.
- 이미 양들을 가르칠 준비가 되어 있었다.
- 이미 손톱이 거칠대로 거칠어져 있었다.
- 이미 손톱을 깨물었다.
- 그는 이미 손톱이 발가락만 했다.
- 이미 짐승에 대해 다루는 법을 알고 있었다.
- 벌써 말을 할 수 있었다.
- 거의 터프해서 네일했다.
- 이미 손톱이 있었다.
- 항상 못을 가지고 놀았다.
- 이미 nails로서 가르쳤다.
- 단단한 손톱을 갖고 있었다.

2. One day, while the family was crossing the wild desert of west Texas, little Bill fell out of the back of the wagon.

- 고향으로 돌아가고 싶었다.
- 총의 끝으로 fell out했다.
- 무기를 등 뒤에 가지고 있었다.
- 권총을 빼내었다.
- 마차 뒤에 깔려 있었다.
- 마차 뒤쪽이 내려앉는 것을 느꼈다.
- wagon의 뒤에 내팽개쳐져 있었다.
- 자동차(웨건)의 뒤쪽에서 떨어졌다.
- 웨곤 뒤에서 떨고 있었다.
- 자동차 밖으로 나가고 싶다고 느꼈다.

예시 3 중학교 영어 수업 지도안에서 발견된 교사의 영어 오류

- We have difficulties in teaching English in real living context such as that acquired through a direct experience because we are teaching English with our textbooks.
- same-levelized group & different-levelized group
- The teacher says next class we'll do group activities continuously.
- Next class the students write the reading "On the Subway" in Italic alphabet.
- Choose one place you want to go. Write down your shopping.
- That day was very happy and tired.

부록 2

영어 교사들이 본 학교 현장의 문제점

* 이 자료들은 저자의 논문 Kim, S.-A. (2008). A call for change in English teacher education and policy to meet the needs in secondary schools. *Teacher Education Research, 47*(3), 1-26.에서 인용한 부분임.

<Samples A>

"교사들이 타성에 젖어있다. — 대부분의 선생님들은 10년째 똑같은 문법 설명을 반복하며, 이제는 더 이상 쓰이지도 않는 오래된 숙어를 가르쳐 준다. 아이들이 자도 가만히 내버려 두며, 학생들이 자신의 수업을 듣지 않고 존경하지 않는다는 것에 전혀 신경 쓰지 않고 자존심 상한 것 같지도 않다. — 교사 간의 경쟁이 없어서 자기 계발을 소홀히 하는 경우가 있고, 교사가 된 이후에는 특별한 경우가 아니고서는 교직에서 물러날 일이 거의 없어서 안이하게 현실에 안주하기도 한다."

"우리 학교는 사립학교로서 교사의 이동이 거의 안 되고 있고, 바깥세상은 자꾸 변하고 있는데 교사는 정체 상태이다. 특히 외국어 교육에 대해서 나라가 시끄러워도 학교 안은 요지부동이다. 영어교사 대부분이 연수에는 별로 참가하지 않으며, 재교육에도 별로 관심이 없다."

<Samples B>

현장에서 제한된 수업 시간과 정해진 교과서와 교재들은 여타의 창의적인 수업에 대한 시도 자체를 어렵게 만든다. 수업의 분량은 정해져 있고, 똑 같은 형태의 수업 방식으로 진행이 되고 같은 방식으로 평가가 이루어지기 때문에 교사 개인의 창의적인 수업 방식 개발과 그것의

실천이 상당히 어렵다.”

“모든 정책이 좋은 의도를 가지고 만들어졌겠지만 현장에서 몸으로 뛰어야 하는 교사들에겐 가혹한 경우가 많다. 수준별 수업의 경우를 보더라도 교사의 입장에서 보면 수업 부담이 가중된다.”

<Samples C>

“학생들 대부분이 학교에서 배울 내용을 학원에서 미리 배우고 수업을 듣는다. — 양질의 사교육을 받은 학생들은 학교 교과과정에서 요구하는 내용보다 더 높은 수준의 능력을 갖추고 있다. — 형편상 사교육을 받지 못한 학생들은 수업 시간에 배우는 내용만으로도 힘들어하거나, 학교에서 배운 내용을 열심히 학습한다 하더라도 다량의 선수학습을 한 학생들에 비해 상대적으로 뒤떨어진다는 열등감을 느낀다.”

“하위 수준의 반에서는 어느 누구도 원어민 교사의 말을 조금이라도 알아듣는 학생이 단 한 명도 없었다. 학생들은 원어민 교사의 말을 아예 처음부터 포기하고 들으려 하지 않았고, 한국인 교사의 얼굴만 쳐다보았다. — 원어민 교사도 수업을 진행하지 못하고 결국에는 자신이 수업을 하는 것은 무의미한 것 같다고 말했다. 하반에서 원어민 수업을 없애자는 의견도 나왔지만 모든 학생들에게 균등한 기회를 주어야 하기 때문에 그렇게 할 수도 없었다.”

<Samples D>

“수업 중 학생들의 통제가 매우 힘들고, 수업 내용에 흥미를 느끼지 못하는 학생들이 많이 있어서 문제가 된다. — 옳은 행동과 옳지 못한 행동에 대한 판단력과 지각능력이 부족한 경우가 많이 발생한다.”

"현재 영어 교실에 존재하는 가장 중요한 문제는 학생들이 교사를 믿지 않는 데 있는 것 같다.--- 이들 중 일부는 학교 수업 시간을 학원에서 배운 내용을 복습하는 정도로 생각하거나, 학교는 졸업장을 위해 출석하는 곳이라는 식의 방관적인 태도를 보이기도 한다. 반면, 자신의 의지, 흥미와 상관없이 친구 따라 강남 가기 식으로 사교육을 받은 학생들은 어중간 한 선수학습으로 인해 정확히 알지 못하는 내용도 마치 알고 있는 듯이 착각을 하며, 교사가 설명을 하려고 하면 오히려 지겹게 생각한다."

<Samples E>

"여러 가지 문제로 인하여 교실마다 컴퓨터가 설치되어 있지 않은 형편이라, 수업 중 시각적인 효과나 흥미유발을 위한 기자재 사용에 제한을 받는 경우가 많다."

"—이러한 교과서의 자료 부족을 위해서 교사는 다른 자료를 이용해야 하겠지만 불행하게도 지금의 학교교육은 교과서 진도를 나가는 데에만 급급하다. — 또한 본교에서는 수준별 수입을 위해서 상, 중, 하 교재를 개발하고 있지만, 실생활에서 접할 수 있고 학생들 동기유발을 시킬 수 있는 자료가 아니라 성과 위주의 업무진행의 연장선에서 수준별 자료를 만들다 보니 현실적으로 상당히 안타깝고 부끄러울 따름이다."

<Samples F>

"수준별 이동 수업은 그 취지로 볼 때 학습자 중심의 이상적인 수업이다. 하지만 현실은 그 취지와 너무 다르다. 교과서와 평가를 따로 하지 않는 수준별 수업은 결국 그 취지가 무색해지고 오히려 부정적인 결과를 낳았다. 특히 보충반의 경우 또래끼리 서로 피드백을 주면서 함께

배우는 일은 불가능하고 마치 패배자가 된 듯 수업 시간에 의기소침하여 의욕을 잃고 영어에 거리감을 쉽게 가지는 결과를 초래하였다.”

“수업 외적 조건들이 전혀 변하지 않는 상황에서 수업의 변화를 기대한다는 것은 이 땅의 영어 교사들에게 불가능한 일을 요구한 뒤, 해내지 못한다고 무능한 사람 취급하는 것과 무엇이 다르겠는가? — 아무리 영어 교사들이 자성의 시간을 가지고 변화하고자 노력한다 할지라도 외부적인 제도나 여건의 변화가 없는 한 우리나라 영어 교육의 발전을 기대하기는 어렵다고 본다.”

<Samples G>

“학생들이 영어를 배우는 목적 자체가 학교 시험이나 수학능력시험에서 좋은 성적을 거두는 것이기 때문에 Reading이나 Listening같은 입력 위주의 수업이 될 수밖에 없고 의사소통 중심 수업은 소원해질 수밖에 없다. 더구나 학생들조차 그런 수업을 시간낭비라고 여기며, 그런 유형의 수업을 계속할 시에는 학부모의 항의도 만만치 않을 것이다.”

“고등학교에서의 영어 수업은 철저히 대학 입시와 연관되어 있어야 한다. 대부분의 수업이 독해 위주의 수업이 될 수밖에 없고, 이와 거리가 다소 동떨어진 수업을 시도하려고 하면 곧 학생들로부터 외면 받기 십상이다. 이러한 현실 속에서 의사소통 중심 수업을 한다면, 결국 모든 학생들을 영어 수업을 받기 위해 사교육 시장으로 떠밀어내는 결과를 야기할 뿐일 것이다.”

<Samples H>

“많이 알고 있어도 skill이 부족하면 자신이 알고 있는 지식을 학생들에게 잘 전달하기 어렵다. 대학에서 어떻게 학생에게 정보를 잘 전달할

수 있는가에 대해 공부해 교사가 된다면 학생들에게 좋은 선생님, 실력 있는 선생님이 되어 현재 교실에서 생겨나고 있는 문제점들을 많이 줄일 수 있을 것이다."

"영어교사가 대학에서 배우는 과목이나 내용이 실제 현장에서 도움이 되는 것과는 동떨어진 경우가 너무 많다."

<Samples I>

"—이미 수십 년 간 독해와 문법 위주의 수업을 해 온 교사들에게는 교사의 무능함을 탓하며 사기를 저하시키는 것보다, 새롭게 재교육을 받을 수 있는 체계적인 시스템이 필요하다— 교사들에게 방학동안 제공되는 연수의 기회가 있고 영어교사의 경우 해외로 나갈 수 있는 기회가 제공되기도 하지만 이는 수요에 비해 공급이 너무나 부족하다. 또한 교사들을 재교육하는 교수들의 경우, 현장의 실상도 모르고 외국 실정에나 맞는 교수법을 적용해 보라고 한다."

"교사가 된 이후에 받는 연수도 학교의 업무에 시달리다 보면 연수를 받을 수 있는 기회가 줄어들고, 실제 연수에 참가한다고 해도 만족도가 떨어지기 때문에 점점 더 꺼려하게 된다. 교사 재교육 프로그램에 있어서 교사들이 처한 상황(예: 중학교 혹은 고등학교)에 따라 요구하는 것이 다르며, 그 다양한 요구를 고려하지 않는 획일적인 프로그램으로 인해 연수 효과가 극대화 되지 못하고 있다.— 연수를 마치고 돌아온 지금 부끄럽게도 예전의 교실 모습과 크게 달라진 것이 없다."

<Samples J>

"매 번 영어 교육에 대한 개혁에 있어서 다양한 방안들이 제시되지만 결국은 변함없이 예전 그대로의 모습으로 되돌아가게 된다. 이는 EFL

이라는 우리나라 상황을 고려하지 않고 무조건 ESL의 모습만을 베껴서 정책에 올리는 현실 감각이 없는 교육정책 담당자들 때문이 아닐까 생각한다."

"교육을 제대로 세우기 위해서는 뿌리부터 뒤엎는 획기적인 발상 전환과 정책 변화가 절실히 요구된다. 소수의 가진 자들을 위한 교육이 아니라 다 함께 협력하며 살아가는 법을 배우는 그런 교육을 만들어야 한다. 이를 위해서는 교육 현장의 소리와 일반 서민들의 비판도 수용하는 의견 수렴 과정을 거쳐 교육정책을 입안하고 추진해야 할 것이다."

부록 3

교사가 작성한 평가 문항의 문제점 분석

* 이 자료들은 저자의 논문 Kim, S.-A. (2009). An Analysis of the Multiple-Choice Test Items Constructed by Middle School English Teachers. *Korean Journal of Applied Linguistics 25*(2), 143-169.에서 발췌한 것임.

아래 문항들은 2008년도에 한 대도시의 15개 중학교에서 실시한 영어 시험 문제지에서 문제가 있는 문항들만 골라서 각 문항에 어떤 문제가 있는지 소개한 것이다. 문항의 분석은 선다형 평가 문항의 세 가지 구성 요소인 내용(content), 구조(structure) 그리고 보기(options)라는 세 가지 목록으로 나누어 그 각각의 취약점에 초점을 맞추어 분석하였다. 취약점에 대한 판단 기준으로는 앞서 제 3장에서 소개한 일반적으로 널리 알려진 문항 작성 규칙을 사용하였다.

1) 내용의 취약점

(1) 언어적인 혹은 일반 상식적인 지식을 묻는 문항

예 괄호 속에 가장 알맞은 답을 고르시오.

Sudong: I'm drawing a cake and candles!
Sumi: (a) a cake and candles for Parents' day?

---

a. Do you drawing   b. Does you draw   c. Am I drawing
d. Are you draw   e. Are you drawing

이 문항의 경우 수험생이 대화 자체를 아예 읽지 않고 뜻을 몰라도 문법 사항, 즉 의문문 만드는 법만 알면 대충 문제를 풀 수 있다.

예 다음 중 MP3에 대한 설명으로 맞는 것은 몇 개인가?

---

1. The size of most MP3 files are under 2MB.
2. There are two ways to download MP3 files. One is to visit a web site and the other is to use an ftp download site.
3. Streaming MP3 files means we can play the files after they are completely downloaded.
4. An MP3 player is a small portable machine that can play music in the MP3 format.
5. Before MP3 files can be posted, the music has to be recorded.

---

a. 1 b. 2 c. 3 d. 4 e. 5

위 문항은 MP3에 대해서 알지 못하면 풀 수가 없는 문제이다. 말하자면 영어 능력을 평가하는 것이 아니라 MP3에 대한 지식을 평가하는 셈이 된다. MP3에 대해서 알지 못하면 풀 수 정답을 고르기 힘들다. MP3가 아무리 요즘 아이들이 친밀한 물품이라 하더라도 그 사실이 이런 문제의 타당성이 될 수는 없다.

(2) 필요 없는 정보를 포함한 문항

예 다음 대화를 읽고 답하시오.

Mina ① <u>learns</u> her room at ten every morning.
Tony ② <u>studies</u> English very hard.

Sumi ③ watchs TV with Sudong.
Inho ④ grows rice.
Sujong ⑤ comes to school early.

질문: ①~⑤에서 문법적으로 틀린 부분은 어느 것인가?

a. ① b. ② c. ③ d. ④ e. ⑤

위 문항은 현재 시제에서 3인칭 단수가 주어일 때 동사를 어떻게 바꾸어야 하는가를 묻는 전형적인 문법 문제이며, 문장 속에 단어를 넣었지만 사실 문장과는 상관이 없는 보기들이다. 답을 고르기 위해서 문장 해석은 전혀 할 필요가 없기 때문이다. 단어를 문장 속에서 제시하는 것은 의미를 염두에 둘 때 필요한 것이다.

(3) 내용 이해가 없어도 정답 선택이 가능한 문항

예 다음 지문을 읽고 질문에 답하시오.

Do you have a pet?

Many people raise pets at home these days. They especially like dogs and cats. Dogs and cats are good friends to people. They don't ask questions or say bad words. They just listen to people well. They recognize their owners just by hearing footsteps. They don't get angry or fight with owners. When people play with dogs and cats, they forget about their troubles.

질문: 지문의 내용을 묘사한 것은 어느 것인가?

a. 요즘 사람은 귀찮아서 애완동물을 집에서 기르지 않는다.
b. 개와 고양이는 사람에게 좋은 친구가 될 수 없다.
c. 개와 고양이는 질문도 하지 않고 나쁜 말도 하지 않는다.
d. 개와 고양이는 주인의 발자국 소리만 듣고는 주인을 알지 못한다.
e. 개와 고양이는 주인과 매일 싸운다.

위 문항의 목적은 아마도 지문을 읽고 이해하는 능력이 있는지를 평가하기 위한 것일 것이다. 하지만 이 문제의 경우 지문을 전혀 읽지 않고 보기만 읽어도 답을 고를 수 있다. 더구나 보기가 한글로 되어 있어서 영어 능력은 전혀 상관이 없다. 학생들은 이 지문이 교과서에 수록되어 있고 수업 시간에 이미 배운 내용이기 때문에 영어를 몰라도 답을 고르는 데 문제가 없다. 영어 능력 평가가 아니라 기억력 평가가 될 수 있다.

(4) 이치적으로 맞지 않는 문장이 포함된 문항

예 질문에 적절하지 못한 답을 고르세요.

Q: What's your favorite season and why?

a. I like spring because I can see many flowers.
b. I like fall because I can go hiking and see red and yellow leaves.
c. I like fall because I can enjoy clear sky and cool weather.
d. My favorite season is winter because I can make a snowman.
e. I like summer best because it snows and I can go skiing.

이 문항의 보기들 중에서 e는 정답을 고르는 데 힌트가 될 수 있다. 문장의 내용이 "눈이 오고 스키를 타러 갈 수 있기 때문에 나는 여름을 가장 좋아한다."라는 뜻으로 그 내용 자체가 이치적으로 맞지 않기 때문에 답으로 고를 가능성이 있다. 심할 경우 문장 해석을 못하고 summer와 snow 두 단어만 알고도 답을 고를 수 있다. 그 둘은 서로 어울리지 않기 때문이다.

(5) 인지적으로 학생들에게 지나친 부담을 주는 문항

예 다음 대화의 문장들을 올바른 순서로 나열한 것을 고르시오.

A. And I can get these files from the internet?
B. An MP3 player is really just a small computer.
It reads special MP3 music files.
C. Really? It's easy. It lets you play music from the internet.
D. That's right! Here let me show you.
E. I got this new MP3 player for my birthday but I don't know how it works.
F. Wow! How does it do that?

---

a. E-C-F-B-A-D b. B-C-D-F-A-E c. B-C-F-D-E-A
d. E-C-F-A-B-D e. E-D-F-B-A-C

위 문항은 중학교 3학년 수준인데, 인지적으로 지나친 부담을 주는 문제이다. 교과서에서 이미 공부했기 때문에 문제가 없다고 생각한다면 그것은 영어 능력 평가가 아니라 기억력 평가에 해당한다. 따라서 이런 문제를 조금 더 쉽게 만들려고 하면 적어도 첫 문장과 마지막 문장을 제시하고 나머지 문장들의 순서를 올바르게 배열하게 하는 게 필요하다.

2) 구조상의 취약점

(1) 발문(stem or lead)에 문제 제기가 없는 문항

예 다음 중 문법적으로 맞는 것은?

---

a. The cookies are made in my mom.
b. The work was being done when we arrived.
c. The chair are being repaired by my mother.
d. Elders should be respected by youngers.
e. The child is being ran after by a dog.

발문(stem 혹은 lead)에는 문제(problem) 제기가 있어야 한다. 그리하여 문제의 성격을 파악하기 위하여, 즉 무엇을 묻는지 알기 위하여 학생들이 보기를 모두 읽어봐야 하는 문항이 되어서는 안 된다. "다음 중 X에 관해서 맞는 것(혹은 틀린 것)은 어느 것인가?"라고 묻는 것이 "다음 중 맞는 것(혹은 틀린 것)은 어느 것인가?"라고 질문을 던진 뒤 서로 관련 없는 보기들을 나열하고 답을 고르게 하는 것보다 낫다.

위의 문제는 발문을 읽어서는 무엇을 묻고자 하는지, 즉 문법의 어떤 부분을 말하는지 알 수 없다. 보기들도 서로 관련이 전혀 없다. 정답을 고르지 못한 경우에도 무엇을 몰라서 틀렸는지 제대로 알 수가 없다.

예 다음 지문에서 옳지 않게 쓰여진 단어는 몇 개인가?

One day Hassan goes to a dinner party at his friend's house. There was a lot of people. There was a lot of food, too. He eats delicious food at the party.

---

a. 1　　b. 2　　c. 3　　d. 4　　e. 5

이 문항도 마찬 가지로 무엇을 묻는지 도입부에 문제 제기가 없다. 뜻을 말하는 것인지, 문법적인 것을 말하는 것인지 모르기 때문에라도 하나하나 눈여겨보아야 한다. 대단한 집중력을 요구하는, 말하자면 사람을 피곤하게 만드는 문제이다. 이런 문제는 차라리 몇몇 단어에 밑줄을 그어 놓고 그 중 잘못 쓰인 것을 고르게 하는 편이 훨씬 낫다.

(2) 제시된 지문을 읽을 필요가 없게 만드는 문항

예 다음 지문을 읽고 실문에 답하세요.

Hi, I'm glad to meet you. My name is Roy Early. My family name is Early. I am your new English teacher. I am happy to study with Bugok Girls Middle School students.

<질문> 지문의 영어 선생님을 부르는 두 가지 적절한 방법을 고르시오.

a. Mr. Roy　　b. Mr. Early　　c. Mr. English teacher
d. Mr. Early Roy　　e. Mr. Roy Early

모든 문항은 일단 지문이 제시되었으면 그 지문을 읽고 답을 고르게 해야 한다. 애써 지문을 제시해 놓고 읽을 필요도 없다면 그것은 잘못된 문항이다. 위 문항의 경우 지문의 첫째 줄에 있는 “My name is Roy Early.” 부분만 보고 나머지 지문은 읽을 필요가 없다. 그리고 사람을 부르는 방법만 알면 답을 고를 수 있다. 따라서 지문의 이해와는 별 상관이 없는 문항이다.

아래의 문항도 마찬가지로 수험생은 마지막 문장만 보면 된다. “Have ~?”로 시작하는 의문문은 어떻게 답을 해야 하는지에 대한 문법적인 것만 알면 답은 두 개(Yes, I have. 혹은 No, I haven't.) 내로 압축된다. 실컷 긴 지문을 내어 놓고 지문의 이해 능력을 평가하는 게 아니라, 기껏 평가하는 것은 단편적인 문법 지식일 뿐이다.

예 대화 내용을 읽고 아래 인터뷰의 질문에 맞는 답을 고르시오.

M: Jane, what do you want to be in the future?

W: I want to be a fire fighter.

M: Really? I thought that you wanted to be a pianist.

W: I like playing the piano, but ever since I was young, I've always wanted to be a fire fighter.

M: But, I've never seen a female fire fighter before. Fire fighting is mostly a man's job., not a woman's.

W: I don't agree with you. Things have changed, so women can have any jobs that they want. They can become presidents, pilots, soldiers, etc.

M: You may be right, but I'm just saying that it's not good job for women. It's too dangerous.

W: I don't think so. Women can do everything, just like men.

Reporter: What do you think of female fire fighter?
Man: In my opinion, fire fighting is for men.
Reporter: Have you ever seen a female fire fighter?
Man: ______________________________

---

a. Yes, I have　　b. Yes, I do.　　c. Yes, I did.
d. No, I haven't.　　e. No, I am not.

(3) 발문과 보기들 사이에 문법적으로 일치하지 않는 문항

예 Why was Peter's teacher angry?

---

a. Peter came to school late.
b. Peter's teacher sent him to the headmaster.
c. Peter's mother sent him to school late.
d. Peter made a problem on her chair.
e. Only Peter answered the question.

위 문항은 각 보기의 앞부분에 "Because"가 들어가야 "Why ~ ?"에 대한 질문의 답이 된다. 또한 아래 문제는 정답이 b와 d인데 그러려면 발문에 "you" 대신 "we"가 들어가야 한다.

예 다음 중 주어진 문장과 뜻이 같은 두 개의 문장을 고르시오.

Why don't you try to have a garage sale?

---

a. Why do you have a garage sale?
b. Let's have a garage sale.
c. Will you try a garage sale?
d. How about having a garage sale?
e. You have a garage sale, don't you?

---

(4) 불필요한 반복이 포함된 문항

예 다음 직접화법을 간접화법으로 고치시오.

(Billy is talking to his dad in his dream)
"Dad, do you see me from heaven?"
→ ______________________________

---

a. Billy asked his father can you see me from heaven.
b, Billy asked his father if his father see him from heaven.
c. Billy asked his father if his father saw him from heaven.
d. Billy asked his father whether his father see him from heaven.
e. Billy asked his father if you see me from heaven.

이 문항의 보기들에는 같은 부분 "*Billy asked his father.*"이 반복되어 있다. 수험생들로 하여금 불필요하게 같은 것을 반복해서 읽게 만든다. 이러한 반복을 피하기 위해서는 이 부분을 다음과 같이 도입부에 두는 것이 좋다.

(Billy is talking to his dad in his dream)
"Dad, do you see me from heaven?"
Billy asked his father ___________

a. can you see me from heaven.
b, if his father see him from heaven.
c. if his father saw him from heaven.
d. whether his father see him from heaven.
e. if you see me from heaven.

3) 보기가 취약한 문항

(1) 매력적이지 못한 보기를 포함한 문항

예 다음 질문에 답하시오.

Q: "How was your dinner?"

a. It was delicious. b. It delicious.
c. It is delicious. d. It was boring.
e. It is boring.

문항의 보기들은 정답이 아니더라도 어느 정도의 매력은 있어야 한다. 너무나 명백하기 때문에 아무도 고르지 않는 보기는 좋은 보기가 되지 못한다. 또한 모든 수험생이 정답을 고를 수 있다면 다른 보기들은 매력이 없다는 뜻이다. 두 가지 문항 모두 문제가 있다. 그런 점에서 위 문항의 보기 b는 유일하게 동사가 없고 문법적으로 틀렸다는 점에서 매력이 별로 없어서 수험생들이 답으로 선택할 확률이 낮다.

아래 문항의 보기에서도 b는 2008년에서의 "eight" 대신에 "seven"을 씀으로써 너무 명백하게 틀린 것을 알 수 있고, 따라서 학생들이 정답으로 고를 가능성이 낮다.

예 다음 중 "April 30, 2008"을 올바로 읽은 것은?

---

a. April thirteen, two hundred eight
b. April thirty, two hundred seven.
c. April thirty, two thousand eight
d. April thirtieth, two thousand eight
e. April thirtieth, two hundred eight

---

(2) 서로 관련이 없는 보기가 있는 문항

예 다음 문장들이 묘사하고 있는 계절을 고르시오.

It's very cold. The days are short. There's snow and wind.

---

a. winter b. October c. fall
d. summer e. spring

위 문항은 보기 b가 다른 보기들과 같은 목록(계절)에 속하지 않음으로써 매력 없는 보기가 되어버렸다. 또한 아래 문제는 보기들이 서로 아무런 관련이 없이 제 각각이어서 좋은 문항들이 될 수 없다.

예 빈 칸에 적절한 것을 고르시오.

I don't want to buy a blue umbrella.
I want to buy a red one __________.

---

a. subway b. instead c. also
d. again e. for

(3) 보기의 길이나 난이도가 너무 다른 문항

<예> 위의 지문과 같지 않은 내용의 보기를 고르시오.

(지문은 지면 관계상 여기서는 생략하였음)

a. The microwave oven inventor worked for a radar company to discover the microwave oven produce heat.
b. The inventions can make life easier.
c. The steamship replaced the sailing ship.
d. People invent things to replace old ones that don't work well enough.
e. Mostly one person invented things.

위의 보기들은 길이가 서로 너무 다르다는 점에서 잘 만들어진 문항이 못 된다. 보기 a와 보기d가 다른 보기들에 비해 지나치게 길고 따라서 난이도도 너무 차이가 난다. 모든 보기들이 거의 비슷한 길이인 것이 좋고, 만약 보기가 네 개인 경우 긴 것과 짧은 것이 두 개씩 있는 것은 괜찮다.

(4) 외적인 힌트(extraneous clue)가 들어 있는 문항

예 다음 빈 칸에 가장 적절한 것을 고르시오.

Lisa likes __with her friends. Her favorite <u>shopes</u> are in Seomyeon.

a. watching TV　　b. studying　　c. swimming
d. playing basketball　　e. shopping

이 문항의 경우 문제의 도입부에 있는 “shops”라는 단어 때문에 정답인 보기 e(shopping)를 고를 가능성이 높다. 뜻을 이해하고 고르는 것이 아니라, 같은 단어가 있다는 사실 그것만으로도 힌트가 될 수 있다. 이럴 경우 제시된 지문에 있는 같은 단어를 그대로 사용함으로써 서로 같은 것을 맞추어(matching) 찾게 하기 보다는 비슷한 뜻의 다른 단어(synonym)를 사용함으로써 힌트가 되는 것을 막을 수 있다. 정답은 고르는 것은 단순한 맞추기가 아니라 제시된 지문의 이해가 바탕이 되어야 한다. 이를 위해서는 문항 작성 시 문장을 바꾸어(paraphrase) 쓸 줄 아는 능력이 요구된다.

아래 문항의 경우도 마찬 가지로 뜻을 제대로 몰라도 문장과 문장을 각각 잘 맞추어보면 정답을 거의 고를 수 있다.

예 다음 내용을 옳게 묘사한 것을 고르시오.

In elementary school I had only one teacher.
In middle school I have many teachers.
In elementary school I had no uniform.
In middle schol I wear a uniform.
In elementary school I have many old friends.
In middle school I have many new friends.
I like middle school.

---

a. In elementary school I had many teachers.
b. In middle school I have only one teacher.
c. In middle school I have a school uniform.
d. In elementary school I had many new friends.
e. In middle school I have only one friend.

이상에서와 같이 취약점이 드러난 문항들이 학교 영어 평가 문항에서에서 적지 않게 발견되는 것을 볼 때 학생들의 영어 능력을 제대로 평가하기 위해서는 우리 영어 교사들의 평가 문항 작성 능력을 보다 향상시킬 필요가 있으며, 앞으로 이 부분에 대한 교사 교육 담당자들의 관심이 좀 더 필요하다고 하겠다.

부록 4

수업 지도의 예시

1. 어휘 지도

* 어휘 지도 시 교과서에 수록되지 않았더라도 교사가 필요하다고 판단되면 소개해도 좋다. 특히 의사소통 중심 수업을 할 때, 원활한 의사소통을 위해서 교과서 외의 어휘나 교과서 단원의 뒷부분에 나오는 어휘들도 앞부분에서 함께 소개하는 것이 효과적인 경우가 있다. 예를 들어 감정을 나타내는 어휘가 현재 교과서 단원에 소개되었는데, 몇 개 밖에 없다고 하자. 이것만으로 학생들의 다양한 감정에 대해 묻고 답하는 것은 사실 힘들다. 따라서 학생들이 자신의 감정에 대해 제대로 표현하게 하자면 좀 더 다양한 어휘가 필요하다. 하지만 이 때 무턱대고 교과서에 없는 어휘들을 많이 소개한다고 좋은 것은 아니다. 어떤 어휘를 소개할 것인가에 대한 판단 기준은 대충 다음 세 가지이다.

1) 자주 쓰이는 단어 (frequency)
2) 유용한 단어 (usefulness)
3) 학습자 수준에 맞는 단어 (learnability)

교과서에 따른 교사 지침서는 교과서 집필자들이 교사의 교과서 지도를 돕기 위한 안내서이다. 특히 경험이 부족한 초보 교사들의 경우에는 많은 도움이 될 것이다. 하지만 경우에 따라 그 내용은 가감과 수정을 통하여, 또한 필요한 자료의 보충을 통하여 교사가 얼마든지 자신의 수업에 맞게 변화 시킬 수 있다. 교사 지침서를 꼭 그대로만 따라야만 할 필요는 없다. 말 그대로 지침서 일 뿐이다. 또한 그 지침서가 늘 완벽한 것이라고도 말 할 수 없다. 교사의 현명한 판단력이 필요하다.

예시1 Fruit (초등학교 수준)

<Original Material & Activity>

∗ Cut the picture and glue it on the right word.

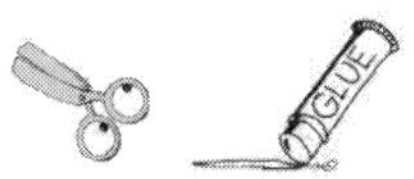

peach	apple	orange
melon	straw-berry	grape
pear	banana	water-melon

<수정된 자료와 활동>

제 1단계: 아래 그림을 잘라서 오른쪽에 있는 단어에 붙이세요. 그림 붙이는 작업이 끝나고 나면 이번에는 각 그림 밑에 해당 단어를 다시 써 보세요. (strawberry, grape, pear, peach, apple, watermelon, melon, banana)

peach	apple	orange
melon	straw-berry	grape
pear	banana	water-melon

제 2단계: 기억 게임 (전체 활동)

1) 교사는 우선 학생들에게 게임에 대해 설명한다. 파워포인트로 아래 과일이 있는 그림을 몇 초 동안 보여주고 난 뒤 없애고, 오른 쪽의 빈 칸만 있는 그림을 다시 보여 주고, 학생들은 어느 칸에 무슨 그림이 있었는지 기억해야 하는 게임이다. 학생들이 어린 초등학생이기 때문에 문장을 제대로 만들 능력이 없어서 교사가 전체 학생들을 대상으로 함께 게임을 한다.

2) 이 게임의 목적은 학생들에게 암기를 시키고자 하는 것이 아니라, 게임을 하면서 반복해서 목표 어휘를 말하고 듣게 하기 위한 것이다. 게임을 하면서도 교사는 계속 다양한 표현들을 들려줌으로써 언어 입력을 극대화 하는 노력이 필요하다. 학생들이 하나하나 맞출 때 마다 그림이 빈 칸에 나타나게 한다. 질문은 전체를 대상으로

하기도 하고 개별적으로 하기도 하면서 학습 참여도를 높이고 게임에 집중해야만 하도록 약간의 긴장감을 준다.

1	2	3

4	5	6

7	8	9

1	2	3
peach	apple	orange
4	5	6
melon	straw-berry	grape
7	8	9
pear	banana	water-melon

T: "What's picture 3? Apple, pear? Do you remember?"

Ss: "Apple."

T: "Right. Apples." (빈칸에 사과 그림이 나타난다.)

"Wow, they are green apples."

T: "Now, Is picture 5 watermelon?"

Ss: "No. It's peach."

T: "Oh, it's a peach. (빈칸에 복숭아 그림이 나타난다.)

"It looks delicious! I guess picture 9 is banana. Am I right?"

Ss: "Yes!" (빈칸에 바나나 그림이 나타난다.)

T: "Can anyone tell me what Number 8 is?"

S1: "Pear."

T: "Excellent! It's a pear."

etc.

제 3단계: A Survey

Q: What's your favorite fruit? (여러분이 가장 좋아하는 과일은 뭐에요?)

* 교사는 교실의 게시판에 차트를 붙여두고 학생들 모두에게 가장 선호하는 과일 밑에 표시하라고 한다. 다음 수업 시작 시 교사는 이 조사 결과를 학습 자료로 사용한다.

melon	watermelon	peach	apple	pear	grape
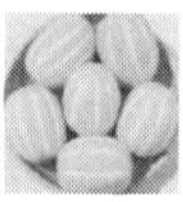					
strawberry	cherry	banana	orange	pineapple	other
	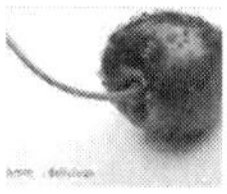				

\# of students: 26

apple	★★ (2)	pear	★★ (2)
watermelon	★★★ (3)	peach	★★★ (3)
grape	★★ (2)	strawberry	★★★★ (4)
orange	★★ (2)	melon	★★ (2)
banana	★ (1)	cherry	★★★(3)
orange	★★ (2)	Other	

■ 숙제:

1) 주변 사람 들 중 두 사람(가족, 친구 등)을 선택하여 다음 질문을 던지고 주어진 보기처럼 그들의 답을 빈칸에 적으세요. (다른 질문들을 첨가하고 싶으면 얼마든지 해도 좋습니다.)

<An Example on the Teacher's web site>

	☺ mom	☺ brother	☺ ____
How old is he/she?	38	13	
Does he/she like fruit?	yes	no	
What's his/her favorite fruit?	strawberry	x	
Other questions			

2) 그리고 그들 중 한 사람을 선택하여 아래의 <보기>처럼 그 사람에 대해서 글을 써 보세요. (그림이 필요하면 '구글'에서 예쁜 그림들을 구할 수 있습니다.)

예

My mother is 38 years old. She likes fruit. Her favorite fruit is strawberry. She likes it because it is delicious and the color is pretty. My brother is 14 years old. He doesn't like fruit. He likes pizza. I love my mom and brother.

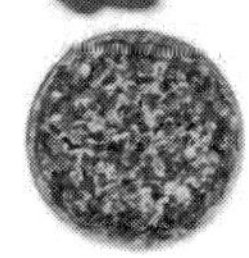

<예시 2> 느낌이나 기분(Feelings) 표현하기

- 등급: 초등 영어
- 학습 자료: 가르칠 단어들의 플래시카드, 파워포인트로 다양한 feelings에 대한 그림 제시

제 1단계: 플래시 카드로 단어 소개

1) 교사는 학생들에게 준비한 단어들이 적힌 플래시카드 묶음을 들어 보이며 이 속에 이 속에 느낌이나 기분을 나타내는 단어들이 있다

고 말한 뒤 교탁 위에 늘어놓는다.

2) 그리고 학생들에게 어떤 단어들이 있겠는지 추측해보라고 한다. 맞으면 교사가 해당 단어를 들어 올린다. 그리고 두 번 따라 읽힌다. 이 때 교사가 먼저 시범을 보여야 한다. 교사가 가지고 단어들 중 학생들이 끝까지 말하지 못하는 단어가 있을 경우에는 마지막에 교사 스스로 그 단어들을 소개한다.

T : "자, 여러분 오늘은 느낌이나 기분을 나타내는 단어들을 배우겠습니다. 여기 한 묶음의 플래시카드 속에 여러 가지 단어들이 들어 있는데 어떤 것들이 있는지 우선 여러분이 하나씩 추측해 보세요. 자, 선생님이 먼저 시범을 보이겠습니다."

T: "슬프다"라고 말한다. 그리고 해당 단어 플래시카드(sad)를 들어 올린다. 그리고 두 번 따라 읽힌 뒤 단어를 보드에 붙인다.

T: "자, 이제 여러분이 해보세요. 느낌이나 기분을 나타내는 단어 하나만 말해 보세요."

Ss: "행복하다"

T : OK Good! ("happy"플래시카드를 들어 올린다. 그리고 두 번 따라 읽힌다.) Anything else?

Ss: "무섭다"

T : Good job! "scared"플래시카드를 들어 올린다. 그리고 두 번 따라 읽힌다.) What else?

. . . . . .

* 마지막으로 학생들이 말하지 못한 단어들(예: 떨린다. 놀랐다, 등)은 교사가 소개한다.

T : "떨린다"라고 말한 뒤 "nervous"플래시카드를 들어 올리고 따라 읽힌다.

. . . . . .

제 2 단계: 연습

* 단어가 모두 소개 되고 난 뒤 이번에는 교사가 각 단어를 하나씩 보드에 붙이며 전체 학생들에게 또는 일부 손드는 학생들에게, 읽어보라고 한다. 그리고 한 번 더 전체 학생들에게 따라 읽히고 하나씩 보드에 붙인다.

<Flash cards on the board>

sad (슬픈)	happy (행복한)	tired (피곤한)	glad (기쁜)
hungry (배고픈)	angry (화난)	thirsty (목마른)	sick (아픈)
shocked (놀란)	bored (지겨운)	scared (무서운)	nervous (떨리는)
sleepy (잠 오는)	excited (신나는)		

제 3단계 : 파워포인트 자료 제시

1) 보드에 플래시카드를 그대로 붙여둔 채, 파워포인트로 처음에는 그림들만을 제시한 뒤, 학생들에게 그림을 잘 보고 해당 단어를 생각해 보라고 한다.

* 우수한 학생들은 그냥 할 수 있겠지만 느린 학생들은 보드에 붙은 것을 참고할 수 있도록 보드에 플래시카드를 그대로 둔다.

2) 다음으로 파워포인트로 그림 밑에 영어 단어와 한글 뜻이 붙은 것을 제시한다.

thirsty
(목마른)

hungry
(배고픈)

happy
(행복한)

sad
(슬픈)

angry
(화난)

scared
(무서운)

excited
(신나는)

sleepy
(잠오는)

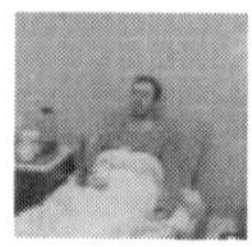
sick
(아픈)

tired
(피곤한)

nervous
(떨리는)

bored
(지겨운)

shocked
(놀란)

제 4 단계: 문장 말하기

* 파워포인트로 준비한 자료를 제시한 뒤, 교사가 그림 두 개 정도를 각각 시범적으로 영어로 말한 뒤 학생들에게 전체적으로 또는 지원자를 이용하여 영어로 말해보게 한다.

T: "Let's see the feelings of these people."
(첫 번째 그림을 가리키며) "She is thirsty."
(두 번째 그림을 가리키며) "He is hungry."
(세 번째 그림을 가리키며) "The baby is happy."라고 말한 뒤 전체 학생들에게 몇 개의 그림을 짚어 보이며 각각에 대해 말해보게 한다. 그리고 개별적으로 몇 명 해보게 한다. 이 때 제대로 안 될 때에는 물론 도움을 줘 가면서 한다.

Ss: "He is sad."　　Ss: "He is angry."

Ss: "She is scared." S1: "She is excited."
S2: "He is sleepy." (or "The boy is sleepy.")
S3: "He is sick." S4: "He is tired."
S5: "He is sleepy." Ss: "He is nervous."
Ss: "She is bored." Ss: "She is shocked."

제 5 단계: 준비한 학습지를 나눠주고 각자 해보게 한다.

<학습지 1>

1) 다음 각 영어 문장과 그에 맞는 한글 해석을 연결해 보세요.

---

(1) I am hungry. •	• (나는) 아프다.
(2) I am bored. •	• (나는) 배가 고프다.
(3) I am shocked. •	• (나는) 신난다.
(4) I am happy. •	• (나는) 행복하다.
(5) I am sick. •	• (나는) 지겹다.
(6) I am excited. •	• (나는) 놀랐다.

---

(1) I am thirsty. •	• (나는) 떨린다.
(2) I am sleepy. •	• (나는) 무섭다.
(3) I am sad. •	• (나는) 피곤하다.
(4) I am tired. •	• (나는) 목마르다.
(5) I am nervous. •	• (나는) 잠이 온다.
(6) I am scared. •	• (나는) 슬프다.

---

2) 지금 현재 나의 느낌이나 기분에 해당하는 것에 O표 하세요.

(1) I am hungry now. (　)
(2) I am bored now. (　)
(3) I am shocked now. (　)
(4) I am happy now. (　)
(5) I am sick now. (　)
(6) I am excited now. (　)
(7) I am thirsty now. (　)
(8) I am sleepy. (　)
(9) I am sad. (　)
(10) I am tired. (　)
(11) I am nervous. (　)
(12) I am scared. (　)

제 6 단계: 기분 묻고 답하기

* 위의 내용을 바탕으로 학생 개개인의 느낌이나 기분을 말해 보게 한다. 이 때 교사가 먼저 자신의 느낌이나 기분에 대해 얘기를 함으로써 시범을 보인다. 그리고는 학생들에게 개별적으로 질문하고 답하는 기회를 준다. 이 때 잘하는 학생뿐만 아니라 느린 학생들도 참여하도록 배려한다.

T: "I am tired now. How many of you feel tired now? "(교사가 손을 드는 시늉을 한다. 몇 몇 학생들이 따라서 손을 든다.)

T: "OK. Let me ask each of you." (잘하는 한 학생을 가리키며)
"S1, How do you feel now?"

S1: "I am hungry."

T: "Oh, no! You are hungry. Well, I am hungry, too."
(몇 명 잘하는 학생들을 시키고 난 후 느린 학생을 지명하고 같은 질문을 던진다.)

T: "S5, How do you feel now?" (S5 학생은 답을 못한다.)

T: "피곤해요? 배고파요? 목말라요? 한국말로 해도 돼요."

S5: "목말라요."

T: "I am thirty."라고 말해 봐요. "How do you feel now?"

S5: "I am thirsty."

T: "Oh, you are thirsty!. (교사는 물 마시는 시늉을 하며)
Drink some water. OK?"
S5: OK. (혹은 고개만 끄덕인다.)
T: "Excellent!"
T: "Now, you ask each other the question and answer."
(학생들은 짝끼리 서로 묻고 답한다.)

예시 3 길거리 풍경(A Street Scene)

* 직업과 연관된 것을 가르치는 교과서 단원에서 소개하면 좋은 자료이다. 보기에는 몇 개밖에 없지만 교사의 판단에 따라 얼마든지 다양한 직업을 더 소개할 수 있다. 학생들의 수준이 높으면 직접 해당 직업에 대해 묘사하는 것도 할 수 있지만 수준이 낮은 경우에는 밑에 있는 영어 설명을 읽는 기회를 갖는 것만으로도 족하다.

제 1 단계: 단어 찾기

* 아래 그림들을 보고 각 그림에 맞는 단어들을 아래에 있는 상자 안에서 골라 써 넣으세요.

1. Mr. Green got a flat tire.
   Who is helping him to fix it? (   )
2. Mr. Smith left his car parked on the wrong side of the street. Who is giving him a ticket? (   )
3. Who is delivering letters? (   )
4. Who is pushing the baby in the stroller? (   )
5. Who is putting out a fire? (   )
6. Who is standing on the ladder? (   )
7. Tom is lost. Who is giving him directions? (   )
8. Who is helping the city to keep clean? (   )

제 2 단계: 글을 읽고 이해한 뒤 단어 찾기

* 각 질문에 맞는 단어를 고르세요.

1. Mr. Green got a flat tire. Who is helping him to fix it? ______.
2. Mr. Smith left his car parked on the wrong side of the street. Who is giving him a ticket?
3. Who is delivering letters?
4. Who is pushing the baby in the stroller?
5. Who is putting out a fire?
6. Who is standing on the ladder?
7. Tom is lost. Who is giving him directions?
8. Who is helping the city to keep clean?

mail carrier, window cleaner, fire fighter, garbage collector, baby sitter, passers-by, traffic officer, mechanic

제 3 단계: 문장 쓰기

* 문장 쓰기는 학생의 능력에 따라 다음 여러 가지 형태로 요구할 수 있다. 능력이 매우 낮은 경우에는 <Type 1>처럼 그대로 모방하는 수준이며, <Type 2>, <Type 3>, <Type 4>로 나아가면서 조금씩 요구하는 수준이 높아진다. 학생 능력에 따라 어떤 것을 요구할 지는 교사가 판단할 일이다.

<Type 1>

* Write down the sentence.

1. The mechanic is fixing the flat tire.

   ____.

2. The traffic officer is giving Mr. Smith a traffic ticket.

   ____.

3. The mail carrier is delivering letters.

   ____.

4. The baby sitter is pushing the baby in the stroller.

   ____.

5. The fire fighter is putting out a fire.

   ____.

6. The window cleaner is standing on the ladder.

   ____.

7. The passers-by are giving Tom the directions.

   ____.

8. The garbage collector is helping the city to keep clean.

____.

<Type 2>

* Put the words in the right order to make a grammatical sentence.

1. is mechanic The fixing tier the flat .

____.

2. The is traffic ticket giving officer Mr. Smith a .

____.

3. carrier is the delivering mail the letters .

____.

4. baby is The pushing sitter the in the baby stroller.

____.

5. The fighter is out fire putting fire a .

____.

6. The is standing cleaner on window ladder the .

____.

7. passers-by is the directions giving Tom .

____.

8. The garbage is city helping collector to the keep clean .

____.

<Type 3>

* Look at the pictures and write down what each person is doing.

1. The mechanic is fixing the flat tire.

2. The traffic officer is giving Mr. Brown a ticket.

3. The mail carrier ______________________________.

4. The baby sitter ______________________________.

5. The fire fighter ______________________________.

6. The window cleaner ______________________________.

7. The Passers-by ______________________________.

8. The garbage collector ______________________________.

<Type 4>

* Can you think of any other jobs?
  Choose five of them and describe what each person does.

1. ________ : ______________________________.

2. ________ : ______________________________.

3. ________ : ______________________________.

4. ________ : ______________________________.

5. ________ : ______________________________.

Symptoms & Sickness

* 이 자료는 고등학생 수준인데, 어휘를 가르치면서 그 정의를 영어로 제시하여 학생들이 보다 많은 언어 입력을 받게 하는 효과가 있다. 또한 그와 관련하여 생활과 밀접한 액션시리즈와 속담 등을 소개함으로써 어휘 학습이 단순히 뜻을 파악하는데 그치지 않도록 하였다.

제 1단계: 주어진 정의에 맞는 단어 찾기

1. ___________:

- a common sickness in North America with some of these symptoms: sore throat, cough, runny (stuffy) nose, and tiredness; colds are contagious, which means you catch them from others.

2. ___________:

- the common condition not being able to go to the bathroom

3. ___________:

- an irritation of the throat which causes a person to make a rasping sound

4. ___________:

- the common condition of having to go to the bathroom too often (opposite of constipation)

5. ___________:

- a body temperature that is higher than normal (When it goes up, you shiver and feel cold. When it goes down, you sweat.)

6. ___________:

- a very common sickness in North America, similar to cold, but more severe and faster in its attack, often with a fever; Flu is contagious.

7. __________:

- pain in the head; it is a very severe headache, often with pounding, sensitivity to light, and vomiting (throwing up the contents of your stomach)

8. __________:

- marks or spots on the skin, often red in color

9. __________:

- a painful feeling in your throat

10. __________:

- pains in your stomach

11. __________:

- to burn or damage by fire or heat

12. __________:

- coming from old age; showing the weakness of body or especially of mind connected with old age

13. __________:

- loss of feeling in and control of all or some of the body muscles: paralysis of the arm

14. __________:

- a stroke or blow with a sword or knife, etc.

15. __________:

- to damage (a joint in the body) by sudden twisting

<Examples of ailment>

a. sprain,	b. flu,	c. senile dementia,
d. constipation,	e. rash,	f. migraine,
g. cough,	h. sore throat,	i. paralysis
j. cold	k. diarrhea,	l. fever,
m. burn,	n. stomachache,	o. cut,

제 2단계: 건강에 관한 영어 속담 소개하기

- An apple a day keeps the doctor away.
- A man is as old as he feels, a woman as old as she looks.
- Eat in measure and defy the doctor.
- Much meat, much disease.

제 3단계: 액션 시리즈 (Taking Vitamin Pills)

* 학생들이 평소에 익숙한 내용을 가지고 만든 액션 시리즈를 소개한다. 그리고 표현을 익히게 한다. 다음 수업 시간에 익혔는지 개별적으로 몇 명 지명하여 확인한다.

Taking Vitamin Pills

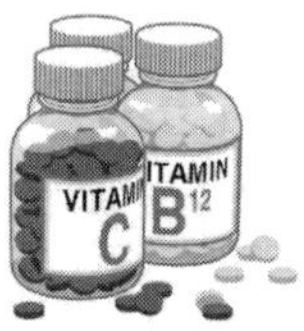

1. You're going to take your vitamins.
2. Pick up the bottle of vitamin pills.
3. Take the top off.
4. Take out a pill.
5. Put the top back on.
6. Put the bottle down.
7. Put the pill in your mouth.
8. Drink some water and swallow the pill.
9. Uh-oh! It's stuck in your throat!
10. Drink some more water.
11. O.K. Good. It went down.

2. 문법 지도

일반적으로 문법을 지도할 때는 다음과 같은 점을 염두에 두어야 한다.

1) 교사의 설명은 가능한 한 줄이고 학생들에게 목표 구문을 연습하고 사용할 기회를 가능한 한 많이 준다. 수업 시간에 교실에서 문법 문제를 풀게 하는 것은 좋은 수업 운영 방법이 못된다. 왜냐하면 이는 숙제로 가정에서 혼자서도 얼마든지 할 수 있기 때문이다. 교실에서의 활동은 가능하면 교사의 지도 아래 학생들 간의 상호작용을 할 수 있는 시간이 되어야 한다.
2) 예문은 학습자들에게 보다 의미 있는 것이 되게 하기 위해서 실제 생활의 경험이나 흥미, 관심사를 이용하는 것이 좋다.
3) 학생들의 학습 동기를 높이고 학습 내용을 보다 잘 기억하게 하기 위해서는 재미있고 관심을 끌 수 있는 학습 자료를 사용하도록 한다.
4) 목표 구문은 한 번 제시하는 것만으로는 내재화에 크게 도움이 안 된다. 기회 있을 때 마다 연관이 있을 때마다 순환적으로 반복 제시하도록 한다. 이는 같은 수업 시간뿐만 아니라 다른 수업들 간에도 적용이 되어야 한다.
5) 학생들이 수업에 집중을 하도록 만들기 위해서는 어느 정도의 긴장감이 필요하다. 가끔씩 개별적으로 지명하여 질문을 하는 것이 필요하다. 이는 학생들로 하여금 딴 생각에 빠지는 것을 막아주기도 한다.
6) 소극적이거나 느린 학생들도 수업에 참여시키고자 하는 교사의 노력이 늘 필요하다. 이를 위해서는 이들 학생들이 답을 할 수 있는 수준에 맞는 질문을 하는 것이 필요하다. 그렇잖아도 소극적이고

느린 학생들에게 어려운 질문은 그들을 더욱 주눅 들게 할 뿐이다.

7) 목표 구문을 가르치는 기본 단계는 대체로 다음과 같다:

(1) 목표 구문 제시

(2) 목표 구문 연습

(3) 목표 구문의 의미 있는 사용

(4) 배운 내용 확장 연습

(5) 요약하기

(6) 숙제내기

(7) 다음 시간에 복습

예시 1

목표 구문: used to + 동사원형 ~ : (과거에) ~하곤 했었다.

제 1 단계: 목표 구문의 제시 및 설명

* 오늘 배울 문형은 'used to ~ (~하곤 했다)'로서 이 'used to ~'는 'use (사용하다)'라는 동사와는 그 뜻이 무관하며, 발음도 다름을 예를 들어 설명한다.

예 I <u>used</u> too much time on computer games.
I used to play computer games too much.

* 'used to ~'의 뜻에는 '지금은 그렇지 않다'는 뜻이 포함됨을 주지시킨다. 발음은 '-ed'의 [t] 발음과 'to'의 [t] 발음을 연음으로 한다.

제 2 단계: 예문 제시 및 연습

* 예문을 몇 가지 제시하고 학생들로 하여금 해석해 보게 한다. 그리고 각 문장을 두 번씩 따라 읽힌다. 한 번씩만 따라 읽히면 잘 안 되는 학생들이 있기 때문이다.

예 I used to watch T.V. until midnight.
I used to sleep too many hours.
We used to go fishing on Sundays.
She used to sing for her classmates.

제 3 단계: 학생의 이해도 파악

* 질문이 있는지 확인한다. 대개의 경우 학생들은 질문을 잘 하지 않는 경향이 있기 때문에 학생들의 이해도를 파악하기 위하여 교사가 "과거가 아닌 '요즘 ~하곤 한다'라고 표현하고 싶을 때는 어떻게 해야 할까요?"라고 학생들에게 질문을 던져 본다. 학생들의 답을 들어보고, 보충 설명한다. 이 때 현재라고 해서 'use to'같은 표현을 쓰지 않으며, 대신 often이나 sometimes등을 사용함을 주지시킨다.

제 4 단계: 다양한 자료를 이용한 연습

* 교사가 그림을 제시하고 학생들로 하여금 전체적으로 또는 개별적으로 지명하여 문장을 만들게 한다. 첫 문장은 교사가 시범을 보인다. 학생들이 시도할 때 잘 안 되면 교사가 도움을 준다. 그리고 마지막으로 전체 학생들이 각 문장을 한 번씩 따라 읽게 한다.

예 T: (showing a picture of a man who is doing the dishes)
"He used to do the dishes."
T: (shows a picture of a woman who has long hair)
Ss.: "She used to have long hair."

T: (shows a picture of a man who is driving a truck)
Ss.: "He used to drive a truck."

제 5 단계: 실생활의 경험과 관련하여 표현하기

* 교사나 학생들의 실제 경험을 바탕으로 문장 만들기를 한다.

예 T: I used to play the computer until midnight.
S1: ______________________________.
S2: ______________________________.
S3: ______________________________.
S4: ______________________________.

제 6 단계: 형성 평가

* 간단한 쪽지시험으로 형성평가를 실시할 수도 있으나, 시간이 충분하지 못하여 그럴 수 없는 경우가 흔히 있다. 이러 때는 형성평가를 대신하여 구두로 몇몇 학생들에게 오늘 배운 내용에 대해 질문을 던짐으로써 이해 정도를 파악한다. 그리고 핵심 내용을 요약해준다.

제 7 단계: 숙제

* 나 또는 나의 주변 사람들이 과거에는 했지만 지금은 하지 않는 일에 대하여 오늘 배운 구문 'used to ~'를 이용하여 문장 5개 이상 만들기. 다음 수업 시간에 발표해야 하므로 준비해 올 것을 주지시킨다. 그리고 그 다음 수업 시간 시작 무렵에 복습 겸해서 반드시 이를 확인한다.

* 순환적 반복 언어 사용(recycling): 목표 구문은 같은 수업 시간뿐만

아니라 여러 수업 시간에 걸쳐서 거듭해서 사용되어야 내재화 하는 데 도움이 된다. 이를 위해서 교사는 기회 있을 때마다 앞에서 배웠던 내용을 다시 언급하며 학생들의 기억을 되살려 주는 것이 필요하다.

예시 2

목표 구문: *how to ~ / where to ~ / what to ~*

제 1 단계: 목표 구문의 제시 및 설명

* 교사는 목표 구문을 포함한 예문을 제사하고 설명을 한 뒤 학생들로 하여금 한 문장씩 따라 읽게 한다.

예 I'd like some advice about how to improve my English.
We can't decide where to go during this winter break.
I didn't decide *what to have* for lunch yet.

제 2 단계: 목퓨 구문에 대한 연습

* 그림들을 보여주며 교사는 문장들을 말한다.

(Showing Picture A)

T: "I'd like to learn how to ride a bike."

T: "Any other possible sentence?"

S1: "I wonder where to borrow a bike."

T: "Great! Anything else?"

S2: "I don't know *where to have* my bike repaired."

T: "Good job

A

B

C

D

E

F

G

H

(Showing Picture B)

T: "S3, can you make any sentence about the picture?"

S3: "He *knows how to repair* his car."

T: "Very good! OK., Everyone, can you say the sentence again?"

Ss.: "He knows *how to repair* his car."

T: "Yes, he seems to know *how to fix* his car."

(학생들은 교사를 따라 repair나 fix를 사용한 목표 구문을 말한다.)

"He knows how to repair his car." "He knows *how to fix* his car."

T: "Anything else?"

S4: "I want to learn *how to drive*."

T: "Excellent! But I'm afraid you are too young!"

(Showing Picture C)

T: "I think they are learning *how to play* tennis."

"Do you know *how to play* tennis?"

Ss.: "Yes./No."

T: "I used to play tennis when I was younger, but I don't play it any more."

"As you can see, I am getting old and I feel tennis is too heavy for me."

(Showing Picture D)

T: "S4, Can you make any sentence?"

S1: "I don't know *how to cook* rice."

T: "Good job! By the way, are you sure you really don't know *how to cook* rice?"
(To the class.)
"How many of you don't know how to cook?"
(Some students raise their hands.)
"Why don't you learn?"
"OK, Anyone else?"

S5: "I wonder *where to get* a rice cooker."

T: "Great! Can you guys tell him *where to get* a rice cooker?"

Ss.: "Go to a Mart./Go to 전자상회, etc."

T: "Right. You can get one at a Mart, like E-Mart, GS Mart, etc. or at an electronic shop."
(Showing Picture E, T designates a passive or slow student)

T: "S6, do you know *how to do* the laundry?"

S6: "Yes./No."

T: "Oh, you do! Good./Oh, you don't!"
(To the class)
"How many of you do the laundry yourself?"
(Some students raise their hands.)

T: "Good. I think you guys are old enough to do the laundry yourself. Learn *how to do* it and help your mother. OK?"

제 3 단계: 실생활의 경험과 관련하여 표현하기

T: "You have many things around you. Do you know *how to use* all of them? I myself don't know everything. For example, I know *how to drive* my car, but I don't know *how to fix* it. Now, think about what you have around you. Why don't you talk about what you can do or cannot do with your partner? I will ask you about it after a while."

(Ss. talk in pairs for a while.)

T: "Now, can anyone tell me what you or your partner can do or cannot do?"

제 4 단계: 학습 내용의 확장 (Extension)

T: "By the way, you guys have a lamp on your desk. Right?Do you know *how to change* the light bulb in your lamp?"

Ss.: "Yes!/No!"

T: "Can anyone give us the instruction for *how to do* it?"

(No volunteer)

T: "Well, maybe many of you know *how to do* it, but it is not easy to give the instruction in English. I understand. Then, why don't we learn the expressions for the instruction."

<Action Series: *How to change* the light bulb>

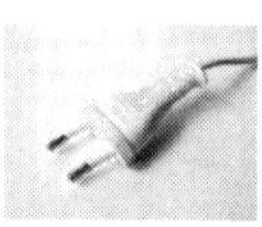

1. Turn on the light. It's burned out!
2. You have to change the light bulb.
3. Go get a new one.
4. Unplug the lamp.
5. Take off the lamp shade.
6. Unscrew the old bulb.
7. Screw the new one into the socket.
8. Put the lamp shade back on.
9. Plug the lamp.
10. Turn it on. It works!
11. Throw the old bulb away.

제 5 단계: 학습 내용 요약(Summary)

* 교사가 시작 부분에서 사용했던 예문을 이용하여 학습 내용을 요약하고 질문이 있는지 확인한다.

제 6 단계: 숙제 내기(Homework Assignment)

* 수업 종료 시 교사는 학습 내용과 관련된 숙제를 웹사이트에 올려놓았음을 알린다.

<교사의 웹 사이트에 올릴 내용>

<숙제 내기>

1. 우선 어떤 상황을 한 가지 가정하세요. (여러분 자신의 실제 경험이 있을 경우 그것을 이용하면 더욱 좋습니다.) 수업 시간에 배운 아래의 표현들(*how to ~/ where to ~/ what to ~*)을 이용하여 그 상황이나 경험을 묘사하세요. 예를 들면 다음과 같습니다.

예 상황: 우리는 새 지역으로 이사를 왔습니다.)

> On the moving day I asked *what to do* to help my mother.
> At first, I didn't know how to get to the subway station. I had to ask my neighbor *where to take* the bus for my school.

2. 여러분이 만든 문장들은 반드시 여러분 자신이 만든 것이어야 합니다. 다른 곳에서 베끼는 것은 허용이 되지 않습니다. 만약 베낀 사실이 밝혀지면 숙제는 영점 처리됩니다.

3. 다음 수업 시간에 여러분이 완성한 숙제에 대하여 급우들 앞에서 발표를 해야 합니다.

제 7 단계: 복습

1. 다음 수업 시간에 교사는 인사가 끝난 후 다음과 같이 숙제를 이용하여 지난 시간의 수업 내용을 복습하는 기회를 갖는다.

T: "OK. I am sure you all brought your completed homework.
Can anyone tell us about what you have?"
T: (지원자가 없을 때는 교사가 몇몇 학생들을 직접 지명한다.)
"Well, no volunteer. That means I have to ask you in person."
"S1, do you have anything to let us know?"
(S1 학생이 답을 하면 교사는 칭찬을 하거나 도움을 준다.)
T: "How about you, S2?"
(S2 학생이 답을 하면 교사는 칭찬을 하거나 도움을 준다.)

2. 교사가 목표 구문을 이용하여 자신의 경험에 대해 이야기 한다. 이는 교사의 경험을 들으면서 학생들로 하여금 배운 구문을 내재화할 수 있는 기회를 준다. (듣기 능력이 떨어지는 학생들을 위해 교사의 웹 사이트에도 이 내용을 올려놓았으니 나중에 다시 확인해보라고 한다.)
"Well, I have one. Long time ago, I lost my passport in a foreign country. At first, I didn't know *what to do* and I didn't know *where to go* for help. So, I just cried. Later, I went to the police station and reported it, and the officer told me *what to do*. What an experience! Since then, I get very careful about my passport whenever I travel to a foreign country."

3. 교사가 학생들에게 지난 시간에 배운 전구 갈아 끼우기 액션 시리즈를 기어하는지 묻고 다 같이 한 번 해보자고 한다. 학생들은 함께 액션 시리즈의 문장 순서대로 말한다. 이 때 학생들의 지나친 부담을 덜어주고 기억을 도와주기 위하여 교사가 액션 시리즈 각 단계의 일

부를 제공하는 것이 좋다. 아무 것도 없이 학생들에게 액션시리즈 모든 내용을 순서대로 기억하라고 하면 학생들에게 지나친 부담을 주는 것이다. 그들이 기억을 해낼 수 있도록 교사는 도움을 주어야 한다. 이를 위해서는 아래와 같이 지난 시간에 사용한 자료를 약간 변형한 것을 사용하는 것도 좋다.

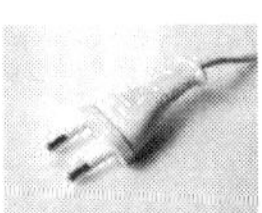

<Action Series: *How to change* the light bulb>

1. Turn on the light. It's ________!
2. You have to_______ the light bulb.
3. Go_____ a new one.
4. ______the lamp.
5. _____off the lamp shade.
6. _______the old bulb.
7. Screw the new one_____the socket.
8. Put the lamp shade______on.
9. _____ the lamp.
10. Turn it on. It ______!
11. ______ the old bulb away.

예시 3

목표 구문: have been ~ ing

제 1단계: 목표 구문의 제시 및 설명

* 우선 구두로 목표 구문의 예문을 제시하고 그 뜻을 말한다.

예문 I've been driving a car for five years.

T: "과거에 시작해서 지금도 진행 중인 일을 묘사할 때는 어떻게 표

현하는지 배워봅시다. 가령 나는 운전을 한지 5년이 되었어요. 그러면 다음과 같이 말할 수 있겠죠?"

"Two years ago, in 2005, I began to drive a car.
It is now 2010, so I've been driving a car for five years."

* 교사는 학생들이 익숙해질 만큼, 하지만 지겨울 정도는 아닐 만큼 목표 구문을 어떻게 만드는지를 가능하면 생활 속의 경험을 바탕으로 문장을 몇 개 만들어서 들려준다. 가령 교사가 영어를 언제부터 가르쳤는지, 또는 현재 사는 집으로 이사는 언제 했는지, 학생들이 언제부터 영어를 배웠는지, 등등.

제 2 단계: 목표 구문의 핵심 부분 강조

* 칠판에 위에서 언급한 예문 중 학생들의 경험을 나타내는 예문을 하나 적는다. 그리고 색분필로 핵심 부분을 다음과 같이 밑줄을 그어 핵심 구문을 강조한다.

예문 We'<u>ve been</u> learning English <u>for</u> 2 years.

* 때로는 뼈대 구조(the bone of the structure)(이를 종종 "skeleton structure"라고도 부른다)만 제시함으로써 불필요한 단어들로 핵심 부분 파악에 방해가 되지 않게 하는 것도 괜찮다.

have + been + ...ing + for
('ve)
has
('s)

제 3 단계: 기계적인 연습

* 처음에는 일단 문장 구조가 익숙해져야 하므로 먼저 대체 훈련(substitution drill)을 시킨다. 이 때 그림이나 플래시카드 등을 힌트

로 사용한다. 첫 문장은 교사가 시범을 보인다.

예 T: "Ten years." (showing a picture of an English teacher)
"I have been teaching English for ten years."
T: "Five years" (showing a picture of a driver in the car)
S: "I've been driving the car for five years."
T: "Many years" (showing a picture of a guitar player)
S: "I've been playing the guitar for many years."

제 4 단계: 개별 학생들에게 의미 있는 연습

* 학생들의 경험을 바탕으로 한 훈련을 시킴으로써 학습 내용이 학생들에게 보다 의미 있는 연습이 되게 한다. 우선 교사가 먼저 자신의 경험을 바탕으로 시범을 보인다. 그리고 학생들에게 질문을 던지고 약간의 생각할 시간을 준 뒤 개별적으로 호명을 해서 발표를 하게 한다. 이 때 물론 잘하는 학생들을 먼저 호명해서 다른 학생들에게 보다 많은 시간을 주는 것이 필요하다.

예 T: "I've been using this bag for 6 months.
I bought it 6 months ago and I'm still using it."
T: "Now, how long have you been using your bag? (pause) Chang-ho?"
C-H: "I've been using my bag for one year."
T: "How about you, Yoon-hee?"
Y-H: "I've been using it for 10 months."

* 이런 종류의 연습을 하는 과정에서는 문장의 형식보다는 의미에 초점을 맞추어야 하며, 오류가 나오더라도 당일 학습 내용과 관련된 중요한 오류가 아닐 경우 교사가 올바른 문장으로 반복만 해주고 넘어가는 것이 좋다. 지나치게 오류를 수정하려고 하면 학생들의 문장

생성 의지를 오히려 꺾게 되며, 용기를 상실하게 만들기 때문이다. 목표 구문으로 자신이나, 자신의 가족, 친구 등에 대해 말하는 것은 교사가 일방적으로 만든 문장을 반복하게 하는 것 대신 보다 의미 있는 연습이 되므로 목표 구문의 내재화에도 도움이 된다.

예시 4 비교급과 최상급

* 비교급이나 최상급을 가르치기 위해서 흔히 사용하는 것이 물건의 가격이다. 아래 자료는 학생들에게 비교적 잘 알려진 세 군데의 마트 이름들을 사용하였다.

	LOTTE MART	GS MART	E MART
MILK	1 qt. $1.29	1 qt. $1.69	1 qt $1.49
FLOUR	5 lb. bag . $3.29	3 lb bag. $1.79	2 lb. bag..$1.19
BEEF	1 lb. $2.29	2 lbs $4.19	3 lbs. $5.99
JAM	2 jars $1.99	5 jars $4.59	1 jar $1.19
COFFEE	1 lb. can... $2.99	2 lbs. $5.29	2 lbs........$5.39
CARROT	2lbs $1.09	3 lbs. $1.99	4 lb. $2.09

* 다음 빈 칸에 cheap이나 expensive의 비교급이나 최상급을 사용하여 문장을 완성하시오. 처음 두 문장은 보기입니다.

1. The milk at Lotte Mart is ______________________ E Mart.
2. The milk at GS Mart is _____________________________ E Mart.
3. The flour at Lotte Mart is _________________.
4. The beef at E mart is _______ than the beef at GS Mart.
5. The jam at GS Mart is _____________.
6. The coffee at Lotte Mart is ______________.

7. The carrots at E Mart is ____________ at Lotte Mart.

(위의 가격표를 이용하여 자신이 직접 3개의 문장을 만들어 보세요.)

8. ____________________________________.

9. ____________________________________.

10. ____________________________________.

3. 독해 지문 지도

예시 1 중학교 독해 지문 지도

[Americans and Fast Foods]

Maybe the U.S. is most famous for "fast foods." The first fast food restaurants served hamburgers, but now they serve other kinds of food as well. Many fast food restaurants have a drive-in section. Here you can order and pick up your food without even getting out of your car! Inside there is often a "salad bar," where you can help yourself to as much as you want.

Americans eat out a lot, and when they go to a restaurant, they don't expect to be hungry afterwards. Most restaurants will put a lot of food on your plate — sometimes it can be too much. But if you can't finish it all, don't worry: the waiter will bring you a "doggy bag" and you can take it home with you.

Busy people don't have a lot of time to cook at home, and so snack and convenience foods are becoming more popular. Most Americans now have a light breakfast instead of the traditional eggs, bacon, toast, hashbrown potatoes, orange juice, and coffee. But on weekends there is more time, and a large late breakfast or early lunch ("brunch") is often eaten with family or friends. And if guests come to lunch or dinner, the hosts will make something special.

제 1단계: 준비 단계 (사전 읽기 활동)

1) 학생들의 경험을 오늘 배울 학습 내용과 연결해 질문을 던지며 학생들의 흥미를 유발시킨다.

T: "Have you ever been to a fast food restaurant? How often do you eat there? Why do you go there? Do you like hamburgers? What do you do if you cannot finish the food?"

2) 문화 지도

예 패스트 푸드와 건강의 관계

예 한국 음식은 몸에 좋은 음식으로 외국에도 알려져 있음. 예를 들어 미국의 병원에서 환자들에게 한국 음식을 제공하는 곳도 있음.

제 2단계: 읽기 활동

1) 학생들에게 몇 분의 시간을 주고 지문이 무엇에 대한 것인지 읽고 대의를 파악하게 한다.

2) 이해도 측정을 위해 지문 내용에 대해 질문을 몇 개 던진다.

T: "How do they serve the customers in the restaurant?"

1) give them a lot of food

2) allow them to take the left-over home

T: "What's Americans' eating habit like at home?"

1) no time to cook (snacks & convenience foods are popular)

2) light breakfast or brunch
3) special food for guests

T: "What used to be the traditional breakfast for Americans?"

3) 지문의 개별 문장들의 뜻을 이해하는지 확인한다.

4) 필요한 어휘와 문법 지도를 한다.

예 hashbrown potato
drive-in section (drive-thru)
left-over ➔ waste box or carry-out box
light breakfast -> Adjective (X: heavy)
Help yourself to some xxx.
bring vs. take, etc.

5) 각 문단은 무엇에 대한 것이며, 그 주제문은 무엇인지 확인한다.

6) 비판적 읽기 활동(Critical reading)

T: "Did the author provide any evidence for his claim 'Maybe the U.S. is most famous for fast foods'?"

T: "Any other possible reasons for the popularity of snacks and convenience foods?"

제 3단계: 읽기 후 활동 (Post-reading)

1) 교실에서 배운 내용과 관련하여 학생들의 생활 경험에 대해 서로 이야기하는 기회를 갖게 하기 위해 교사가 시범적으로 질문을 던진다.

T: "How many of you eat brunch on Sundays? Wow, a lot of you do. O. K. That means the rest of you do have breakfast. I do, too. I never skip breakfast, but I usually make it light."
"XXX, did you have breakfast this morning? A light one or a heavy (large) one?"

T: "How many of you can cook? Do you think you are a good cook? What kind of food can you make?"

T: "What's your eating habit like? What's your favorite food?"

T: "Do you often go to a fast food restaurant? How often? Are you allowed to take the left-over home? Do you ever do that?"

2) 학습 내용의 확장(Extension)

(1) 읽기 자료 제공 - 읽기와 문화적인 내용 소개

(2) 액션 시리즈 - "Eating out"

(3) 역할극: 패스트푸드점에서 음식주문하기

(4) 개별 활동 및 전체 활동 : 가격 비교하기

The Origin of Hamburger

Broukal, M., & Murphy, P. (1991). *All About USA. New York, NY: Longman.*

The hamburger has no connection to ham. It got its name from the German town of Hamburger, which was famous for its ground steak. German immigrants to the United States introduced the "hamburger steak."

At the St. Louis World's Fair in 1904, hamburger steak were served on buns for the first time. Hamburgers on buns were convenient and tasted good. This became the usual way of eating hamburgers.

How did the hamburger become the most popular, most typical American food? The introduction of the bun is an important part of the answer. Another important part is McDonald's, the fast-food restaurant.

The first McDonald's was opened in San Bernadino, California in 1949. Hamburgers were the main item on its menu. People liked the restaurant's fast service. By the 1960s there were many McDonald's restaurants. McDonald's was a part of nearly every community in the United States.

There were also other fast-food restaurants that sold hamburgers. McDonald's alone sold millions of hamburgers a year.

Today, of course, there are McDonald's restaurants around the world. The food they serve is considered typically American. And, although McDonald's has expanded its menu, the main item on that menu is — as always — the hamburger.

Action Series: Restaurant

Sizzler

STEAK·SEAFOOD·SALAD

9142 International Drive
Orlando 351-5369

<Eating Out>

1. You're going out for dinner.
2. Walk into a restaurant.
3. Find a table that's not occupied.
4. Sit down.
5. Pick up the menu and look for something good.
6. The waiter/ waitress comes.
7. Order what you like.
8. Unfold your napkin.
9. Put it on your lap.
10. The food comes.
11. Take a sip of water.
12. Enjoy your meal.

At McDonald

Employee : Can I help you?
Customer: Yes. I'll have a Cheezeburger.
Employee : OK. Would you like French fries or anything to drink?
Customer: A diet coke, please.
Employee : Large, medium, or small?
Customer : Small, please.
Employee : Okay. Anything else?
Customer: No. thanks.
Employee : For here or to go?
Customer : To go, please.

Compare the restaurant specials this week.

	<McDonald's>	<Wendy's>
SANDWICHES		
Chicken	$ 2.65	$ 2.75
Egg salad	$ 2.50	$ 2.35
Tuna	$ 1.95	$ 1.85
Hamburger	$ 2.95	$ 1.75
Cheeseburger	$ 3.50	$ 3.65
DRINKS		
Coffee	$. 50	$. 60
Tea	$. 50	$. 60
Milk	$. 60	$. 60
Soda		
Large	$1.00	$. 90
Medium	$ .75	$. 70
Small	$ .50	$. 40

예시 2 고등학교 독해 지문 지도

Advertising : the Selling of a Product

(From 박성수, 김경학, 김해연. (1999). *English for Everyone.* 서울: 동아서적.)

These days many products are nearly the same as one another in quality and price. If products are the same, what makes you buy one brand instead of another? Although we might not realize it, advertisements on TV, and in newspapers and magazines influence us much more than we think. Let's take a few examples and see what advertising is and how it works.

Advertisements are everywhere today. You have only to look through a newspaper, magazine or turn on the television. You see them on billboards and subways. Yes, they are always there. Today advertising is so common that we seldom stop to think about its importance in our daily life.

Advertising is called "the voice of business". It is a form of selling. It makes you want to buy a product or a service. A company uses advertising to make you familiar with the brand name of its product. Some advertising asks you to accept a point of view.

In order to attract your interest, advertising uses various approaches. One is the emotional approach. For example, consider an advertisement for women's cosmetics.

It is beautifully printed in color. It shows a young woman holding cosmetics. The advertisement says, "If you only use these cosmetics, you will become more beautiful than any other woman in the world."

When a woman wants to buy a refrigerator, she compares a certain refrigerator with another. first she wants to know such things as how much food it can hold and whether the food is easy to reach. In such cases, advertising is generally more factual. It gives you the facts about a product rather than just an image.

One of the most popular and widely used advertising techniques is making people hear the name of a product many times. The more often you hear and see the name of a product in ads, the better you will remember it. Then when you go to the store, you may be so familiar with the name that you'll buy it.

Just hearing the name of a product many times may not make you want to buy it. So ads also use other ways to get you to buy. On the following pages you will see different techniques of advertisement used to make you buy various products.

제 1단계: 준비 (Pre-reading)

1) 교사는 학생들에게 광고가 필요하다고 생각하는지, 왜 그렇게 생각하는지 물어 본다. 그리고 아주 인상적인 광고 생각나는 게 있는지 물어 본다. (늘 그러하지만 이때에도 학생들에게서 아무런 답이 없으면 교사가 던진 질문에 교사 스스로의 경험으로 답을 제공할 수 있도록 준비가 되어 있어야 한다.)

2) 학생들의 경험과 관련하여 몇 개의 질문을 던진다.

T: "Did you recently buy any new product?"
"What did you buy? Where did you get it?"
"How much did you pay for it?"
"How did you get to know the product"
"Are you satisfied with the purchase?"
"Why or why not?"
(Again, the teacher must prepare his/her own answers.)

3) 흥미를 유발하기 위하여 실제 자료(authentic material)를 제시하고 무슨 뜻이지 학생의 이해를 파악한다.

T: "Look at th following advertisement. What is it for?"
"What is a roommate?" "Do you have to share the room?"
"What does it mean by 'utilities'?"

예 Roommate Wanted (Ad)

WANTED: Roommate
to share apartment
male/female O.K.
NON SMOKER, no pets
1/2 rent, share utilities

Call 229-4231
Ask for Cheryl

제 2단계: 읽기 활동 (Reading)

1) 학생들의 지문 이해 정도를 파악하기 위해 질문을 던진다.
   Q: What is the passage we are going to read about?
   Q: What information do you think we can get from the passage?

2) 어휘, 문법의 명시적 지도

   앞에서 배운 것과의 관련성을 염두에 두면서 목표 어휘나 문법을 명시적으로(explicitly) 소개하거나 복습한다. 교과서에 나오지 않는 어휘라 할지라도 그것의 난이도나 유용성 등에 비추어 교사의 판단에 따라 소개할 수 있다.

예 (어형 복습하기)

<VERB - NOUN>	*<VERB - NOUN>*
compare - (comparison)	popular - (popularity)

produce - ( )	familiar - ( )
advertise - ( )	certain - ( )
serve - ( )	beautiful - ( )
consider - ( )	important - ( )
accept - ( )	realize - ( )

예 관련된 어휘 소개

T.V. commercial, public advertisement, propaganda, shopping spree, shop addict, voucher, return policy, etc.

3) 학생의 이해도를 확인한다.

* 문법과 어휘 지식을 동원하여 학생들이 각 문장을 제대로 이해했는지 확인한다. 요즘 의사소통 중심 수업을 보면 종종 지문 해석은 제대로 하지 않고 대의 파악만 한다든지 여러 가지 학습 활동만 동원하는 경우를 종종 보게 되는데, 이는 바람직하지 않다고 생각한다. 만약 문장 하나하나를 해석할 시간이 허락되지 않으면 핵심 문장 부분만이라도 해석은 제대로 해 주어야 한다는 것이 저자의 생각이다. 이런 것을 생략하고 다른 학습 활동만 하는 것은 모래 위에 성을 쌓는 것이나 다름없다고 생각하기 때문이다.

4) 내용 구조(content structure)를 이용하여 지문을 그래픽으로 제시(graphic display)한다. 먼저 주제문이 빠진 빈 칸만 있는 그래픽을 아래와 같이 제시한 뒤, 학생들에게 각각의 문단에서 주제문이 무엇인지를 찾아보라고 한다. 그리고 교사는 학생들을 도와 가며 빈 칸을 주제문으로 메운다.

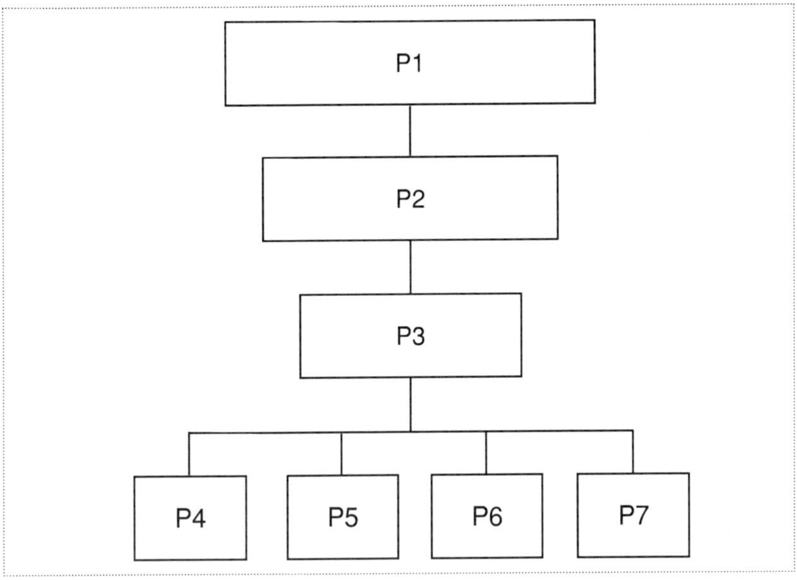
P1
P2
P3
P4
P5
P6
P7

P: 문단

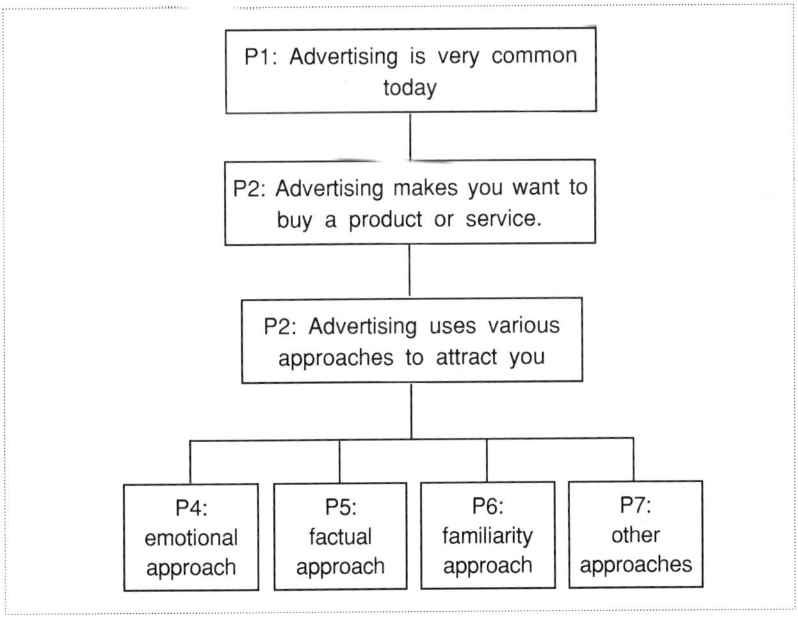
P1: Advertising is very common today
P2: Advertising makes you want to buy a product or service.
P2: Advertising uses various approaches to attract you
P4: emotional approach
P5: factual approach
P6: familiarity approach
P7: other approaches

P: 문단

제 3단계: 읽기 후 활동 (post-reading activity)

1) 학습 내용 확장하기

예시 1 신문 광고

(1) 약어와 핵심 단어만 있는 신문 광고를 이용하여 학생들에게 전체 문장의 뜻을 유추하게 한다. 이는 중요한 읽기 기술인 유추 능력(guessing ability)을 기르는 데 도움이 된다.

(2) 광고를 읽고 난 후 광고의 내용에 대해 학생들이 충분히 이해했는지를 확인하기 위해 교사가 학생들에게 개별 광고에 대한 질문을 몇 개 던져 본다.

예 T: "Look at the ad for car park attendant."
"What are the work hours like?"
"How many hours do you work a week?"
"Can you work more hours for extra money?"

(3) 잘하는 학생들에게 각 광고의 내용을 구두로 소개해보게 하고 나머지 학생들은 듣는다.

HELP WANTED

WANTED. Car park attendant. Must be excellent driver with experience with a wide range of vehicles. Work in shifts, 40 hours per week, overtime available. Full pay during training. Call for details and application form, 555-8246 (24-hour answering service).

HOUSEKEEPER Buckhead home needs energetic, honest person to deep clean, laundry, and iron. 4days, cooking a plus. EXC refs & b'grd check done. 404-222-2772.

AFTERNOON CHILDCARE 4 days per wk. Loving, energetic, creative N/S wanted. Car and refs req'd. 404-222-2772. Ad no. 336

PART-TIME evening work available in busy restaurant in Oakland. Friendly atmosphere. Ideal job for student. Call Richard after 6 p.m. at 921-8470.

SITUATIONS WANTED

ADMIN ASST My home ofc. Exc. comp. & bus. skills. Convenient use of E-mail, fax, pick-up & del. Spec. proj. and/or on going avail.

ELDERLY CARE Any shift, Can live in. Reference. Exp. Car. 770-981-9592; 770-996-5510.

EOE
DRUGS DON'T WORK!

예시 2 직업 정보

1) 개별 활동

* 학생들은 개별적으로 제시된 광고를 읽고 아래에 있는 차트를 완성한다.

♣Nurse♣
f/t. gd bnfts,
3 yrs/exp
necessary,
$25/hr
call 646-3456

◐Server◑
p/t.no exp nec.,
$8/hr. plus tips
apply in person at 646
N. Paradise Ave.
9am to 5pm, M-F

▶Mechanic◀
John's Garage,
f/t, night shift,
$12, bnfts, no
exp, will train.
Call 646-3355

♠Cashier♠
p/t, Parkway Theaters,
no bnfts, n/exp, $8 an hour, Mon.
& Wed. off, must be 20yrs. old.
Apply in person at 2325
W. Wilbur during office hours.

★Driver★
f/t or p/t, work 7 days, bnfts.,
$18/hr, no exp, will train,
current driver's license,
speak Eng. and Span.
Call July at 646-5476

Position	Experience	F/T or P/T	Benefits?	Pay
1.	3 years			
2. server				
3.		full-time and part-time		
4.			No	
5.				$12/hr

2) 전체 학습 (직업 유추하기)

* 몇몇 우수한 학생들에게 광고에 있는 정보를 바탕으로 광고들 중 하나를 완전한 문장으로 나머지 학생들에게 소개하게 하고 그 직업이 어떤 직업인지 유추하게 한다.

3) 실제 자료의 광고 이해하기

* 교사가 인터넷에서 구한 광고 자료를 제시하고 무슨 내용인지 학생들에게 질문을 해가며 함께 알아본다.

예시

e-join is your gateway to free registration on e Bay!

Click Here to Join e Bay

e Bay is the place to buy or sell a huge variety of consumer goods. Some folks join just to pick up a last minute deal. Others may join in order to create a second income.

e-join is your gateway to free registration on e Bay!

ebay

4) 문화 지도

* 학습 내용과 관련된 목표 문화에 대한 정보를 소개를 한다. 그리고 우리 문화와 무엇이 다른지 그 차이점에 대해서도 소개한다.

예 1 고용인과 피고용인과의 관계

예 2 노인과 아이들에 대한 대우

예 3 애완동물에 대한 취급

예 4 물건을 산 후 돌려줄 때 (Return policy after purchase)

5) 액션 시리즈

* 학습 내용과 관련된 내용으로 일상생활에서 자주 경험하는 부분에 대한 액션시리즈를 소개한다. 교과서에 “advertisement through television” 라고 언급되었기 때문에 아래와 같이 TV에 관한 액션시리즈를 소개하는 것도 좋다.

Action series: Watching television

1. Pick up the remote and turn on the T.V.
2. A commercial is on. You don’t want to watch it.
3. Change channels.
4. Gee, another commercial. Change channels again.
5. Here’s a news channel. The prime news has just started.
6. Rush to the kitchen for some snack.
7. Rush back to your seat real quick.
8. Watch the news and enjoy the snack.

<words/phrases to review or teach>

pick up, remote control, turn on, turn off, commercial
channel: weather channel, news channel, etc.
prime news, breaking news

6) 숙제

(1) 숙제 1: 구두 발표 준비

직업을 구하는 친구가 있다고 가정하고 광고에 있는 직업 정보를 친구에게 일려주세요. 다음 시간에 구두로 발표할 내용입니다.

(2) 숙제 2: 광고 만들기

학교에서 바자회(Swap Meet)를 할 것입니다. 여러분이 가진 물건 중에 더 이상 쓰지 않는 물건을 팔기 위한 광고를 매력적으로 만들어 보세요. 다음 두 광고들은 숙제 2의 보기입니다. 여러분은 하나만 만드세요.

☆★☆★☆★☆★☆★☆★☆★☆★☆★☆★☆★☆★☆★☆★

Do You Like Dolls?
Look at this panda.
Isn't this cute?
I paid ₩6,000 last year.
But now it's only ₩1,000!

☆★☆★☆★☆★☆★☆★☆★☆★☆★☆★☆★☆★☆★☆★

Call Min-Jung (☎ 234-5678)

♧ ***Great Chance to Save Your Money!*** ♧

B B
I I
C C
Y Y
C C
L L
E E

Almost new!
Only 1 Year Old

Test Riding Possible

▷ **paid: ₩ 150,000**
▶ **Asking: ₩ 50,000**

Don't Miss This Great Chance!
(Call Min-ho: ☎ 234-5678)

(3) 숙제 3: 실제 자료(authentic materials) 읽기

* 다음 수업을 위한 준비로 아래 광고들과 독해지문이 무슨 내용인지 알아보세요.

<Ad 1>

Two Wire Cabinet Shelves (1 Adjustable) — Creates convenient food storage with two durable, easy-to-clean shelves
Two Mini Ice 'N Easy Trays — Release ice cubes with a quick twist
Two Fresh Food Door Shelves — Puts food within easy reach
Can Rack - Holds 12-ounce beverage cans
Built-In or Freestanding Capability - Offers installation flexibility
Color-matched Visor Handles - null

<Ad 2>

Washing Machine

Features: 1) Eight-direction waterfall 2) Imitation hand washing function 3) Flowing dipping 4) Super quiet 5) Filter with labyrinth design 6) Multiple-impeller pulsator 7) Imitation washboard inner wall 8) Double-deck inner wall

<Return/exchange policy after purchase>

RETURN/EXCHANGE POLICY

Ross Stores values your business and is committed to providing you with low prices on best brands.

Refunds, Credit Vouchers, or exchanges WILL NOT be given on merchandise that is used, worn, or altered.

Full refund on merchandise accompanied by receipt within 30 days of purchase.

Merchandise returns with a receipt older than 30 days will be exchanged or credited with a Ross Credit Voucher.

Merchandise returns WITHOUT A RECEIPT WILL BE EXCHANGED ONLY at the item's current selling price.

Any purchase with a Ross Gift Certificate or Credit Voucher having change due in excess of $5.00 will have change issued in the form of a Credit Voucher.

Gift Certificates are redeemable for merchandise only.

4. 문화 지도

* 문화 지도는 많은 영어 교실에서 등한시 되어 온 부분이다. 하지만 교사가 목표 문화에 대한 경험이 부족하더라도 잘만 계획하면 얼마든지 학생들에게 유익한 문화 지도가 될 수 있다. 문화 지도를 위한 자료는 우리 생활 주변에도 널리 있고, 또한 시중에서도 얼마든지 구할 수 있다. 중요한 것은 교사의 관심이며 노력이다. 예를 들어 교과서 6과의 American food에 대해서 수업을 했다고 가정하고 음식 문화에 대해 가르치고자 한다면 다음과 같이 할 수 있을 것이다.

1) 기록 카드 (The Record Card)

문화 지도를 즉흥적으로 하지 않고 좀 더 체계적으로 하기 위해서 교사는 기록 카드를 준비한다. 기록 카드에는 각 교과서 단원마다 가르칠 문화 주제와 사용할 학습 자료 및 학습 활동을 포함하고 있다.

(1) 문화 주제: Food

(2) 가르쳐야 할 가치 (Underlying values/beliefs):

(3) **학습 자료**: 미국 음식과 음식점의 사진 음식 광고, 액션시리즈, 햄버거에 대한 읽기 지문

<교사의 기록 카드>

	Unit 1	Unit 2	Unit 6
Theme	Greetings	Family	Food
Values/ Beliefs to teach			Convenience & Efficiency
Materials			Foreign photographs of food, Restaurant menu, Advertisement for foods, etc.
Activities			Comparison between Am. & K. Foods

2) 학습 활동: 미국 음식과 한국 음식의 비교

(1) 한국 문화 돌아보기

학생들은 우리나라 음식 문화에 대해서 다음과 같은 질문들을 던지며 돌아볼 기회를 갖는다.

Q: What kinds of good food do we have?

Q: Why are they good?

Q: Why some foreigners don't like Korean food?

Q: How are our table manners like?,

Q: How do we pay?

Q: Why are the Korean restaurants unpopular in Western countries?, etc.

(2) 목표 문화에 대한 소개

Q: What is a typical fast-food restaurant like?

Q: How are their table manners like?

Q: How healthy are American food?

Q: How do they pay?

(3) 한국 음식과 미국 음식의 비교

• 양쪽 문화의 좋은 점과 나쁜 점에 대해 교사의 주도 하에 질문과 답을 주고받으며 비교 한다.

(4) 양쪽 문화 사람들의 사고방식 비교

• 음식 문화의 바탕이 되는 양쪽 문화 사람들의 사고방식에 대해 알아본다. (편리함과 효율성 추구 vs. 사람들과의 인간관계 중시)

(5) 언어와 문화의 통합 학습 활동

• 언어와 문화의 통합을 위한 학습 활동은 다양한 형태로 할 수 있다. 예를 들면 패스트푸드점에서 음식 주문하기 역할극을 통해 듣고 말하기 연습을 할 수 있다.

(6) 학습 내용 확장

학습 내용을 확장하기 위해서는 다양한 종류의 활동이 가능하다. 예를 들면 자신이 즐겨 먹는 음식에 대한 액션시리즈를 만들게 할 수도 있고, 패스트푸드점에서 흔히 주문하는 햄버거에 대한 독해 지문을 제공할 수도 있다.

이 모든 활동이 결국은 학생들의 목표 문화에 대한 보다 심층적 이해와 목표 언어의 내재화에 도움이 되기 위한 것들이다.

5. 숙제 지도

* 다음 보기들은 실제 교사가 내었던 초등학교 및 중학교 영어 숙제들의 예이다. 교사들이 낸 숙제를 보면 알 수 있듯이 학습 목표와 숙제가 전혀 맞지 않다. 수업 목표는 의사소통을 기르기 위한 것인 반면, 숙제는 옛날 방식 그대로이다. 해도 그만 안 해도 그만인 숙제, 말하자면 열심히 한 학생과 그렇지 않은 학생과의 구분이 안 되는 숙제는 의미가 없다. 숙제는 학습 내용의 내재화에 필수적인 과정으로서 학생들로 하여금 교실에서 배운 내용을 교실 밖에서 연장해서 스스로 공부할 수 있게 만드는 것이어야 하며, 그 결과물을 교사가 확인할 수 있는 것이어야 한다. 그냥 알아서 복습하라고 하는 것은 제대로 된 숙제가 아니다. 교사들이 낸 숙제를 좀 더 효과적인 숙제로 만들기 위해서 각각 개선된 숙제의 예를 덧붙였다.

1) 초등학교 영어 숙제

예시 1

(1) 학습 목표:

"We will study how to suggest and answer the directions."

(2) 교사가 낸 숙제:

"Today's homework is to review Lesson 5 and study in your cyber English class."

(3) 개선된 숙제의 예:

* 학생들에게 자기 집 또는 학교(장소 A)에서 자기가 잘 아는 어떤 장소(장소 B)로 가는 길을 남에게 가르쳐 주는 상황을 설정하고 가는 방법을 영어로 설명하게 하는 숙제이다. 교실에서 배운 내용을 실제 생활에 응용하기 위한 것인데, 이를 학생들이 제대로 하기 위해서는 교사의 세심한 도움이 필요하다. 이런 도움이 제대로 제공

되지 않으면 학생들로 하여금 어려움을 느낀 나머지 남의 것을 베끼거나 다른 사람의 힘으로 숙제를 하게 하는 일이 발생한다. 학생들이 혼자 힘으로 할 수 있도록 교사의 세심한 배려가 필요하다.

<교사의 웹 사이트에 올릴 내용>

(1) 장소 A에서 장소 B로 가는 길을 약도로 간단하게 그리고 가는 방법을 영어로 써보세요. 방향을 나타내는 여러 가지 표현들과 실제 숙제 보기가 아래에 있으니 참고로 하세요.

(2) 여러분의 숙제에는 최소 6개 이상의 문장이 포함되어야 합니다.

(3) 완성한 숙제는 다음 수업 시간에 구두로 발표를 해야 하니 준비를 해오시기 바랍니다.

＊ 방향을 나타내는 표현들

Go to the left/right.
(왼쪽/오른쪽으로 가시오.)
Turn left/right.
(왼쪽/오른쪽으로 도시오)
Go straight to xxx.
(xxx까지 똑바로 가시오.)
Cross the street.
(길을 건너시오.)
in front of xxx (xxx앞에서)

on your right/left (오른쪽에/외쪽에)
A is across B.
(A는 B 맞은편에 있다.)
Take the subway. (지하철을 타시오)
Get off the train after two stops.
(두 구역 간 뒤 내리시오)
Cross the underpass/overpass.
(지하도/육교를 건너시오.)
intersection (교차로)
traffic signs (교통신호), etc.

<숙제의 보기>

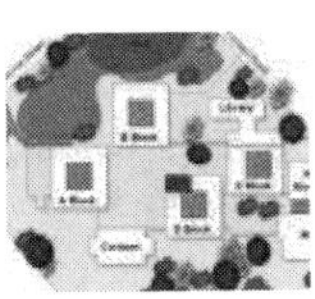

<How to get to the park>

From my school gate, go straight to the toy shop.
In front of the toy shop, cross the street.
From there, walk about 30 meters to the left.

You will see Busan Bank.
In front of the bank, cross the street again.
Then, you will see the park on your right.

예시 2

(1) 학습 목표:

"We will study how to suggest and answer the foods"

(2) 교사가 낸 숙제:

"Today's homework is to review Lesson 10."

(3) 개선된 숙제의 예:

* 교실에서 배운 학습 내용이 음식에 관한 것이므로 이와 관련하여 좀 더 공부할 수 있는 숙제를 내었다. 학생들에게 한국 음식을 외국인에게 소개하도록 하는 것이다. 물론 이 때에도 여러 가지 표현상의 도움이 필요하므로 교사는 자신의 웹 사이트에 그것들을 올려야 한다.

<교사의 웹 사이트에 올릴 내용>

숙제 1. 한 외국인(Foreigner)을 점심 식사에 초대하였다고 가정해 봅시다. 그는 한국 음식에 대해서 아무 것도 모릅니다. 여러분이 좋은 한국 음식을 하나 추천하고 그 맛을 소개해 봅시다. 다음 시간에 다음과 같이 짝 활동을 할 것입니다.

Try 갈비. everybody likes it.
Try 된장찌개. It is good for your health.
Try 잡채. It is delicious. I love it.
Try 김치찌개. It is spicy but it is delicious.
It smells strong but it is delicious.
It is too spicy for you.

<맛에 관한 어휘/표현>

sour (신)	spicy, hot (매운)	strong/mild (강한/연한)
sweet (단)	hot (뜨거운)	tasty, delicious (맛있는)
salty (짠)	cold (차가운, 식은)	It smells good. (냄새 좋다)
flat (싱거운)	hard (딱딱한)	It tastes good. (맛있다.)
greasy (기름진)	soft, tender(부드러운)	It tastes funny. (맛이 이상하다.)
bitter (쓴)	crispy(바삭바삭한)	

<숙제 1의 예>

K: What would you like? (뭘 드실래요?)
F: I don't know about Korean foods. (난 한국 음식에 대해서 몰라요.)
K: Then, try 갈비. It tastes really good. Everybody likes it. (그러면 갈비를 드셔보세요. 매우 맛있습니다. 모두가 좋아합니다.)
F: OK. I will try it. (좋아요. 먹어볼게요.)

숙제 2. 여러분이 가장 좋아하는 음식(favorite food)은 무엇입니까? 그것의 맛은 어떻습니까? 다음 시간에 여러분이 좋아하는 음식에 대해서 소개하기 위해서 글을 써 봅시다. [구글(google)]에서 예쁜 그림을 따다가 넣으면 더욱 좋겠지요?

<숙제 2의 예>

<My favorite food>
This is Chilli Shrimp. It is my favorite food.
Do you like it? It smells good.
It tastes sweet, sour and a little spicy.
Look! It looks delicious!
I love it so much!

2) 중학교 영어 숙제

예시 1

(1) 학습 목표:

"Students can express what to do in the future."

"Students can compare three or more people or things."

(2) 담당 교사가 낸 숙제:

"Write down your future dream when you were young and present them next class."

(3) 개선된 숙제의 예시:

＊ 교사의 웹 사이트를 보고 지시대로 숙제를 한 뒤 다음 수업 시간에 그에 대한 발표를 하게 한다.

<교사의 웹 사이트에 올릴 내용>

＊ Here are pictures of tools for various jobs.

computer	saw & hammer	wrench	broom & mop	phone	copy machine

1. Write one or two tools for each job.

Job	Tool	Skill
carpenter		

computer programmer		
driver		
mechanic		
office worker		
student		
teacher		

2. Fill in the chart with the words in the box below.

drives a truck, builds houses, delivers packages, writes programs, makes furniture, helps students, types letters, cleans offices, fixes cars, listens carefully

<Examples of Jobs>

teacher, doctor, nurse, artist, banker, barber, chef, lawyer, tailor, baker, florist, jeweler, dentist, carpenter, gardner, musician, reporter, teller, manager, politician, architect, pilot, professor, painter, shop worker, taxi driver, word processor, salesperson, photographer, actor/actress, computer programmer, etc.

3. Read the following advertisements.

♣Nurse♣

f/t. gd bnfts,
3 yrs/exp
necessary,
$35/hr
call 445-3456

◐Server◑

p/t.no exp nec.,
$8/hr. plus tips
apply in person at 404
N. Paradise Ave. 9am
to 5pm, M-F

▶Mechanic◀

John's Garage,
f/t, night shift,
$15, bnfts, no
exp, will train. Call
544-3355

♠Cashier♠	★Driver★
p/t, Parkway Theaters, no bnfts, n/exp, $8 an hour, Mon. & Wed. off, must be 20yrs. old. Apply in person at 4378 W. Wilbur during office hours.	f/t or p/t, work 7 days, bnfts., $18/hr, no exp, will train, current driver's license, speak Eng. and Span. Call July at 642-8275

4. Complete the following chart about the advertisements.

Position	Experience	F/T or P/T	Benefits?	Pay
1.	3 years			
2. server				
3.		full-time & part-time		
4.			No	
5.				$15/hr

예시 2

(1) 학습 목표:

① Learning the basics of debating
② Finding and researching on a topic of debate
③ Having a debate amongst groups

(2) 교사가 낸 숙제:

+ Finish up debates. Collect debate work.

(3) 개선된 숙제의 예:

* 교사의 웹 사이트에 다음과 같이 숙제를 올린다.

① 학생들이 휴대폰을 학교에 가져오는 것에 대해 여러분은 어떻게 생각합니까? 찬성입니까, 반대입니까? 왜 그렇게 생각합니까? 여러분의 생각을 영어로 적어보세요. 그리고 다음 수업 시간에 이 주제에 대한 그룹 토론이 잇을 예정이니 준비하세요. 여러분의 글에는 다음 질문들에 대한 답이 포함되어야 합니다.:

Q1: Do you carry your phone to school? How about your classmates?

Q2: Why do you think students carry their phone?

Q3: If students are not allowed to carry their phone, what benefits or inconveniences do you think they will have?

Q4: Do you want a rule that prevents the students from carrying their phones? Why or why not?

<Homework>

<My opinion on students' carrying their cell phones to school>

____

____

____

② 다음은 전화 걸기에 대한 액션시리즈입니다. 다음 시간에 간단한 테스트가 있을 예정이니 준비하세요.

Making a Phone Call

1. Pick up your phone.
2. Open the top.
3. Press the numbers and "send" button.

. Your friend's phone is ringing.

5. Your friend answers the phone.
6. Say "Hi!" and talk to your friend.
7. Your talk is over.
8. Say "Good-bye!" and press the "end" button.
9. Close the top.

③ 최근에 여러분이 전화 통화한 것을 하나 기억해 보세요. 통화한 날자와 전화를 건 사람과 받은 사람을 각각 적어 넣고, 통화한 내용에 대해서 영어로 적어보세요.

Date: ____________

Caller: ____________ Answerer: ____________

A: ________________________ B: ________________________

A: ________________________ B: ________________________

A: ________________________ B: ________________________

제 6 단계: 숙제에 대한 피이드백

＊ 숙제에 대한 피이드백은 학생들의 숙제에 대한 태도를 결정짓는 중요한 요인이 된다. 숙제에 대한 가장 좋은 피이드백은 개별적으로 숙제를 체크하는 것일 것이다. 하지만 시간 부족과 일의 양 때문에 교사가 매 번 일일이 숙제를 개별 체크하는 것이 힘든 경우가 많다. 사실은 이러한 애로사항 때문에 교사들이 숙제를 아예 내지 않는 경우가 많은 것도 사실이다.

숙제가 학생들에게 도움이 되고 교사들에게도 지나친 부담을 주지 않게 하기 위해서는 숙제에 대한 피이드백 주는 일을 경제적으로 할 수 있는 전략이 필요하다. 교사의 부담을 덜어주면서 학생들에게 필요한 피이드백을 주는 전략에는 다음과 같은 것들이 포함될 수 있다.

첫째, 숙제를 제출한 다음 수업 시간에 교사가 전체 학생들을 대상으로 학생들이 만든 흔한 오류 중에 중요한 것 몇 가지에 대해 수업 시간에 설명한다.

둘째, 교사의 웹 사이트에 정답이나 모델이 될 수 있는 답을 올려서 모든 학생들이 볼 수 있게 한다.

셋째, 웹 사이트에 학생들끼리 서로 의사소통할 수 있는 장을 만들어 느린 학생들이 질문을 하면 잘하는 학생들이 도와줄 수 있는 장을 마련한다.

넷째, 학생들에게는 교사가 늘 숙제 점검을 하며, 성의를 다한 숙제와 그렇지 못한 숙제를 구별한다는 인식을 항상 심어준다. 그리고 숙제의 성격에 따라 가끔씩은 개별적인 피이드백도 준다.

[한영술어 대조표]

개인차	individual difference
과제 중심	task-based
교사 교육	teacher education
교수 기술	instructional techniques
교수 전략	instructional strategy
교수/학습 자료	teaching/learning material
기계적인 연습	mechanical drill
내용 중심 교육	content-based instruction
내재화	internalization
단순화된 자료	simplified material, unauthentic material
대학수학능력시험	College Scholastic Ability Test (CSAT)
도구적 동기	instrumental motivation
만들어 낸 철자	invented spelling
명시적 문법 지도	explicit grammar instruction
목표 문화	target culture
목표 언어	target language
몰입 교육	emersion
묵시적 문법 지도	implicit grammar instruction
문법-번역 중심 교수법	Grammar-Translation Approach
문자 언어	written language
문화 지도	culture instruction
순환적 사용	recycling
사전 활동	pre-activity

사후 활동	post-activity
상위 개념 문화	capital c culture
선제질문-응답-피이드백	Initiation-Response-Feedback (IRF)
선형적 접근법	linear approach
세부적인 보충 수정	elaborative modification
숙제 내기	homework assignment
실제성(진정성)	authenticity
실제 자료	authentic material
액션시리즈	action series
언어 사용	language use, skill-using activity
언어 연습	language practice, skill-getting activity
언어 입력	language input
언어 환경	language environment
언어 흡입	language intake
역할극	role play
영어 구사력	English proficiency
영어로 하는 영어 수업	Teaching English Through English (TETE)
예비 교사 교육	pre-service teacher education
외국어로서의 영어	English as a foreign language (EFL)
유기체적 접근법	Organic Approach
유사의사소통	quasi-communication
유창성	fluency
음성 언어	spoken language
의미 협상	meaning negotiation
의사소통적 연습	communicative drill
의사소통 중심 교수법	Communicative Language Teaching (CLT)

의식고양 과제	consciousness-raising task
이해 가능한 언어 입력	comprehensible language input
적절성	appropriateness
정보 차 활동	information gap activity
제 2언어로서의 영어	English as a second language (ESL)
정확성	accuracy
충분조건	sufficient condition
텍스트 실제성	text authenticity
통합적 교수법	integrative approach
통합적 동기	integrative motivation
평가 문항 작성	test item construction
필요조건	necessary condition
하위 개념 문화	small c culture
학습 동기	learner motivation
학습자 실제성	learner authenticity
학습자 자율성	learner autonomy
형태 초점 지도	focus on form, form-focused instruction
화석화(고착화)	fossilization

김성애

부산대학교 사범대학 영어 교육과 졸업 (교육학 학사) (BA in English Language Education)

부산대학교 교육대학원(영어 교육 전공) (교육학 석사) (MA in English Language Education)

오하이오주립대학교 대학원(영어 교육 전공) (교육학 석사) (MA in TESOL)

오하이오주립대학교 대학원(언어학 전공) (언어학 석사) (MA in Linguistics)

오하이오주립대학교 대학원(영어 교육 전공) (교육학 박사) (Ph.D. in Language Arts, Literature & Reading)

❦ 교사 연수 경력 ❦

- 국민학교 특활영어지도자 일반연수. 부산직할시 교육연수원. (1994년 12월 ~ 1995년 1월)
- 중등영어과 일반연수. 부산직할시 교육연수원. (1994년 12월 ~ 1995년 1월)
- 국민학교 특활영어지도자 일반연수. 부산광역시 교원연수원. (1995년 12월 ~ 1996년 1월)
- 중등영어과 자격연수. 부산광역시 교원연수원. (1995년 7월 ~ 1995년 8월)
- 중등영어과 일반연수. 부산광역시 교원연수원. (1996년 1월)
- 초등 특활영어 지도자연수. 부산광역시 교원연수원. (1995년 12월 ~ 1996년 1월)
- 초등교사 영어 일반연수. 부산광역시 교원연수원. (1996년 8월)
- 중등영어과 1정 자격연수 부산광역시 교원연수원. (1996년 12월 ~ 1997년 1월)
- 초등교사 영어 일반연수. 부산교육대학교. (1997년 7월 ~ 1997년 8월)
- 중등영어과 1, 2정 자격연수. 부산광역시 교원연수원. (1997년 7월 ~ 8월)
- 초등교사 영어 일반연수. 부산교육대학교. (1997년 12월 ~ 1998년 1월)
- 중등영어과 1정 자격연수. 부산광역시 교원연수원. (1998년 7월 ~ 1998년 8월)
- 초등교사 영어 일반연수. 부산교육대학교. (1998년 7월 ~ 1998년 8월)
- 초등교사 영어 일반연수. 동아대학교. (1998년 7월 ~ 1998년 8월)

- 초등교사 영어 심화연수, 동의대학교. (1998년 12월 ~ 1999년 1월)
- 초등교사 영어 일반연수, 부산교육대학교. (1998년 12월 ~ 1999월 1월)
- 영어 심화연수, 부산대학교 중등연수원. (1999년 7월 ~ 1999년 8월)
- 초등교사 영어 심화연수, 부산교육대학교. (1999년 7월 ~ 1999년 8월)
- 초등영어 심화연수, 부산대학교 중등연수원. (1999년 12월 ~ 2000년 1월)
- 초등영어 심화연수, 부산대학교 중등연수원. (2000년 7월 ~ 2000년 8월)
- 초등영어 심화 연수, 부산대학교 중등연수원. (2000년 12월 ~ 2001년 1월)
- 1999학년도 초등학교 5학년 영어과교육과정 직무연수. 부산광역시 교원연수원. (1999년 4월 ~ 1999년 5월)
- 1999학년도 고등학교 영어교사 열린교육(수준별) 일반연수. 부산광역시 교원연수원. (1999년 7월 ~ 1999년 8월)
- 1999년도 초등영어 담당교사 특별과정 일반연수. 부산광역시 교원연수원. (1999년 7월 ~ 1999년 8월)
- 초등영어 심화연수. 동의대학교. (2000년 1월)
- 1999년도 하반기 초등교사 영어 기본연수. 부산교육대학교 부설초등교원연수원. (2000년 1월)
- 1999년도 초등교사 영어 일반연수. 부산교육대학교 부설 초등 교원연수원. (2000년 7월~ 2000년 8월).
- 중등영어과 열린교육 수준별 직무연수. 부산광역시교원연수원. (2000년 4월~ 2000년 5월)
- 중등 영어과 1급 정교사 자격연수. 부산광역시교원연수원. (2000년 7월 ~ 2000년 8월)
- 중등영어담당교사 특별과정 직무연수. 부산광역시교원연수원. (2001년 1월)
- 중등영어과 1급 정교사 자격연수. 부산광역시교원연수원. (2001년 12월 ~ 2002년 1월)
- 중등교원 1급 정교사 자격연수. 울산광역시 교육연수원. 울산어학원 (2003년 7월 ~ 2003년 8월)

- 중등교원 1급 정교사 자격연수. 울산광역시 교육연수원. 울산어학원 (2004년 7월 ~ 2004년 8월)
- 영재를 위한 영어과 교수-학습방법 및 예시 분석. 과학영재학교 교원연수. (2005년 5월)
- 중등교원 1급 정교사 자격연수. 울산광역시 교육연수원. 울산어학원 (2005년 7월 ~ 2005년 8월)
- 중등영어교사 교실수업개선 직무연수. 울산광역시 교육연수원. 울산어학원 (2006년 1월 ~ 2006년 2월)
- 부산광역시 원어민 보조교사 교육을 위한 2006 원어민영어보조교사 사전 직무 연수. 부산광역시교육청. (2006년 3월)
- 중등학교 영어과 교실수업개선 직무연수. 부산광역시교육연수원. (2006년 7월)
- 영재학교 교원을 위한 영어 강의 노하우 : 교실 영어. 한국과학영재학교. (2010년 1월)

저자

김성애

부산대학교 사범대학 영어교육과 졸업(교육학 학사)
(BA in English Language Education)
부산대학교 교육대학원(영어교육 전공) (교육학 석사)
(MA in English Language Education)
오하이오주립대학교 대학원(영어교육 전공) (교육학 석사)
(MA in TESOL)
오하이오주립대학교 대학원(언어학 전공) (언어학 석사)
(MA in Linguistics)
오하이오주립대학교 대학원(영어교육 전공) (교육학 박사)
(Ph.D. in Language Arts, Literature & Reading)
부산대학교 사범대학 영어교육과 교수(1995. 3. 1.~현재)

저서

고등학교 영어회화 II (공저) · (부산광역시교육청, 특목고 교과서용)
액션시리즈로 배우는 생활영어 (경문사)
영어 문법과 의사소통의 통합 지도 (신아사)
Homepage: http://home.pusan.ac.kr/~sngkm510
Email: sngkm@pusan.ac.kr

영어 교수 기술 연구

초판 1쇄 발행 _ 2010년 3월 30일
초판 2쇄 발행 _ 2011년 12월 20일

저　　자 · 김 성 애
발 행 인 · 정 현 걸
발　　행 · 신 아 사
인　　쇄 · 예지인쇄
출판등록 · 1956년 1월 5일 (제9-52호)
주　　소 · 서울특별시 은평구 녹번동 28-36번지 2F
전　　화 · (02)382-6411 · 팩스 (02)382-6401
홈페이지 · www.shinasa.co.kr
E-MAIL · shinasa@chol.com

ISBN 978-89-8396-678-0(93740)

정가 12,000원